はじめての
EU法
第2版

INSPIRING EU LAW

SHOJI KATSUHIRO
YUHIKAKU

庄司克宏

有斐閣

目　次

EU 法を学ぶ前に知っておきたいこと ———————————— 1

- ▶ スプラナショナルとトランスナショナル（1）　/　EU 法の波及力（2）　/　EU の「憲法」（3）　/　EU 立法が存在すること（4）　/　判例の引用方法（6）　/　判例法が重要な地位を占めていること（7）　/　公用語が 24 か国語あること（9）　/　ついでながら……（9）

i

第1部　EU 法を支える原則
——スプラナショナルな統合をめざして——

第1回　ヨーロッパ統合と EU 法 ———————————— 14

1　はじめに　14
- ▶ 不戦共同体をめざしたヨーロッパ統合（14）

2　ヨーロッパ統合はどのように発展したか
　——プロジェクト方式とメンバー拡大　16
- ▶ プロジェクト方式（18）　/　ヨーロッパ統合はなぜ拡大したか——EU の魅力（19）

3　スプラナショナルな統合　22
- ▶ フェデラルな試みの失敗（23）　/　スプラナショナルであるということ（24）

4　主権国家の抵抗　26
- ▶ ルクセンブルクの妥協（26）　/　スプラナショナル・コンプロマイズ（28）　/　脱退条項とイギリスの EU 脱退（Brexit）（29）　/　EU 加盟後のコペンハーゲン基準（法の支配）違反（31）

5　まとめと次回予告編　31

第2回　個人が裁判所で EU 法を使えるということ
——EU 法の直接効果 ———————————— 33

1　はじめに　33

　　　▶　市場統合が意味すること（33）

　2　Van Gend en Loos 事件（1963 年）　34

　3　独自の法秩序　38

　　　▶　「主権的権利の制限」による「新たな法秩序」（38）　／　ヨーロ
　　　ッパ統合の進展（39）　／　「主権的権利の制限」の取消しの可能
　　　性（41）

　4　直接効果の意味　41

　　　▶　直接効果の定義と要件（42）　／　直接効果と個人（43）　／　直
　　　接適用可能との違い（43）

　5　指令の直接効果？　──Van Duyn 事件（1974 年）　45

　6　まとめと次回予告編　50

第3回　EU 法と国家主権の調整
──EU 法優越とその限界 ──────────── 51

　1　はじめに　51

　2　Costa v ENEL 事件（1964 年）　52

　3　EU 法の優越性が意味すること　55

　　　▶　適合解釈義務（55）　／　抵触排除義務（57）　／　直接効果
　　　（58）　／　国家賠償責任（59）

　4　EU 法の絶対的優越性？　──国際商事会社事件（1970 年）　60

　　　▶　EU 法の絶対的優越性と基本権保護（63）

　5　EU 法の優越性と加盟国裁判所　63

　　　▶　優越性条項の削除（64）　／　加盟国裁判所の態度（64）　／　ド
　　　イツ連邦憲法裁判所における EU 法の優越性と基本権保護（64）

　6　国民的一体性条項　67

　　　▶　国民的一体性が認められなかった場合（70）
　　　●　EU 法と国家主権の調整──立憲的多元主義（72）

　7　まとめと次回予告編　73

第2部　EU 法とはなにか
──トランスナショナルな法空間の構築──

第4回　トランスナショナルな法空間
──域内市場 ──────────────── 76

1　はじめに　76

   ▶　トランスナショナルな域内市場（77）

2　市場統合のアプローチ──3つのモデル　78

   ▶　輸入に対する数量制限と同等の効果を有する措置（78）／　分権型モデル──差別禁止アプローチ（80）／　中央集権型モデル──調和アプローチ（81）／　競争型モデル──相互承認アプローチ（82）／　相互承認とルール間の競争（84）／　3つのモデルの並存（86）

3　共同市場から域内市場へ　88

   ▶　ルクセンブルクの妥協と市場統合の停滞（88）／　域内市場完成白書と単一欧州議定書（89）／　域内市場の現在（90）

4　まとめと次回予告編　91

第5回　物・人・サービス・資本の自由移動　————　93

1　はじめに　93

2　基本用語を理解する　94

   ▶　物，人，サービス，資本（95）／　直接的差別，間接的差別，無差別──差別アプローチ（96）／　差別適用措置，非差別適用措置（98）／　市場アクセス（98）

3　自由移動の原則と例外──物の自由移動の場合　100

   ▶　「まったく国内的な状況」における逆差別（100）／　物の自由移動の定義──輸入と輸出における同等効果措置（102）／　輸入における同等効果措置──ダッソンヴィル基準（103）／　物の自由移動の範囲からの排除ルール──ダッソンヴィル基準の修正（105）／　適用除外（正当化）（109）

4　物と他の自由移動との比較　111

   ▶　他の自由移動の場合（111）

5　まとめと次回予告編　114

第6回　トランスナショナルな自由競争
　　　　──域内市場とEU競争法　————　117

1　はじめに　117

   ▶　Consten and Grundig 事件（1966年）（118）

2　域内市場と競争法の関係　119

   ▶　デ・ミニミス・ルール（120）／　市場支配力（121）

3 EU 機能条約 101 条の考え方　122

▶ 親 会 社 と 子 会 社 (123) ／ 協 定 (124) ／ 協 調 的 行 為 (124) ／ 決定 (125) ／ 目的または効果 (125) ／ 適用除外 (126)

4 EU 機能条約 102 条の考え方　126

▶ 支配的地位 (127) ／ 関連市場 (128) ／ 市場シェアと参入障壁 (129) ／ 濫用 (129) ／ 客観的正当化 (129)

5 EU 競争法の目的　130

▶ オルド自由主義と市場統合 (131) ／ 消費者厚生の重視 (131) ／ 3 つの目的の並存 (132)

6 合併規則　136

▶ ワン・ストップ・ショップ (136) ／ 合併審査手続 (137)

7 まとめと次回予告編　138

第 7 回　単一通貨ユーロの仕組み ————— 139

1 はじめに　139

▶ 通貨統合の計画 (140)

2 経済通貨同盟の非対称性　141

3 通貨同盟　142

▶ 欧州中央銀行, 欧州中央銀行制度, ユーロシステム (142) ／ ユーロシステムの目的と機関 (143) ／ ECB の独立性と説明責任 (144)

4 経済同盟　146

▶ 経済・財政政策の調整 (146) ／ 多角的監視手続 (147) ／ 過剰赤字手続 (148) ／ 経済同盟の弱点と欧州債務危機 (150)

5 欧州債務危機への対応(1)——金融支援枠組み　151

▶ ドイツ政府の不安 (152) ／ Pringle 事件 (2012 年) (154)

6 欧州債務危機への対応(2)——経済・財政政策の調整の強化　155

▶ 経済ガバナンス六法・二法 (156) ／ 財政条約 (156) ／ 過剰赤字手続はどのように強化されたか (157)

7 欧州債務危機への対応(3)——ECB の支援　158

▶ ECB の国債買入プログラム (158) ／ ドイツ連邦憲法裁判所の先決付託 (159) ／ ECB の量的緩和政策 (160)

8 欧州債務危機への対応(4)——銀行同盟　161

　　▶　悪循環（162）　／　銀行同盟（162）

　9　まとめと次回予告編　163

　　　　　第3部　トランスナショナルな課題とEU法

第8回　EU市民権と外国人 ————————————— 166

　1　はじめに　166
　　▶　EU市民権と第三国国民（167）

　2　EU市民権　168
　　▶　市民権利指令（169）　／　Grzelczyk事件（2001年）（170）
　　　／　「まったく国内的な状況」とEU市民権（172）　／　地位剝奪
　　　同等効果（172）

　3　EU市民と「忘れられる権利」　175
　　▶　Google事件（2014年）（175）

　4　自由・安全・司法領域と第三国国民　178
　　▶　国境管理（178）　／　移民（180）　／　難民庇護（182）　／
　　　EU基本権憲章と第三国国民（185）

　5　まとめと次回予告編　186

第9回　物の自由移動と契約法 ————————————— 188

　1　はじめに　188
　　▶　消費者の自由移動（188）　／　オンラインによる買い物（189）

　2　自由移動原則と消費者保護　190
　　▶　相互承認原則と不可避的要請——消費者保護の場合（190）　／
　　　消費者保護に関する各国法の調和（191）　／　消費者保護立法と
　　　下限設定調和（193）　／　つぎはぎ状態の消費者保護立法（195）
　　　／　国際私法による解決の限界（196）

　3　EUの対応(1)——排他的調和　196
　　▶　排他的調和に基づくEU立法（197）　／　排他的調和への批判
　　　（198）

　4　EUの対応(2)——欧州契約法？　198
　5　欧州共通販売法（CESL）規則（案）　201
　　▶　CESL規則（案）の特徴（201）

　6　CESL規則（案）の挫折と善後策　204

7　まとめと次回予告編　205

第 10 回　人の自由移動と刑事司法協力　————— 208

1　はじめに　208
▶　警察・刑事司法協力と国家（209）

2　刑事司法協力と相互承認原則　212

3　一事不再理の原則　214
▶　Gözütok and Brügge 事件（2003 年）と一事不再理（215）

4　欧州逮捕状　219
▶　犯罪人引渡条約の欠点（219）／　欧州逮捕状の特徴（220）

5　相互承認原則と基本権保護　222
▶　Melloni 事件（2013 年）と公正な裁判を受ける権利（223）／
Advocaten voor de Wereld 事件（2007 年）と罪刑法定主義
（225）／　Openbaar Ministerie 事件（2022 年）と相互承
認・相互信頼の欠如（227）

6　まとめと次回予告編　230

第 11 回　域内市場と環境保護　————— 232

1　はじめに　232
▶　ADBHU 事件（1985 年）（233）／　EU 基本条約の環境規
定——EU 機能条約 191 条（234）

2　環境統合原則　236

3　予防原則　238

4　物の自由移動と環境　241
▶　ワロン廃棄物規制事件（242）／　ドイツ再生可能エネルギー事
件（245）

5　競争法と環境　248
▶　EU 機能条約 101 条 3 項に基づく適用除外（248）／　効率性
限定説と非競争的利益説（249）

6　まとめと次回予告編　252

第4部　EUの統治機構
——スプラナショナルな機能——

第12回　EUの権限と諸機関 —————————— 256

1　はじめに　256
   ▶ 加盟国の権限と共通外交・安全保障政策（256） ／ EUの排他
   的権限（258） ／ 共有権限（258） ／ 補充的権限（259） ／
   経済・雇用政策（260）

2　EUの諸機関　261
   ▶ 諮問機関，補助機関（262） ／ 多言語主義（263）

3　欧州理事会　264
   ▶ 常任議長（264） ／ EUの最高意思決定機関（265）

4　コミッション　265
   ▶ 独立性の義務があること（266） ／ 合議体であること（266）
   ／ 立法提案権の独占（266） ／ 立法・政策の実施とEU法適
   用の監督（267） ／ 対外的代表（267） ／ コミッションの任
   命（268） ／ 総辞職（268）

5　理事会　269
   ▶ 特定多数決（270）

6　欧州議会　271
   ▶ 直接選挙（271） ／ 本会議と委員会（272） ／ 政党グループ
   （272） ／ 任務・権限と表決手続（273）

7　機関間バランス　274
   ▶ チェルノブイリ事件（1990年）（275） ／ 機関間バランスと
   権力分立（277）

8　まとめと次回予告編　278

第13回　EU立法と民主主義の赤字 —————————— 279

1　はじめに　279
   ▶ 諮問手続（279） ／ 特定多数決が意味すること（281）

2　欧州議会の強化　282
   ▶ 協力手続と共同決定手続の導入（283）

3　通常立法手続　284
   ▶ 第1読会（284） ／ 第2読会（285） ／ 第3読会（286）

　　　　／　三者対話（287）

　4　民主主義の赤字　289
　　▶　「民主主義の赤字」とはなにか（289）

　5　処方箋としての補完性原則　292
　　▶　補完性原則（292）　／　Vodafone 事件（2010 年）（293）　／
　　国内議会による補完性監視手続（295）

　6　まとめと次回予告編　296

第 14 回　EU 行政の仕組み ——————————————— 299

　1　はじめに　299
　　▶　間接行政の原則（299）

　2　EU による直接行政　302
　　▶　EU 競争法と直接行政（303）　／　Toshiba 事件（2012 年）
　　（304）　／　Tele2 Polska 事件（2011 年）（306）

　3　委任立法と実施法令　309
　　▶　臓器移植指令の場合（310）

　4　加盟国によるコントロール——コミトロジー　311
　　▶　コミトロジー規則（312）

　5　補助機関への権限委任　314
　　▶　Meroni 事件（1958 年）（314）　／　Meroni 原則の誤謬（316）
　　／　誤謬の是正（317）

　6　まとめと次回予告編　320

第 15 回　EU の司法制度 ——————————————— 322

　1　はじめに　322
　　▶　直接訴訟と先決付託手続（322）　／　一審制の側面と二審制の側
　　面（324）

　2　取消訴訟——EU 司法裁判所における直接訴訟　325
　　▶　取消訴訟の特徴（325）　／　個人が原告となる場合（326）　／
　　YKK 事件（2014 年）（326）

　3　司法裁判所と加盟国裁判所の関係——先決付託手続　327
　　▶　国内裁判所と EU 法（328）　／　EU 司法裁判所はヨーロッパ最
　　高裁判所？（329）　／　EU 機能条約 267 条（330）　／　先決判
　　決の特徴（330）　／　裁量による付託と義務的付託（333）　／

先決判決の効果（335）

4 EU 司法裁判所と基本権保護　336

▶ 「同等の保護」理論(1)——ドイツ連邦憲法裁判所（338）／「同等の保護」理論(2)——欧州人権裁判所（339）／「同等の保護」の水準（343）／ EU 条約 6 条による成文法的解決（344）

5 まとめ　345

第 2 版あとがき ——————————————————— 347

初版あとがき ——————————————————— 349

主要法令索引（352）／ 主要判例索引（355）／ 事項索引（358）

目

次

●著者紹介

庄司克宏（しょうじ　かつひろ）

1957 年　和歌山県生まれ

現　在　慶應義塾大学名誉教授（前法務研究科教授），Jean　Monnet
　　　　Chair *ad personam*
　　　　中央大学総合政策学部教授

〔主な著書〕

『EU 法　基礎篇』（岩波書店・2003 年）

『EU 法　政策篇』（岩波書店・2003 年）

『EU と市民』（共編著・慶應義塾大学出版会・2005 年）

『国際機構』（編著・岩波書店・2006 年）

『EU 統合の軌跡とベクトル』（共編著・慶應義塾大学出版会・2006 年）

『欧州連合　統治の論理とゆくえ』（岩波書店・2007 年・2016 年 7 月第
　　10 刷）

『EU 法　実務篇』（編著・岩波書店・2008 年）

『EU 環境法』（編著・慶應義塾大学出版会・2009 年）

『新 EU 法　基礎篇』（岩波書店・2013 年）

『新 EU 法　政策篇』（岩波書店・2014 年）

『欧州の危機──Brexit ショック』（東洋経済新報社・2016 年）

『欧州ポピュリズム──EU 分断は避けられるか』（筑摩書房・2018 年）

『ブレグジット・パラドクス──欧州統合のゆくえ』（岩波書店・2019
　　年）

『国際機構 新版』（編集・岩波書店・2021 年）

『トランスナショナル・ガバナンス──地政学的思考を越えて』（共編
　　著・岩波書店・2021 年）

『ブリュッセル効果 EU の覇権戦略──いかに世界を支配しているのか』
　　（監訳，白水社・2022 年）

EU 法を学ぶ前に知っておきたいこと

　ヨーロッパには，国家とは別に，「欧州連合 (the European Union: EU)」という組織が存在します。そこでは約4億5000万人の人々が比較的豊かな生活を送っています。経済的な観点でみるとそれは企業にとって巨大な市場が存在することを意味します。その市場は「域内市場」あるいは「単一市場」と呼ばれており，30近い国々にまたがる共通のルールにより単一の経済圏が形成され，物・人・サービス・資本の自由移動が実現されています。そのルールは EU 法と呼ばれ，各国の規制を撤廃することや，統一のルールに置き換える再規制を行っています。

▶ スプラナショナルとトランスナショナル

　EU 法はヨーロッパ統合を維持発展させるために存在する法体系です。本書では EU 法を読者の皆さんにわかりやすく理解していただくために，大きなキーワードとして「スプラナショナル (supranational：超国家的)」と「トランスナショナル (transnational：国境を越える)」という用語を使って説明します。

　スプラナショナルな協力を行うことは，主権国家をなくすことではなく，複数の主権国家が主権を共有し，一定の範囲で国家を超えたコントロールや法律をつくりだして協力を進めることを意味します。

　また，スプラナショナルな国家間の協力によって平和を達成した後，EU はヨーロッパの人々の間にトランスナショナルな関係

を構築し，人々が国境を越えて交流・融合することによって，過去の偏狭なナショナリズムを克服することが目標とされたのです。EUはそれを当初，市場統合というプロジェクトで達成しようとしました。

　簡単に言うと，EUは，トランスナショナルな空間（単一市場）を創り出すために，スプラナショナルな機構（EU諸機関）や法制度（EU立法や判例法）を発展させてきました。

▶ EU法の波及力

　EUはすべての加盟国から集まった多様な人材を活用して，自由な立場で独創的な法令を考え出すことができます。そのため，EU法の影響は域内にとどまらず，環境規制のように事実上のグローバル・スタンダードを形成したり，競争法（独占禁止法）や個人情報保護法のように域外の企業にも適用される場合があります。EU法には強い波及力があるのです。それは「ブリュッセル効果」と呼ばれることがあります。

　たとえば，化学物質の使用が人体や環境に有害な影響を与えないよう規制する「REACH規則」に適合させるため，EUに製品を輸出している日本の自動車産業をはじめとしてさまざまな業界が対応に追われました。また，任天堂はゲーム機とソフトの価格操作によりEU競争法に違反したとして約1億5000万ユーロの制裁金を科されました（その後EUの裁判所により約20%減額されています）。さらに，EU個人情報保護法により，勝手に個人情報を域外に持ち出すことは禁じられており，現地法人の子会社がEU内で入手した個人情報を，「十分な保護」が存在すると認定されていない国（日本はEUからその認定を受けています）にある親会社に勝手に移転することはできません。

　このように，日本などのEU加盟以外の国の企業は，直接EU内でビジネス活動を行っていない場合を含めて，EUの規制

への対応や競争法違反による制裁金などで多大な影響を受けることがあるのです。また，EU の規制は日本の官庁が新たな立法や法改正を行う際に必ずと言ってよいほど参考にされています。そのため，EU 法の知識は日本企業や官庁にとってもきわめて重要であり，EU 法に精通した日本人実務家への期待が高まっています。しかし，必ずしもそのような需要に応えることができていないのが現状です。すなわち，日本では「EU 法ギャップ」が存在するのです。それは，実利面で EU 法を学ぶ価値があることを意味しています。

　加えて，EU 法にはそれだけにとどまらない価値が存在します。EU は気候変動などのグローバルな課題への取組みをはじめとして，常に新たな「実験」を行っているため，それを法理論的にどのように説明すべきであるかという学問的課題を投げかけてくるのです。そのような課題はわたしたちの知的関心を大いに刺激します。

　たとえば，EU が統合を深化させていくと，EU の「憲法」である基本条約と各国憲法の関係はどうなるのでしょうか。明白にどちらかを上位に置く階層的な関係とするならば，両者の微妙なバランスの下に進められてきたヨーロッパ統合が破綻しかねません。それについて EU 法研究者は，「立憲的多元主義」という解を出しています（第3回をご覧下さい）。

▶ EU の「憲法」

　複数の主権国家が主権を制限して統合するという現象は，第二次世界大戦後にヨーロッパで始まりました。ヨーロッパ統合のために設立された組織は，主として欧州経済共同体（the European Economic Community: EEC），欧州共同体（the European Community: EC）と呼ばれた時期を経て，今日では欧州連合（EU）と呼ばれています。また，ヨーロッパ統合のための基本条約の原型は，

EEC 条約とマーストリヒト条約にあります。それらは，何度か改正条約により修正され，現在に至っています。

　最新の改正条約はリスボン条約と呼ばれます。また，それを受けた現行の基本条約は，マーストリヒト条約を原型とする EU 条約（the Treaty on European Union: TEU）と，EEC 条約を原型とする EU 機能条約（the Treaty on the Functioning of the European Union: TFEU. EU 運営条約ということもあります）の 2 つです。これらは，EU の人権目録である EU 基本権憲章（the Charter of Fundamental Rights of the European Union: CFR）とともに EU の「憲法」に当たります。

> EU 基本条約＝EU 条約＋EU 機能条約
> EU 憲法＝EU 基本条約＋EU 基本権憲章

▶ EU 立法が存在すること

　EU は基本条約だけで動いているわけではありません。EU 条約には全部で 55 の条文，EU 機能条約には全部で 358 の条文があり，議定書が計 37 附属しているにとどまります。EU 基本権憲章の条文は全部で 54 です。EU が刊行している欧州連合官報では全 405 頁（2016 年版）です。比較のために言うと，日本の法律の一部を集めた有斐閣の『六法全書』（令和 5 年版）は 6426 頁あります。明らかに，基本条約と基本権憲章だけでは EU のすべての活動に対応することはできません。そのため，基本条約は立法機関と立法手続などを定め，さまざまな分野で EU 立法その他の法令が必要に応じて制定されることを想定しています。たとえば，2022 年には 1466 件（そのうち EU 立法は 300 件）が採択されています。EU の立法については第 13 回で説明します。

　EU 立法には，「規則（regulation）」，「指令（directive）」，「決定（decision）」という 3 種類が存在します。

> EU 立法＝規則＋指令＋決定

(1) **規則**　「規則」は，EU レベルで統一的に規律することが必要な場合に用いられます。全加盟国で直接適用されるため，各国で立法する必要がありません。たとえば，2050 年までの気候中立化，つまり，温室効果ガス排出量が実質ゼロの社会・経済を目指すという目標に法的拘束力を与える「欧州気候法」（通称）が 2021 年に採択されています。正式名称は「気候中立を達成するための枠組みを確立する 2021 年 6 月 30 日付欧州議会および理事会 EU 規則 2021/1119」です。それは，一般に次のように表記されます。

> Regulation (EU) 2021/1119 of the European Parliament and of the Council of 30 June 2021 establishing the framework for achieving climate neutrality and amending Regulations (EC) 401/2009 and (EU) 2018/1999 (European Climate Law), OJ 2021, L 243/1
>
> 　「2021/1119」の「2021」はその規則が制定された西暦年を，また，「1119」は西暦年とセットで規則の番号を示します。最後の部分に示されているのは，2021 年の官報（Official Journal: OJ）の法令（Legislation: L）シリーズ第243 号 1 頁という点です。なお，2015 年より，Regulation 2015/1 ……のように西暦年が先に示されるようになりました。

(2) **指令**　「指令」はそれに含まれる結果を達成すればよく，方法は各国に任されているため，国内法化する作業が求められます。つまり，各国の事情に合わせることが必要な場合に選択されます。

　たとえば，国境を越えた医療の費用の払戻しなどについて定める場合，健康保険制度や自己負担額が国ごとに異なるため，規則ではなく，「越境医療における患者の権利の適用に関する 2022 年

3月9日付欧州理事会および理事会EU指令2011/24（Directive 2011/24/EU of the European Parliament and of the Council of 9 March 2011 on the application of patients' rights in cross-border healthcare, OJ 2011, L 88/45）」（患者権利指令）が制定されています。

(3) **決定**　「決定」には2種類あり，特定の加盟国や個人のみを拘束する手段として使われる場合と，組織の内部的な取決めや手続を定める場合などが存在します。

　前者はたとえばコミッションがEUの競争当局として，EU競争法（独占禁止法）に違反した特定の企業に制裁金を科す場合に使用され，例として「マイクロソフト社に対するEC条約82条［現EU機能条約102条］およびEEA協定54条による手続に関する2004年5月24日コミッション決定（2007/53/EC）（Commission Decision of 24 May 2004 relating to a proceeding pursuant to Article 82 of the EC Treaty and Article 54 of the EEA Agreement against Microsoft Corporation（2007/53/EC), OJ 2007, L 32/23）」があります（EEAとは欧州経済領域［the European Economic Area］を意味し，域内市場をEU加盟国でないノルウェー，アイスランド，リヒテンシュタインに拡張しています）。

　また，後者の例としてEUの対外活動を統括する機関の設置を定める「欧州対外行動庁の組織および機能を確立する理事会決定2010/427/EU（2010/427/EU: Council Decision of 26 July 2010 establishing the organisation and functioning of the European External Action Service, OJ 2010, L 201/30）」が採択されています。

▶ 判例の引用方法（Method of citing the case-law）

　まず，判例の引用方法を紹介します。2014年より「欧州判例法識別子（European Case Law Identifier: ECLI）」がEU司法裁判所に導入されています。たとえば，次のように表記されます。

　Case C-30/19, *Diskrimineringsombudsmannen v. Braathens*

Regional Aviation AB, EU: C: 2021: 269

「Case C-30/19」は、C が上級審である「司法裁判所」を示し（下級審の「総合裁判所」ならば T と表記されます）、2019 年の 30 番という事件番号を指し、「*Diskrimineringsombudsmannen v. Braathens Regional Aviation AB*」は加盟国の国内裁判所における原告と被告を示します。また、ECLI の「EU: C: 2021: 269」は、EU が EU 司法裁判所であること（加盟国裁判所の判決の場合は国コードが示されます）、C は司法裁判所であること、2021 は判決の西暦年、269 は当該年度における 269 番目の文書であることを示しています。

▶ 判例法が重要な地位を占めていること

　EU 法では、EU の裁判所である「EU 司法裁判所（the Court of Justice of the European Union: CJEU）」の判決が EU 法の解釈適用を通じて加盟国の法令や裁判所に対して強い影響力を持っています。そのことを示す Defrenne 事件（1976 年）を紹介しましょう。この事件は英語版では Case 43/75, *Defrenne v. Sabena*, EU: C: 1976: 56 と表記されます。本件で EU 法は EU 司法裁判所の判決を通じてどのような力を持っているのかお話ししましょう。

▌1976 年 Defrenne 事件判決▌

事件の概要

　ベルギー人女性 Defrenne さんは、1951 年サベナ・ベルギー航空（当時）に客室乗務員として入社して勤務し、定年の 40 歳になった 1968 年に退職しました。Defrenne さんは、男女の客室乗務員が同一の職務を行っているのに給与が平等でなかったため、男女不平等を理由に、勤めていた航空会社を訴えたいと考えました。

　当時のベルギーの法令は、女性労働者には欧州経済共同体（EEC）条約 119 条（現在は EU 機能条約 157 条）に定める平等賃金原則の適

用を求めて国内裁判所に訴えを提起する権利があることを規定していました。

119条は次のような条文でした。

「各加盟国は第1段階*の間およびそれ以降において，同一労働に対して男女労働者間で賃金平等の原則が適用されるよう確保しなければならない。」（*市場統合のための経過期間が1958年〜69年の12年間設定され，各4年間の3段階に分かれていました。第1段階は1958年〜61年でした。）

そこでDefrenneさんは，サベナ航空に対し，119条を根拠に未払分の給与の支払を求めてブリュッセルの第1審労働裁判所に訴えを起こしました。

問題の所在

Defrenneさんは第1審では単に請求に根拠がないという理由で敗訴しました。次いで，控訴審の労働裁判所でDefrenneさんが119条は国内法とは無関係に男女平等賃金の権利を個人に直接与えていると主張しました。すると，労働裁判所は，先決付託手続（EU法の解釈や効力について国内裁判所が質問を行う制度。第15回をご覧下さい）を通じて，EU司法裁判所に119条が男女同一賃金について加盟国の労働者に国内裁判所で保護を受ける権利を直接与えているかどうか，という質問を行いました。

このように焦点は，労使関係をめぐる問題で個人が条約の規定を用いて訴えを起こすことは可能なのだろうか，という点にありました。EEC条約は個人の権利を直接保護しているのでしょうか。

判　決

この問題に対して1976年，EU司法裁判所は，119条が個人に対して国内裁判所が保護しなければならない権利を与えており，それは国内法に左右されないと判断しました。この先決判決（先決付託に対する回答）は，質問を行った国内裁判所を拘束するので，Defrenneさんは控訴審で勝訴することとなりました。

このように，EU法は個人が国内裁判所で直接使うことができ

る権利を与えています。これを EU 法の「直接効果 (direct effect)」と言います。また，個人は EU 法を使うことによって国内法を打ち負かすことができます。これは，EU 法の「優越性 (primacy)」と呼ばれます（EU 法の直接効果と優越性については**第 3 回**をご覧下さい）。

　一般に EU 法という概念には，基本条約，基本権憲章，立法に加え，判例法が含まれます。さらに，他国との自由貿易協定のように EU が結ぶ国際協定，また，差別禁止原則や比例性原則（EU や加盟国の行動に目的と手段の均衡を求めるルール）のように EU 司法裁判所が判決において依拠する「法の一般原則」についても同様です。

> EU 法＝基本条約＋基本権憲章＋法の一般原則＋国際協定＋立法
> ＋判例法

▶ 公用語が 24 か国語あること

　EU は文化的多様性を尊重しており，その一環として多言語主義 (multilingualism) を採用しています。このため，加盟国の公用語はすべて EU の公用語として扱われます。現在 EU の公用語は 24 か国語あります。イギリスの EU 脱退後も，英語はアイルランドとマルタで公用語の 1 つであるため，依然として EU の公用語の地位を維持しています。EU 官報は 24 か国語で刊行され，公式会議では 24 か国語の使用が原則です。そのため，EU の機関である欧州議会の議員は発言のときにどの EU 公用語でも使うことができる権利があります。多言語主義については**第 12 回**もご覧下さい。

▶ ついでながら……

　EU では，独特の「業界用語」（EU ジャーゴンと呼ばれます）が

あります。みなさんは，たとえば次の用語が何を意味するかイメージできるでしょうか（答えは12頁をご覧下さい）。

① 結束（cohesion）政策
② コミトロジー（comitology）制度
③ 高度化協力（enhanced cooperation）
④ アキ・コミュノテール（acquis communautaire）
⑤ 自由・安全・司法領域（Area of Freedom, Security and Justice: AFSJ）
⑥ アヴォカジェネラル（l'avocat général）

INSPIRING EU LAW

10頁のクイズの答え

① EU域内の経済格差を是正するための地域振興政策。

② EU立法を実施するために一律の行政が行われることが必要な場合に，加盟国の代表がコミッションの立法実施措置を立案の段階で監視する手続。

③ 一部の加盟国がEUの機構・手続を使用することにより，先行して統合を進めるための制度。

④ EU内で全加盟国を法的・政治的に拘束する共通の権利義務の総体であり，加盟候補国は加盟に際してそのすべてを受け容れなければなりません。既存EU法体系と訳されることがあります。

⑤ EUの国境管理，難民庇護および移民政策，民事司法協力，警察・刑事司法協力の総称。

⑥ 自国で最高の司法上の職務に任命されるために必要な資格を備えた人から選ばれ，EU司法裁判所の法廷で裁判官に判決に関する勧告を単独で行う役職。なお，「法務官」という訳語が当てられることがありますが，本書では使用しません。自衛隊に「法務官」という，法曹資格を必要としない役職があり，これとの混同や連想を避けるためです。

第1部	★

EU 法を
支える原則
——スプラナショナル
な統合をめざして

INSPIRING EUROPEAN UNION LAW

第1回	ヨーロッパ統合と EU 法
第2回	個人が裁判所で EU 法を使えるということ
第3回	EU 法と国家主権の調整

第1部では，なぜ EU がスプラナショナルである必要があったのかを念頭に置きながら，ヨーロッパ統合が第二次世界大戦後になぜ，どのように発展したのかを見た後，EU 法の根幹をなす原則を紹介します。それは，EU 法の直接効果と国内法に対する優越性です。それらは，いったい何を意味するのでしょうか。なぜ，EU 法はこのような原則を必要としたのでしょうか。そこにはどのような問題が横たわっているのでしょうか。

ヨーロッパ統合と EU 法

1 はじめに

　EU が誕生した背景には経済的動機にとどまらない深い理由が
存在します。EU 法を学んで十分に理解するためにはまず，なぜ
第二次世界大戦後にヨーロッパでスプラナショナルな統合が始ま
ったのか，その歴史的・政治的背景を知ることが欠かせません。

　EU は 2012 年にノーベル平和賞を受賞しました。授賞理由と
してあげられたのは，EU が「60 年以上にわたり，ヨーロッパに
おける平和と和解，民主主義と人権の進展に尽力してきた」こと
でした。とくにドイツとフランスは 70 年間に 3 度も大きな戦争
（普仏戦争〔プロイセン＝フランス戦争〕，第一次および第二次世界大戦）
をしたにもかかわらず，今日では両国間の戦争が考えられないも
のとなっているという事実は，「目標を適切に定めて努力し，相
互信頼を築くことにより，歴史的に敵対関係にある国どうしであ
っても，緊密なパートナーとなることができる」（授賞理由より）
ことを示しています。

▶ 不戦共同体をめざしたヨーロッパ統合

　1918 年に第一次世界大戦がドイツの敗北で終わった後，フラ
ンスはヴェルサイユ講和条約で莫大な賠償金を負わせることによ
りドイツを無力化する政策をとりました。しかしその後，窮乏す
るドイツ国民を扇動して独裁者となったヒトラーにより第二次世

写真
1-1　ジャン・モネ

© European Union, 2015

写真
1-2　ロベール・シューマン

© European Union, 2015

界大戦が引き起こされる結果となりました。多大の犠牲と惨禍を伴って1945年に大戦が終結した後，戦後処理の課題として仏独関係をどうすべきかが焦点となりました。フランスは，第一次世界大戦の戦後処理の失敗から何を学んだのでしょうか。

　その答えは「シューマン宣言（the Schuman Declaration）」にありました。1950年5月9日，ジャン・モネ（Jean Monnet：写真1-1）の提案に基づくシューマン宣言がロベール・シューマン（Robert Schuman）フランス外務大臣（写真1-2）により発表されました。それは，仏独の永年にわたる対立を解消し，ヨーロッパに不戦共同体を構築するため，兵器を製造するのに不可欠であった石炭・鉄鋼の生産・流通を共同管理する「欧州石炭鉄鋼共同体（the European Coal and Steel Community：ECSC）」の設立を提案するものでした。ECSCを設立する条約（ECSC条約）は仏・独（西独）のほか，イタリア，ベルギー，オランダ，ルクセンブルクを加えた計6か国により1951年4月18日に署名され，52年7月23日に発効しました（50年を期限として締結され，2002年7月23日に目的を達成したため終了しました）。

　ECSC条約の前文では次のように謳われています。

「旧来の敵対関係に代えて死活的利益の融合を行い，また，経済的な共同体を設立することによって，流血の紛争により永年引き裂かれてきた諸国民の間に一層広範かつ深化する共同体の基礎を創設し，さらに，今後共有される運命に方向づけを与える諸機関の基礎を築くことを決意し，……」

　このように，平和という政治的目標を達成するため，経済分野において交渉と合意により条約を結ぶという法的手段を用いたヨーロッパ統合が始まったのです。それはまた，ナチス・ドイツにより引き起こされた悲劇に対する反省から，人権・民主主義・法の支配という価値規範を基盤としています。ECSC 条約前文には，日本国民が「政府の行為によつて再び戦争の惨禍が起ることのないやうにすることを決意し」，「平和を愛する諸国民の公正と信義に信頼して，われらの安全と生存を保持しようと決意した」ことを表明している日本国憲法前文に相通じるものがあります。

　ECSC に体現されたヨーロッパ統合の理念は今も変わっていません。コール（Helmut Kohl）元ドイツ首相は，2014 年の著書『ヨーロッパを憂慮して（Aus Sorge um Europa）』の中で，ヨーロッパがどうあるべきかは平和と戦争に関わる問題であり，ヨーロッパ統合こそが平和と自由を保障するものである力説しています。

2　ヨーロッパ統合はどのように発展したか
── プロジェクト方式とメンバー拡大

　現在の EU は，条約の制定や改正の際にたびたび名称を変更してきました。それは，ヨーロッパ統合がプロジェクト方式によって発展してきたことと関係があります。各プロジェクトは，それぞれの理由で EU の機構改革を多かれ少なかれ伴いました。

　また，メンバーの拡大も機構改革を促す要因となりました。拡

図表 1-1　EU基本条約，プロジェクト，メンバー拡大

発効年	基本条約（組織名称）	プロジェクト	新規加盟国	国数
1952	ECSC条約（ECSC）	石炭鉄鋼共同管理	フランス，西ドイツ，イタリア，オランダ，ベルギー，ルクセンブルク（原加盟国）	6
1958	EEC条約（EEC）	共同市場		
1973	—		イギリス，アイルランド，デンマーク	9
1981	—		ギリシャ	10
1986	—		スペイン，ポルトガル	12
1987	単一欧州議定書（EEC）	域内市場	—	
1993	マーストリヒト条約（EU/EC）	経済通貨同盟	—	
1995	—		オーストリア，フィンランド，スウェーデン	15
1999	アムステルダム条約（EU/EC）	機構改革	—	
2003	ニース条約（EU/EC）	機構改革	—	
2004	—		ポーランド，ハンガリー，チェコ，スロヴァキア，スロヴェニア，エストニア，リトアニア，ラトヴィア，キプロス，マルタ	25
2007	—		ルーマニア，ブルガリア	27
2009	リスボン条約（EU）	機構改革	—	
2013	—		クロアチア	28
2020	—		イギリス脱退	27

大は，ヨーロッパに安定と経済的繁栄をもたらす市場統合の地理的範囲を広げるとともに，対外的な影響力を増大させるものとなりました。基本条約の改正，組織名称の変更，プロジェクトの推

移とメンバー拡大の進展の経緯は，図表 1-1 のようになります。

▶ プロジェクト方式

　プロジェクト方式とは，ここでは，市場統合，通貨統合など具体的な経済協力プロジェクトを通じて国家間の統合を進めることを意味するものとします。なお，EU は国家間の国境を越えた協力の装置として汎用性があるため，警察・刑事協力や共通外交・安全保障政策などのように経済分野以外でも活用されています。

　EU の主要プロジェクトは市場統合と通貨統合という分野に分かれます。通貨統合は市場統合を補完するという関係に立つ一方，それぞれが関連政策を伴っています。たとえば，市場統合の場合，物の自由移動に関連して環境政策が，また，人の自由移動に関連して国境管理や難民庇護政策が発展しました。さらに，通貨統合は単一の金融政策だけでなく，各国の財政規律とその監視を伴っていますし，最近では銀行の監督や破綻処理を行う銀行同盟も導入されています。

　⑴　**市場統合**　ECSC に次ぐ新規プロジェクトとして，一般的経済統合をめざす「欧州経済共同体（EEC）」を設立する条約（EEC 条約）が，当時の加盟 6 か国により 1957 年 3 月 25 日に署名され，58 年 1 月 1 日に発効しました[1]。それは，関税同盟を含み，物・人・サービス・資本の自由移動および競争政策から成る「共同市場」を，1969 年末を期限として完成するという目標を設定していました。しかし，共同市場は関税同盟の達成には成功したものの，他の面では目標に届きませんでした。

　そのため，新たに 1992 年末を期限として，非関税障壁の撤廃を含む「物，人，サービスおよび資本の自由移動が……確保され

---

　1)　また同時に，原子力産業の迅速な確立と成長に必要な諸条件を創出することを目的とする「欧州原子力共同体（the European Atomic Energy Community: EAEC/Euratom）」を設立する条約も締結され，発効しました。

る，内部に国境のない地域」として定義される「域内市場」を完成することをめざして，「単一欧州議定書（the Single European Act: SEA）」が1986年2月17日（ルクセンブルク）および2月28日（ハーグ）に署名され，87年7月1日に発効しました。市場統合は1992年末をもって一応完成されたことになっています。

(2) **通貨統合** その後，マーストリヒト条約（the Maastricht Treaty）が1992年2月7日に署名され，93年11月1日に発効しました。この条約によりEUという名称が導入され，また，EECは「欧州共同体（the European Community: EC）」に改称されました。この条約には，欧州中央銀行（the European Central Bank: ECB）の設立，および，単一通貨ユーロの導入を含む経済通貨同盟（the Economic and Monetary Union: EMU）に関する規定が置かれました。また，同条約により，EC（ECSC, EC, Euratom）を第1の柱，共通外交・安全保障政策を第2の柱，司法・内務協力を第3の柱とする三本柱構造が導入されました。その後，EMUの下で単一通貨ユーロは順調に導入されたものの，2009年10月にギリシャの財政破綻が明るみに出たことから発生したユーロ危機を経験しました。それを契機に経済・財政政策の統合の必要性が叫ばれたにもかかわらず，現在もその実現には至っていません。その意味でEUはプロジェクト方式の限界に直面していると言えます。

▶ ヨーロッパ統合はなぜ拡大したか——EUの魅力

EUのメンバー拡大は，原加盟6か国のままの状態が1970年代初めまで続いた後，1973年にイギリス，アイルランド，デンマーク，1981年にギリシャ，1986年にスペイン，ポルトガル，1995年にオーストリア，フィンランド，スウェーデン，2004年と2007年に中東欧諸国をはじめとする国々，2013年にクロアチアが加盟しました（図表1-1をご覧下さい）。EU加盟のためには，

まず，人権，民主主義，法の支配を含む「コペンハーゲン基準」と呼ばれる条件を，加盟を希望する国が充たさなければなりません。次いで，自国の法制度を「アキ・コミュノテール（既存EU法体系）」（10頁のクイズ参照）に合わせるため，膨大な国内法改正を遂行する必要があります。

　また，メンバー拡大にはEU側の準備も必要です。EUの制度は加盟国が6か国の時期に整備され，それが基本的に維持されてきたからです。そこで，市場統合と通貨統合が一段落した後，条約改正は経済的プロジェクトを伴わない形で，主としてメンバー拡大に備えるために行われました。すなわち，冷戦終結に伴って民主化した中東欧の旧共産圏諸国を対等な関係でEUに迎えるため，政策決定の迅速化や民主主義の強化などの機構改革に時間と努力が費やされたのです。

　1997年10月2日に署名され，99年5月1日に発効したアムステルダム条約（the Treaty of Amsterdam）[2]，また，2001年2月26日に署名され，2003年2月1日に発効したニース条約（the Treaty of Nice）は，メンバー拡大に備えるための機構改革を目的としました。しかし，既存加盟国の利害が絡み，所期の目的を十分に達成することができませんでした。その結果，新たに包括的な機構改革をめざして欧州憲法条約（the Treaty establishing a Constitution for Europe）が採択され，2004年10月29日に署名されました。ところが，フランスとオランダで実施された国民投票により批准が否決された結果，発効するに至りませんでした。

　この事態を収拾するため，形式は従来どおりとしながら憲法条

---

[2]　この条約により，第3の柱の司法・内務協力のうち，第三国国民を含む「人の自由移動」に関する政策が第1の柱のECへ移行し，その結果，第3の柱は警察・刑事司法協力（PJCC）となりました。また，EUの枠外にあって「人の自由移動」および警察協力を実施していたシェンゲン協定（the Schengen Agreement/Convention）および関連文書がEU／EC条約に編入されました。

約の内容を引き継ぐ形で2007年12月13日にリスボン条約（the Treaty of Lisbon）が署名され，2009年12月1日に発効しました。これにより，単一体としてのEUの下にECが吸収合併されるとともに三本柱構造が廃止され，マーストリヒト条約から始まったEUが制度的に完成しました。

　以上にみたように，種々の困難がありつつもEUに加盟を希望する国が絶えないのは，そこに魅力があるからです。第1にEUに加わることにより得られる経済的利益，第2に不戦共同体に加わることによる平和の恩恵があります。それには，EU加盟国であることによって得られるソフトな対外的安全保障の側面も含まれます。

　周辺が安定することはEU側の利益でもあります。たとえば，ギリシャ，スペイン，ポルトガルの加盟は，軍事政権や独裁政権の終結後の民主化を支えるという意味がありました。また，旧共産圏の中東欧諸国やバルト三国の加盟も，民主化後のプロセスを支援する意味合いが含まれていました。さらに，スロヴェニアやクロアチアの加盟はバルカン半島の民主的安定をめざすものでした。セルビアなど他のバルカン諸国もEU加盟が見込まれています。

　しかし，トルコとの加盟交渉は進展があまりないまま長期化しています。一方，ウクライナなどの旧ソ連諸国は，ロシアとの関係でセンシティブな問題があるため（少なくとも当面の間）加盟の対象とはされていませんでした。2022年2月24日のロシアによるウクライナ侵攻が契機となって，EUはウクライナとモルドヴァを加盟候補国として承認しました（ジョージアは今後準備が整えば加盟候補国となる見込みです）。とはいえ，これらの国々の正式加盟までには少なくとも10年を要すると言われています。他方で，イギリスが2020年1月31日にEUを脱退（離脱）した結果，EUは初めて加盟国の減少を経験することとなり，現在の加盟国数は

27 となっています。さらに，EU 加盟後にハンガリーやポーランドが「コペンハーゲン基準」に含まれる法の支配（司法権の独立）に違反したまま居直っています。このように，EU はプロジェクト方式に加え，メンバー拡大の点でも限界に直面していると言えます。

3 スプラナショナルな統合

　ヨーロッパ統合は「スプラナショナル（supranational：超国家的)」な現象であると言われます。「フェデラル（federal：連邦的)」という用語が使われていないことに注意して下さい。EU はアメリカのような連邦国家ではないからです。スプラナショナルであるとは，複数の国家が主権を制限して共有することにより，それを共同行使する仕組みを通じて統合することを意味します。その目的はトランスナショナルな法空間を創り出すことでした（**第4回**以降をご覧下さい)。具体的には，統合の最終的な姿である連邦国家の形成を各国が合意することは困難であるため，最終目標を示さないで徐々に経済統合のプロセスを進めるというアプローチに基づいており，ジャン・モネの名前にちなんで「モネ方式」と呼ばれます。

　実際に EEC 条約の前文は，「ヨーロッパ諸民の間に一層緊密化する連合の基礎を築くことを決意」と述べるにとどまり，統合の最終目標を提示していません。現行の基本条約においても「本条約は，ヨーロッパ諸民の間に一層緊密化する連合を創設する過程における新たな段階を画する」（EU条約1条）とあり，「一層緊密化する連合」創設のプロセスが依然として続いていることが明らかにされています。このプロセスの現段階においても，EU は「領土の保全，公の秩序の維持および国家安全保障をはじめとする国家の本質的機能を尊重しなければならない」（EU条約4条2

項）ことになっています。

このように，スプラナショナルな統合の下では主権国家が存続し，EUと共存しています。

▶ フェデラルな試みの失敗

EUがフェデラルであることをめざす試みがなかったわけではありません。たとえば，ECSC成立のすぐ後，東西冷戦の激化に伴い，ヨーロッパ軍の創設により軍事面での統合をめざす「欧州防衛共同体（the European Defence Community: EDC）」を設立する条約が1952年に当時の6か国により署名されました。

さらに，ヨーロッパ軍の存在はヨーロッパ共通の外交政策を必要とすると考えられたため，ECSCの総会（各国議会の代表で構成された）が連邦的統合を目的とする「欧州政治共同体（the European Political Community: EPC）」を設立する条約草案を1953年全会一致で採択するところまでいきました。しかし，1954年にフランス国民議会がEDC条約の批准を否決した結果，それと連動して構想されたEPCも実現には至りませんでした。

また最近では，2000年5月12日，ドイツのフィッシャー（Joschka Fischer）外相がベルリンのフンボルト大学で講演を行い，ヨーロッパ統合の最終形態について持論を披露したことがあります。それは，憲法制定条約により二院制の議会および中央政府を擁するヨーロッパ連邦を創設し，国民国家との間で主権を分割するという構想でした。実現のため，少数の加盟国が中核グループを形成して先行統合し，残りの国々が時間をかけて後で参加するという方法も示されました。このような構想の背景としてフィッシャーには，統合の最終目標を示さないまま経済統合を漸進的に進めるモネ方式が限界に達していることと，ヨーロッパの民主的な政治統合にはそもそも適していないという認識がありました。

しかし，EUは2004年に署名された欧州憲法条約で苦い経験

をしています。憲法条約は，フィッシャー構想に触発された面もありましたが，ヨーロッパ連邦創設には程遠い内容であったにもかかわらず，「憲法」という用語の使用，EU旗およびEU歌の規定，EU外務大臣ポストの設置などが国家を連想させるという理由で，フランスやオランダの国民から反発を受け，国民投票により批准が拒否されました。

　第二次世界大戦後に始まったヨーロッパ統合の特徴は，ヨーロッパの国々が「未知の目的地」をめざして，条約という形の契約書を作成または修正しながら，自国の主権の一部を「分割払い」で差し出してきたということにあると説明されることがあります[3]。基本条約改正を行った最新のリスボン条約により「分割払い」の合計額はかなり増加しています。しかし，まだ支払は終わっていませんし，滞ることもしばしばです。これ以上分割払いをする気のない国もあるようです。さらに，ヨーロッパ諸国は目的地に到達するどころか，まだ目的地がどこであるかもわかっていないのが実情です。

▶ スプラナショナルであるということ

　なぜヨーロッパはスプラナショナルな協力関係を選択したのでしょうか。そこには，ある意味で必然性がありました。すでにみたように，ヨーロッパに平和と安定をもたらすためには，石炭・鉄鋼の共同管理を通じた仏独和解がまず不可欠であり，国家を超えたスプラナショナルな機構の下でフランスと（西）ドイツが対等な関係で協力する必要がありました。

　また，EEC条約の前文の「平和と自由を維持し，強化するた

　　3）「第7章　EC統合の実現に向けて」（庄司克宏訳），デレック・ヒーター（田中俊郎監訳）『統一ヨーロッパへの道』（岩波書店・1994年，原書：Derek Heater, *The Idea of European Unity*, Leicester University Press, a division of Pinter Publishers Limited, London, 1992）所収，266頁。

めに［締約国の］資源を結集」するという宣言には，域内市場（物・人・サービス・資本の自由移動）の創設により仏独和解を一層盤石にする意思が表明されていますが，このためにも国家を超えたスプラナショナルな協力を加盟国間で進めることが要請されたのです。

　では，スプラナショナルであることはEUのどのような面に表れているのでしょうか。スプラナショナルという表現が基本条約に現れたのは，ECSC条約（39条）で独立性を与えられた「最高機関（la Haute Autorité）」（現在のコミッションに相当する）の任務の性格を形容するために使用されたときのみで，EEC条約やその後の条約改正においてスプラナショナルという語が再び使用されることはありませんでした。しかし，EUは現在に至るまで立法過程などにおける諸機関の特徴としてスプラナショナルな性格を持ち続けています。

　EUの立法に参加する機関は，コミッション，理事会および欧州議会です。立法過程では，独立の委員で構成されるコミッションのみが法案の策定と提出の権限（提案権）を持ち，各国政府の閣僚級の代表により成る理事会が（過半数で決まる単純多数決ではない）特定多数決または全会一致により法案を採択します。欧州議会は，当初は各国議会の議員の代表で構成され，その後直接選挙されるようになりましたが，その権限は拘束力のない諮問的意見を表明するにとどまっていました。欧州議会が徐々に権限を強化し，ついに理事会との共同決定権を手に入れたのは，1993年に発効したマーストリヒト条約以降のことです。EUの諸機関と立法については**第12回・第13回**で詳しくお話しします。これらのどこに，スプラナショナルな性格が現れているのでしょうか。

　それは，第1にコミッションの提案権の独占に見られます。コミッションは各国から1人任命される委員で構成され，EUの一般的利益を促進するため完全に独立して行動する義務があり，加

盟国政府や他の機関から指示を受けたり求めたりすることはできません。EU 立法は，そのようなコミッションからの提案に基づかなければ制定することができないことになっています。それは，法案策定の段階で加盟国の国益が混入するのを防いでいるのです。

　第 2 にスプラナショナルな性格が現れているのは特定多数決です。理事会は加盟国の国益がぶつかり，調整される場ですが，国票（1 国 1 票で，加盟国数の 55% 以上）と人口票（賛成国の人口の合計が EU 全人口の 65% 以上）により成立する特定多数決制（二重多数決制とも呼ばれます）が使用されています。投票で敗れた国も決定に従わなければなりません。そのような意味で主権が制限されています。

4 主権国家の抵抗

　EEC 条約の時代にスプラナショナルな方向性に抵抗したのが，フランスのド・ゴール（Charles de Gaulle）大統領でした。EEC 条約では理事会の決定が全会一致から特定多数決へ徐々に移行することが予定されていましたが，ド・ゴール大統領はフランスの意向に反する決定がなされるようになるのを恐れて，1965 年「空席政策」をとり，フランス代表が理事会へ出席することなどを拒否しました。これは 7 か月間続きましたが，1966 年に他の加盟国との間で「ルクセンブルクの妥協」と呼ばれる合意が成立し，危機は収束しました。

▶ ルクセンブルクの妥協

　ルクセンブルクの妥協とは，どのような内容の合意だったのでしょうか。

> **ルクセンブルクの妥協**
>
> 　「I．〔特定〕多数決によって決定が下されるに当たって，1か国以上の非常に重要な利益が危険にさらされる場合，理事会の構成員は，〔EEC〕条約2条〔共同市場の設立を中核とするEECの目的を定めた規定〕に基づいて，加盟国相互の利益と〔欧州経済〕共同体の利益とを尊重しつつ，理事会の全構成員によって採択される解決に到達するよう合理的な時間の範囲内で努力する。
>
> 　II．　前条に関して，フランス代表は，非常に重要な利益が危険にさらされる場合には　全会一致に到達するまで審議を継続すべきであると考える。
>
> 　III．　6か国代表は，完全な合意に達することができない場合に何がなされるべきかに関し，見解の相違があることに留意する。
>
> 　IV．　6か国代表は，それにもかかわらず，この相違により共同体の運営が通常の手続に従って再開されるのを妨げられないものとみなす。」

　この合意文書を見ると，特定多数決の使用について実際には何も合意されていないことがわかります。ただ，EUの運営を再開することに合意しただけです。この後，フランスの影響力が大きかったため，全会一致制が事実上存続し，特定多数決の行使が政治的に妨げられるようになりました。また，それに伴い，コミッションは提案をする際に加盟国の意向を無視することができなくなったため，その提案権も制約されるようになりました。この結果，EECの立法や政策決定が停滞するようになりました。この状態が克服されるには，1987年に発効した単一欧州議定書まで待たなければなりませんでした。

　しかしその間，ヨーロッパ統合がまったく頓挫したわけではありませんでした。スプラナショナルな性格を与えられたEECの立法・政策決定が「ルクセンブルクの妥協」により停滞する一方で，スプラナショナルなヨーロッパ統合を牽引したのがEEC司法裁判所（現EU司法裁判所）でした。すでにEEC条約の直接効

果と優越性の原則を判例で確立していた司法裁判所は，EEC 条約の規定を積極的に解釈することにより，判例法を通じた規制撤廃という形で市場統合を進めました。

▶ スプラナショナル・コンプロマイズ

　EU のスプラナショナルな特徴は，国家主権のすべての領域に及んだわけではありません。ヨーロッパ統合には当初，国家は主権の委譲を行うがそれを経済統合という限定的な領域にとどめる一方，統合による経済的利益を加盟国に配分することにより市民からの支持を確保する，という暗黙の了解がありました。この了解は，アメリカの政治学者の表現を借りれば，「スプラナショナル・コンプロマイズ（supranational compromise）」と呼ばれます[4]。

　他方で，すでにお話ししたように，統合を進める方法として採用されたモネ方式には，統合の最終目標を示さないという特徴がありました。実際に EU は石炭・鉄鋼の部門統合，一般的な市場統合，経済通貨同盟の順に漸進的に統合を深化させてきました。さらに，共通外交・安全保障政策や，国境管理，警察協力をはじめとする司法・内務協力のように，経済的領域とは直接には関係しない分野も，EU が国家を補完する形で担当するようになりました。

　しかし，当初のスプラナショナル・コンプロマイズの範囲はせいぜい市場統合まででした。その範囲を超えてヨーロッパ統合を進めることはこの了解のみでは政治的に困難でした。そのことが表面化したのが，1992 年に署名されたマーストリヒト条約でした。

　その条約の合意に至る政府間会議では，密室の交渉により，市

4）　Leon Lindberg and Stuart Scheingold, *Europe's Would-be Polity: Patterns of Change in the European Community*, Englewood Cliffs, N.J.: Prentice-Hall, 1970, p. 21.

場統合を超えて通貨統合，外交・安全保障や治安維持のような国家主権の中核的分野にEUが関与することが決まったため，加盟国国民たちは自分たちのあずかり知らないところで重要な政策が決定されたと感じました。そのため，各国でのマーストリヒト条約の批准プロセスは困難を窮めました。とくにデンマークでは国民投票により批准が否決されるという事態が発生しました。このようなことはEUの歴史上初めてであり，「デンマーク・ショック」と呼ばれました（欧州憲法条約でも同様のことが起きました）。

この事態を収拾するために加盟国首脳が集まって合意したのが「補完性（subsidiarity）」原則でした。それは，EUに権限があるとしても，地方自治体や加盟国政府のレベルで十分に対応できない問題に限ってEUが行動するという基準を示すものです（詳しくは，**第13回**をご覧下さい）。EUがこの原則を正式に採用することで，デンマーク国民は再度の国民投票でマーストリヒト条約の批准に同意しました。

この結果，マーストリヒト条約以降のスプラナショナル・コンプロマイズは，条約改正のたびに補完性原則に適合しているかどうかを各国国民から判断されることにより決まるようになりました。

▶ 脱退条項とイギリスのEU脱退（Brexit）

従来，加盟国が自己の意思でEUから脱退することについて，その旨の規定はEU基本条約には存在しませんでした。他方，国際法上はEUから一方的に離脱することができるという解釈が可能であるとされていました（ウィーン条約法条約56条・62条）。しかし，リスボン条約による基本条約の改正の結果，現在ではEUからの自発的脱退について定めるEU条約50条が置かれています。その結果，加盟国は自国の憲法的要件に従ってEUから脱退することを決定することができます（EU条約50条1項）。このよ

うにして，加盟国は EU から脱退することにより EU 法優越から免れ，その意味で国家主権を回復することが可能です。

　EU 条約 50 条によれば，脱退を決めた加盟国は，その意思を欧州理事会（EU 首脳会議）に通告します。欧州理事会が定める指針に照らして EU は当該国と交渉を行います（EU の交渉者は通常コミッションが担当します）。（閣僚）理事会は，欧州議会（当該国の議員を含む当時 751 人）の同意（単純多数決による）を得た後，特定多数決（この場合は例外的に，国票として 20 か国以上，かつ 27 か国総人口の 65％以上）により，EU を代表して脱退協定を締結します。その協定には，EU との将来的な関係のための枠組みを考慮に入れて，脱退に関する取決めが定められます（EU 条約 50 条 2 項）。

　脱退協定が発効した日に EU 基本条約は当該国に適用されなくなります。また，欧州理事会への通告から 2 年以内（欧州理事会が当該国との合意のうえ全会一致で延長することができます）に交渉がまとまらない場合にも，基本条約の適用は停止されます（EU 条約 50 条 3 項）。

　なお，以上の欧州理事会および理事会の審議および決定に当該国は参加しません（EU 条約 50 条 4 項）。脱退した国が EU への再加盟を希望する場合は，通常の加盟手続（EU 条約 49 条）に従うこととなります（EU 条約 50 条 5 項）。

　脱退を通告した加盟国がその後に一方的に撤回できるかどうかについて，EU 司法裁判所は，脱退協定が発効しない限り，または，2 年間の交渉期間（延長された場合はそれを含む）が経過しない限り，国内の民主的手続に従い，一方的に脱退通告を撤回することができるという判断を示しています（C-621/18, *Wightman and Others*, Judgment of 10 December 2018, ECLI: EU: C: 2018: 999）。

　イギリス国内の政治的混乱のため脱退協定交渉は難航しましたが，2020 年 1 月 24 日に脱退協定が署名され，1 月 31 日に発効したことによりイギリスは正式に EU を脱退し，ようやく Brexit

が実現しました。なお，同年12月末までは移行期間としてEU法秩序に暫定的にとどまり，その間に英EU貿易・協力協定が交渉され，締結されました。

▶ EU加盟後のコペンハーゲン基準（法の支配）違反

EUの加盟基準である人権・民主主義・法の支配は，コペンハーゲン基準と呼ばれ，EU基本条約にEUの基本的価値規範として明文化されています（EU条約2条）。しかし，ハンガリーやポーランドの政権与党は，コペンハーゲン基準（とくに法の支配原則）を無視して司法権の独立，メディアの自由などを侵害することにより政権基盤を強化してきました。

いったんコペンハーゲン基準を充たしてEUに加盟した後に，その加盟国が基準に違反したとしても，EUがそれに対処する手段は，権利停止手続に基づき，欧州理事会の全会一致（違反国を除く）により重大かつ継続的な違反を認定した後に投票権の停止などを行うことに限られます。特定多数決による除名処分はありません。EUはEU予算の配分の停止などで圧力をかけていますが，それでもハンガリーやポーランドは法の支配原則違反を根本的に解消しようとしていません。また，両国では政権に任命された裁判官が支配する憲法裁判所がEU法の国内法に対する優越性という確立された原則（第3回で扱います）を否定する判決を下すことさえしています。

5　まとめと次回予告編

ここまで学んだことから，ヨーロッパ統合には次のような特徴があることがわかります。

①　ヨーロッパ統合のプロセスは最終目標が示されないまま漸進的に進められました（モネ方式）。

②　ヨーロッパ統合には，コミッションの提案権独占と理事会の特定多数決にスプラナショナルな性格が備わっていましたが，主権国家からの抵抗もありました（ルクセンブルクの妥協）。

③　ヨーロッパ統合の進め方は，市場統合など経済分野のプロジェクト方式で限定的に行うとの暗黙の合意（スプラナショナル・コンプロマイズ）が存在しました。

④　しかし，経済分野を超えて統合を進めることとしたマーストリヒト条約以降，スプラナショナル・コンプロマイズは補完性原則に基づいて歯止めをかけるという点に現れています。

⑤　ヨーロッパ統合は，メンバーの拡大を伴いました。EUに加盟することには，経済的利益と安全保障の恩恵があったからです。それはEUにとって機構改革という「痛み」を伴うプロセスでもありましたが，平和と経済的繁栄の領域を拡張することに成功しました。しかし，イギリスはEU加盟の経済的利益を捨ててまでして「主権回復」を追求し，EUから脱退しました。また，ハンガリーやポーランドはEU加盟後に加盟条件（コペンハーゲン基準）を無視する暴挙に出ています。

ところで，ヨーロッパ統合にはもう1つ大きな特徴があります。それは，EU司法裁判所が判例法によりスプラナショナルな統合を進めたという側面です。その際のキーワードは，EU法の直接効果と優越性です。両方とも判例法で確立されました。**第2回**で扱う直接効果とは，EU法を加盟国国民が国内裁判所で自分の権利を主張するために直接使うことができることを意味します。また，**第3回**で扱う優越性とは，加盟国国民が裁判で直接使うことができるEU法と関連する国内法とが衝突した場合に，EU法が常に上位にあるということです。**第2回**以降で，EU法の直接効果と優越性がなぜヨーロッパ統合を促進する支えとなったのか見ていくことにします。

個人が裁判所で EU 法を使えるということ
―EU 法の直接効果―

1 はじめに

　前回，EU がスプラナショナルであるとは，複数の国家が主権を制限し，それを共同行使する仕組みを通じて統合することを意味すると学びました。それは，とくに市場統合という面に現れました。EU という機構のスプラナショナルな特徴は当初，立法プロセスに存在しましたが，政治的な障害のために立法プロセスが停滞すると，EU 司法裁判所が基本条約の解釈を通じて判例法によりスプラナショナルな統合を進めました。そのような判例法で確立された二大原則が，EU 法の直接効果と優越性です。以下では，ヨーロッパ統合にとって EU 法の直接効果とは何を意味するかという点をお話しします。

▶ 市場統合が意味すること

　複数の主権国家が単一ルールに基づき共通の市場を形成することを市場統合と言います。市場統合を行うのは国家であり，条約を結ぶことによってそれを行います。他方で，単一市場で国境を越えて経済活動を行うのは企業やビジネスマンです。この違いによってどのような問題が起きるのでしょうか。次の例を見てみましょう。

　Ａ国とＢ国が条約を締結して市場統合を行うことを約束したとします。それには乗用車の輸入に対する関税の撤廃も含まれて

いました。しかしＡ国が条約に違反してＢ国製の電気自動車（EV）に対して新たに 10% の輸入関税を導入したら，どうなるでしょうか。Ｂ国のＸ社製 EV はＡ国で輸入コストが上昇する分だけ価格競争力が低下します。その結果，Ａ国の輸入総代理店Ｙ社ではＸ社製 EV の販売が大幅に落ち込みます。Ｙ社はＡ国政府を相手取って裁判所に訴え，輸入関税の撤回を勝ち取ることができるでしょうか。

　答えは，ノーの可能性が高いということになります。なぜならば，関税の撤廃はＡ国とＢ国が条約で約束したことなので，両国間の交渉で解決するのが通常だからです。両国間の条約に紛争解決手続がある場合や，両国とも世界貿易機関（the World Trade Organization: WTO）の加盟国である場合には，その紛争解決手続を政府間で利用することができます（民間企業や個人が利用することはできないのが普通です）。

　このように，国家間の条約が国際法上有効であるとしても，国内で民間企業や個人が政府を相手取って条約違反を是正するよう求めることはできないのが普通です。そのため，Ｙ社は事実上泣き寝入りするしかないということになります。

　しかし，EU 法はこれとは異なる解決策を用意しました。それを示したのが，EEC 司法裁判所（現在の EU 司法裁判所）の Van Gend en Loos 事件（1963 年）（Case 26/62, *Van Gend en Loos v. Administratie der Belastingen*, EU: C: 1963: 1）です。

2　*Van Gend en Loos 事件（1963 年）*

　西ヨーロッパの当時 6 か国（フランス，西ドイツ，イタリア，オランダ，ベルギー，ルクセンブルク）は 1957 年 3 月 25 日，単一市場を形成することを目的とする欧州経済共同体（EEC）条約（ローマ条約とも呼ばれます）に署名しました。それは，1958 年 1 月 1

日に発効しました。このローマ条約は，「共同市場」を1969年末までの12年間で徐々に実現することをめざすものでした。共同市場とは物，人，サービス，資本の自由移動が確保される領域を意味し，現在では「域内市場」と呼ばれています。物の自由移動には，関税や数量制限を相互に廃止するとともに共通域外関税を設定する「関税同盟」が含まれます。これらはすぐには実現できないため，関税撤廃の第1段階として，すでにある関税を引き上げることや新たに導入することが禁じられました（EEC条約12条）。

このような時期に発生したのが，Van Gend en Loos事件（1963年）でした。Van Gend en Loos社は1809年に創立されたオランダの運送会社で，2003年にドイツの国際物流企業であるDHLに吸収合併されました。

■■1963年 Van Gend en Loos 事件判決■■

事件の概要

1960年，当時のVan Gend en Loos社が，西ドイツから尿素ホルムアルデヒドという化学製品（樹脂）を輸入しました。すると，オランダ税関当局から8%の輸入関税を課されました。EEC条約が発効した1958年には3%でしたが，1959年末に関税項目の分類変更の結果8%となっていたからです。

しかし，EEC条約12条には次にように定められていました。

「加盟国は，輸入もしくは輸出に対する関税または同等の効果を有する課徴金を相互間に新たに導入すること，および，すでに相互の貿易で適用している関税または課徴金を引き上げることを差し控えなければならない。」

Van Gend en Loos社は，このEEC条約12条を根拠に，8%を課税する措置の取消しを求めてオランダ国内裁判所に訴えを提起しました。図表2-1をご覧下さい。

問題の所在

　先決付託手続を通じて EEC 司法裁判所に，次の点を質しました。
「[EEC] 条約 12 条は，加盟国国民が，本条に基づき国内裁判所が
保護しなければならない権利を主張することができるという意味で，
国内法において［直接効果を有する］か。」

図表
2-1

EU法は個人が国内裁判所で直接使うことができる権利を与
えているか──EU法の直接効果

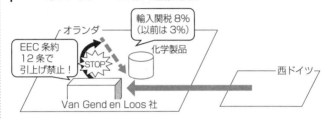

判　決

　司法裁判所はこの質問に回答するためには，そのような条約規定の
目的（精神），全体的構成における位置づけおよび文言を検討する必
要があるとして，次のような解釈を展開します（このような解釈方法は，
目的論的解釈と呼ばれます）。司法裁判所の判決の中で最も引用されるこ
とが多い部分なので，以下，引用します（なお，現在の EU 法に当ては
めるためには，EEC 条約は EU 基本条約に，共同市場は域内市場に，共同体は
欧州連合に，読み替えて下さい）。

　まず，EEC 条約の目的について，次のような見解が示されます。

　「EEC 条約の目的は共同市場を設立することであり，それがどのよ
うに機能するかは共同体において利害を有する者に直接関係する問題
である。共同市場の設立という目的は，[EEC] 条約が単に締約国間
に相互的な義務を創設する協定を超えるものであることを意味してい
る。……

　このような事情から，共同体は国際法上の新たな法秩序を構成して
おり，その法秩序のために加盟国は限定的な分野ではあるが自己の主
権的権利を制限したのであり，かつ，加盟国だけでなく国民もその法

主体となっていると結論せざるを得ない。それゆえ，共同体法が加盟国法から独立して個人に義務を課すだけでなく，個人の法的資産の一部となる権利を与えることも予定されている。

この権利は［EEC］条約が明文で付与している場合だけでなく，［EEC］条約が加盟国および共同体諸機関のみならず個人に対しても明確に課している義務のゆえにも発生する。」

次に，問題のEEC条約12条について，司法裁判所は次のように述べています。

「12条の文言は，行うべき義務ではなく，行ってはならない義務として，明確かつ無条件の禁止を含んでいる。さらに，この義務は，その履行のために国内法の下で制定された積極的な立法措置を必要とする，国家のいかなる留保も含んでいない。この禁止は，まさにその性質により，加盟国と国民の法律関係において直接効果を発生させるのにまったく適している。

12条の実施には，国家の立法による介入を何ら必要としない。この条文に基づき，加盟国が行為を差し控える義務の対象とされているからといって，国民がこの義務から利益を受けることができないということになるわけではない。」

この判決においてEEC司法裁判所は，EEC法が独自の法秩序であること，国家が主権を制限したこと，個人も権利義務の主体であること，国家や個人に対する義務は他の個人にとって権利を生み出すことがあることなどの特徴を持つことを指摘します。それは，企業やビジネスパーソンが活動する共同市場を実現するという目的によるものでした。

共同市場は，相互に関税を撤廃する関税同盟を基礎としており，関税の禁止はそのために不可欠です。EEC条約12条は，関税禁止の前段階として既存の関税・課徴金の引上げや新たな導入を禁止するものでした。それは，「明確かつ無条件の禁止」を含み，それを実施するために加盟国の立法措置を必要としないため，加盟国とその国民の間の法律関係において直接効果を発生させるも

のとなっているとされました。

このようにして，EEC 司法裁判所は，オランダ国内裁判所の質問に対する先決判決として，EEC 条約は直接効果を発生し，国内裁判所が保護しなければならない個人の権利を創設するという判断を示したのです。

3 独自の法秩序

EU 基本条約により，「締約当事国は相互の間に，……欧州連合を設立し，加盟国は共有する諸目的を達成するための権限を連合に付与する」ことを行いました（EU 条約 1 条 1 段）。つまり，EU は国家間の条約に基礎を置いているので，たとえば世界貿易機関（WTO）が WTO 条約により設立されたのと同じように，EU も国際機構の 1 つであり，また，WTO 法と同様に EU 法も国際法の一部であると説明されることがあります。

▶「主権的権利の制限」による「新たな法秩序」

他方で，Van Gend en Loos 事件では EU が「新たな法秩序」を創設し，また，そのために加盟国が「自己の主権的権利を制限した」と述べられました。通常，条約を締結することによって加盟国の主権が制限されることはありませんし，判決の「新たな法秩序」という表現は国際法とは別の法秩序が形成されていることを表しているようにも捉えられます。では，このように国際法上の国際機構である EU において，国家が主権を制限することにより，国際法とは異なる独自の法秩序を形成するといったようなことは可能なのでしょうか。

EU 司法裁判所は，次の 4 点から可能であると判断しました（以下，現在に当てはめるため，EEC を EU とします）。

① 　物・人・サービス・資本の自由移動を中核とする「共同市

場」（域内市場）が，加盟国の法がカバーする領域とは機能的に異なる法空間を意味するため（各国の市場とは別に共通の市場ができること），独自の法秩序が形成される必要があります。また，域内市場の形成を達成するためには，国家の障壁を撤廃することや，各国の法令を調和させることが必要とされるので，国家主権の制限が求められます。つまり，域内市場の形成をめざす EU 基本条約から，必然的に各加盟国の主権の制限と独自の法秩序の形成が導かれるということです。

② 独自の法秩序の形成を実現する能力については，制限された国家主権を共同行使するために EU 諸機関が設置され，独自に立法を行うことで可能となります。

③ この主権の行使を民主的に行うために，加盟国国民を代表する EU 機関として欧州議会（EEC 条約では総会）と経済社会委員会が存在します。欧州議会は当時，加盟国議会の代表で構成されていたため，必ずしも超国家レベルの民主主義を体現しているとは言えませんでしたが，それでも EU 諸機関の中で最も民主主義的な要素を持っていました。また，経済社会委員会は労働者，使用者その他の代表で構成され，諮問機関の 1 つとして EU のために意見を表明する存在です。

④ 加盟国裁判所が EU 司法裁判所に対して EU 法に関する質問を行う先決付託手続の存在は，国内裁判所で国民が自分の主張の根拠として EU 法を使うことができることを示していると言えます。それは，EU 法が国内法とは別個の存在でありながら，国内法の一部になることを意味しています（これに対して，通常の条約は原則として国内で適用されるためには国内での立法が必要です）。その意味でも，EU 法は国際法とは異なる法秩序と言えます。

▶ ヨーロッパ統合の進展

以上の点は，その後のヨーロッパ統合の進展により著しく強化

されました。

　まず，上記①に関連して，EU の目的が域内市場の形成に加えて経済通貨同盟などの他分野に一層拡張されました。

　また，上記②と③については，EU 諸機関の任務と権限が一層強化されるとともに，1979 年以降直接選挙された議員から成る欧州議会が徐々に権限を強化され，ついに各国政府の閣僚級の代表で構成される理事会と共同で立法を行う「通常立法手続」が導入されました（この点に関しては**第 13 回**をご覧下さい）。

　さらに，上記④の先決付託手続も，EU と加盟国の各法制度の間の実効的な対話チャンネルとして発展し，その結果として加盟国裁判所は EU 法を国内法制度において権威あるものとして扱うようになっています（この点に関しては**第 15 回**をご覧下さい）。

　このため，EU 司法裁判所は 1991 年の「意見」（EU が締結する国際協定が EU 基本条約に適合するかどうかを事前に審査し，拘束力のある意見を示すことができます）において，Van Gend en Loos 事件判決にあった「国際法上の」という言葉を削除し，また，「限られた分野」という表現を「一層広範な分野」に置き換えて，次のように述べています（なお，現在の EU 法に当てはめるためには，EEC 条約は EU 基本条約に，共同市場は域内市場に，共同体は欧州連合に，読み替えて下さい）。

　「EEC 条約は，国際協定の形式で締結されたが，それにもかかわらず，法の支配に基づく共同体の憲法的憲章を構成している。司法裁判所が一貫して判示しているように，共同体諸条約により新たな法秩序が創設されたのであり，国家はその法秩序のために一層広範な分野において自己の主権的権利を制限し，また，加盟国のみならず，その国民もその法秩序に服しているのである。このようにして確立された共同体法秩序の本質的特徴は，とくに加盟国の法に対する優越性，および，各国民および加盟国自体に適用される一連の規定全体が有する直接効果である。」(Opinion 1/91, *Draft agreement relating to the cre-*

　この「意見」から，EU がスプラナショナルな存在として発展を遂げていることがわかります。

▶「主権的権利の制限」の取消しの可能性

　しかし他方で，リスボン条約による基本条約の改正以降，加盟国は「自国の憲法的要件に従い，連合から脱退することを決定することができる」（EU 条約 50 条 1 項）ことになりました。この脱退条項により，いつでも「主権的権利の制限」を取り消すことが可能となっています。つまり，国家は EU 加盟により「共有する諸目的を達成するための権限を連合に付与する」（EU 条約 1 条 1 段）結果として「主権的権利を制限」するからといって，究極的な意味における主権そのものを委譲したわけではないということになります。そのため，イギリスは脱退条項に基づいて EU から脱退し，「主権的権利の制限」を解消することができました。ただし，EU 加盟から得られるさまざまな利益は放棄しなければなりませんでした。

4　直接効果の意味

　Van Gend en Loos 事件では，EEC 条約の規定に「直接効果」が与えられた結果，本件会社は EEC 条約のその規定に直接依拠して，それに反する関税引上げを撤回させることが可能となりました。EU 法規定にこのような力があることを「直接効果（direct effect）」を持つと言います。この回の冒頭で述べた例で言えば，Y 社は A 国内裁判所で EEC 条約違反を理由に A 国政府に輸入関税の撤回や損害賠償を求めることが可能となります。

それでは直接効果は、いつ、どのように発生するのでしょうか。直接効果があることには、個人にどのような利点があるのでしょうか。

▶ 直接効果の定義と要件

　直接効果とは、ベルギーのEU法学者の定義によれば、「連合法が加盟国の領域において法源となり、連合諸機関および加盟国のみならず私人にも権利を直接付与し、および義務を直接課し、ならびにとくに国内裁判官の前において権利を引き出すために私人により援用されることができる能力」[1]を意味します。

　直接効果には、個人対国家（地方自治体や国有企業などの「国家の派生物」も含まれる）の間に発生する垂直的直接効果と、個人対個人（たとえば労働者対私企業）の間に発生する水平的直接効果があります。

　直接効果の要件は、EU法規定が「無条件かつ十分に明確」であることです。それは、EU法規定の内容に加盟国立法部が追加すべき点がなく、それ自体で裁判所の判断基準となること、言い換えれば、その規定のみで「司法判断可能（justiciable）」な規定であることを意味します。「司法判断可能」でない場合は、権力分立制を尊重して国内議会の立法に委ねることになります。日本国憲法に当てはめて言えば、表現の自由（21条）は個別の事件においてそれ自体で「司法判断可能」である一方、生存権（25条）はその規定だけでは通常「司法判断可能」ではなく、国会の立法措置を必要とします。

---

1) Chloé Brière et Marianne Dony, *Droit de l'Union européenne* (Huitième édition revue et augmentée), Editions de l'université de Bruxelles, 2022, p. 318.

▶ 直接効果と個人

　もしEU法に直接効果がないならば，加盟国のEU法違反を是正する方法は，個人ではなくコミッション（または他の加盟国）がEU法違反の加盟国をEU司法裁判所に訴えるしかありません（これを義務不履行訴訟といいます）。それは，加盟国のEU法違反を終わらせることを目的としており，被害を受けた個人を保護することを直接の目的とするものではありません。

　これに対して，直接効果とは，国内裁判所が保護しなければならない権利を個人に創設することを意味します。言い換えるならば，国内裁判所はEU法を適用する裁判所として個人を保護する役割を与えられていることになるのです。先決付託手続は，EU司法裁判所と国内裁判所の間に協力関係を構築しました。EU司法裁判所は国内裁判所からの質問を受けてEU法の統一的解釈を示す一方，国内裁判所は具体的な事件にそれを適用してEU法の遵守確保を行うのです。このように，EU法の直接効果と先決付託手続の組合せにより，個人は国内裁判所でEU法違反に対して保護を受けることができるのです。

▶ 直接適用可能との違い

　直接効果と類似の用語として「直接適用可能 (directly applicable)」という語があります。これは，単にEU法規定が国内措置の助けを借りずに自動的に国内法の一部となることを示す用語です。しかし，国内法の一部になるとしても，個人の具体的な権利を創設することと無関係です。

　直接効果は，直接適用可能であることを前提とします。しかし，直接効果があることは，直接適用可能であることとは違います。たとえば，あるEU法の規定が一般的な政策を定めるのみでそれを達成すべき手段を特定していない場合には，直接適用可能である（自動的に国内法の一部となる）としても，直接効果は発生しま

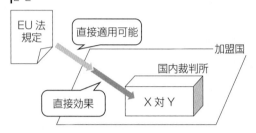

図表 2-2　直接適用可能と直接効果

せん。つまり，国内裁判所により個人が保護される権利は発生しないのです。この点について，図表 2-2 をご覧下さい。

EU 立法の 1 つである「規則 (regulation)」は，「すべての加盟国において直接適用可能である」と基本条約に明文化されています（EU 機能条約 288 条 2 段）。そのため，EU 司法裁判所は「規則のまさにその性質により，規則の規定は国内機関が適用措置を採択する必要はなく，一般に国内法制度において即時の効果を持つ」と述べています[2]。

しかし，規則の規定が直接適用可能であるとしても，すべて直接効果を有するわけではありません。規則であっても，「無条件かつ十分に明確」という要件が充足されていない場合には，直接効果を生じないのです。そのような場合には規則を国内実施するための適用措置が許容されます。たとえば，農業組織の効率性向上に関する規則 797/85[3] が，自然人以外の者について「加盟国は本規則のため，『主な職業として農業を営む農民』という表現が意味するものを定義しなければならない」と規定し，国内適用措置が必要であることを定めていました。そのため，ある裁判では

2)　Case C-316/10, *Danske Svineproducenter v. Justitsministeriet*, EU: C: 2011: 863, para. 39.

3)　Council Regulation (EEC) 797/85 of 12 March 1985 on improving the efficiency of agricultural structures, OJ 2018, L 93/1.

「それらの規定の実施につき加盟国が持つ裁量権に照らし，個人は加盟国により採択される適用措置がない場合，それらの規定から権利を引き出すことはできない」と判示されました[4]。

　国際法においても，条約の直接効果（自力執行力）が認められることがあります。それは，条約に直接効果を付与することが締約国の意思であることが明確に示されている場合に限られ，それを判断するのは締約国の裁判所です。しかし，EU法の場合，加盟国の主観的な意思ではなく，客観的にEU法規定の目的（精神），全体的構成および文言に基づくとともに，直接効果の有無を判断するのは先決付託手続を通じてEU司法裁判所のみであるという点が，国際法の場合と大きく異なります。

5　指令の直接効果？　——*Van Duyn* 事件（1974年）

　指令は「達成すべき結果につき名宛人たるすべての加盟国を拘束するが，形式および手段についての選択は国内機関に委ねる」（EU機能条約288条3段）とされています。このように，指令は（一定期間内に）国内実施措置が採択されること（国内法化）が想定され，加盟国に裁量の余地が残される規定ぶりになっています。そのため，「無条件かつ十分に明確」という直接効果の要件がそもそも充たされていないように見えます。しかし，EU司法裁判所は，必ずしもそうではないと考え，Van Duyn事件（1974年）（Case 41/74, *Van Duyn v. Home Office*, EU: C: 1974: 133）において初めて，指令に直接効果があるかどうかに関する検討を行いました。

---

4)　Case C-403/98, *Monte Arcosu*, EU: C: 2001: 6, paras. 26-28.

事件の概要

EU 加盟国の国民（EU 市民）には，労働者として国境を越えて移動する自由があります。しかし，「公の秩序，公共の安全および公衆衛生」を理由に自由移動が制限されることもあります（EU 機能条約 45条）。オランダ人女性の Van Duyn さんは，労働者の自由移動の権利を行使して，イギリス国内のサイエントロジー教会という宗教団体で働くため，同国に入国しようとしました。

イギリス政府はサイエントロジー教会を，違法ではないが社会的に有害であるとみなし，その活動を封じ込めるため，外国人が同教会で働くことも防止しようとしました。その結果，Van Duyn さんはイギリスのガトウィック空港で入国を拒否されました。

そこで，彼女は労働者の自由移動の制限について詳細を定める EU指令に基づいて，イギリス国内裁判所に入国許可を求めました。図表2-3 をご覧下さい。

> 図表
> 2-3　EU 指令に直接効果はあるか

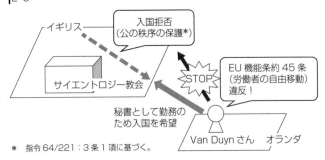

* 指令 64/221：3条 1 項に基づく。

問題の所在

「公の秩序，公共の安全または公衆衛生を根拠に正当化される外国人の移動および居住に関する特別措置の調整に係る理事会指令64/221」[5] には，「公の秩序または公共の安全を根拠にとられる措置

---

5)　Council Directive 64/221/EEC of 25 February 1964 on the co-ordination

はもっぱら関係者の個人に属する行為に基づかなければならない」（3条1項）と規定されていました。これは，加盟国当局が外国人の入国に対して有する広範な裁量権を他の加盟国国民の入国については制限することにより，人の自由移動を促進することを目的としています。

　Van Duyn さんは入国拒否の理由であるサイエントロジー教会に所属していること自体が「個人に属する行為」とは言えないので入国を許可するよう主張しました。問題は，指令のその規定を彼女がイギリス国内裁判所で直接使うことができるか，ということでした。

　イギリス国内裁判所は，この規定が「明らかに［EU 機能条約 288条］の意味における『達成すべき結果』となっており，国内機関に選択が委ねられている『形式及び手段』ではない」とみなし6)，そのため直接効果を有する可能性があるかどうか，という問題を EU 司法裁判所に先決付託しました。

判　決

　EU 司法裁判所は，Van Gend en Loos 事件のときと同じく，目的論的解釈により判決を下します（なお，現在の EU 法に当てはめるためには，EEC 条約 189 条は EU 機能条約 288 条に，条約は EU 基本条約に，共同体は欧州連合に，読み替えて下さい）。

　① EU 司法裁判所は，まず規則と比較して，「実効性」原則（EU法規定に最大限の効果を与えるのを可能にする解釈を行うべきであるとする原則）の観点から指令が直接効果を持つ可能性について検討します。

　具体的には，EEC 条約 189 条に規則が直接適用されることが明文で規定されているとしても，そのことから他の類型の行為（指令）が直接効果を持ちえないということにはならないとしました。また，指令が課す義務を関係者が直接使うことができないとすると，189 条が定める指令の拘束的効果にも反し，また指令の実効性も弱められて

of special measures concerning the movement and residence of foreign nationals which are justified on grounds of public policy, public security or public health, OJ 1964, 56/850.

6)　The High Court of Justice of England (Chancery Division), *Van Duyn v. Home Office* [1974] 1 C.M.L.R. 347, para. 15.

しまうと述べました。

　②　次に，先決付託手続が，共同体諸機関のすべての行為の効力と解釈に関する問題をその対象としているのは，個人が国内裁判所において指令を含むすべての共同体の行為を援用できることを含意しているとしました。そのうえで，直接効果を有するかどうかは，あらゆる事案において，その規定の性質，全体構成および文言を考慮して判断されるべきであると述べました。

　以上のようにして，指令であっても直接効果を有する可能性があることを，指令の拘束力や実効性，先決付託手続の存在から肯定します。

　③　では，上記の判断基準から，本事件で問題となった指令はどのように考えられるでしょうか。

　EU司法裁判所は以下のように述べ，指令64/221の3条1項には直接効果があるとしました。

　指令64/221の3条1項は，外国人の入国および退去に責任を有する国内当局に一般的に付与されている裁量を制限しているとしました。その根拠は以下の2点です。

　第1にこの指令が，いかなる例外または条件にも服さない義務を定めていることです。第2に加盟国は，人の自由移動という基本原則から，この指令の適用除外が認められる可能性があるとしても，個人に属する行動以外の要因を考慮に入れないよう義務づけられているため，その適否を争うために，個人がこの指令に直接依拠することが必要とされることです。

　したがって，指令64/221の3条1項は加盟国の裁判所において遵守確保されることが可能であり，かつ，個人には国内裁判所で保護されなければならない権利を直接与えていることとなります。

　この結果，指令であっても，直接効果が発生する場合があるということが示されました。

　この判決においてEU司法裁判所は，主として「実効性」原則に依拠して指令の直接効果を認めました。指令には「結果を達成

すべき義務」が存在し，その実効性確保のため，指令の規定が加盟国に形式や手段について選択の余地を残していない場合，すなわち「無条件かつ十分に明確」という要件を充たしているならば，直接効果が発生することになります。

　この結果，Van Duyn さんは指令の規定に直接基づいて，サイエントロジー教会に所属していることが「個人に属する行為」ではないから，イギリス政府は自分の入国を認めなければならないと主張することが可能となりました。しかしEU司法裁判所は，「個人に属する行為」を広く捉える解釈を行い，加盟国は違法ではないが社会的に危険とみなす活動を行う団体への所属を入国許可の判断の際に考慮に入れることができるとして，本件の入国拒否は公の秩序により正当化されると判断しました。

　とはいえ，Van Duyn 事件判決で重要な点は，直接効果の有無を単に指令という法令の形式だけで判断するのではなく，個々の規定の内容を見て，それが「無条件かつ十分に明確」という要件を充たせば，直接効果を肯定するという判断を示したということにあります。

　ただし，その後の判例法で，所定の期限内に指令の的確な国内実施（国内法化）がないこと，また，指令の対象が加盟国であることから認められるのは垂直的直接効果のみであることが，要件として追加されています。

　指令が直接効果を発生する場合の要件を整理すると，次のようになります。

指令に直接効果が発生する場合	＝	無条件かつ十分に明確 ＋ 期限内かつ的確な国内実施の欠如 ＋ 垂直的関係（国家またはその派生物との関係）のみ

6 まとめと次回予告編

　単一市場においては，個人が単一のルールの下で国境を越えた経済活動を行います。国家や企業が単一ルールに反する場合，個人は国内裁判所で使うことができる権利を EU 法から与えられています。個人が EU 法上存在する自己の権利を主張できるようにすることが，国家に単一ルールを守らせるように作用します。これが直接効果の意義であり，EU 司法裁判所の判例法で確立されました。

　ところで，EU 法に直接効果があるだけでは，単一ルールに基づく単一市場を形成するのに十分ではありません。EU 法と国内法が正面衝突したときに，EU 法が常に勝つことが保障されている必要があります。さもなければ，直接効果の意味が結果的になくなり，単一ルールが国ごとに分断される結果，単一市場は破綻してしまいます。これを防止するのが，EU 法の「優越性」という原則です。それはどのように確立されたのか，また，どのような問題があるのか，次回見てみましょう。

第1部　EU法を支える原則

第3回

EU 法と国家主権の調整
―EU 法優越とその限界―

1 はじめに

　前の回で学んだように，単一市場において企業やビジネスパーソンが国境を越えた経済活動をするとき，単一のルールから恩恵を受けることができるのは，そのルールに直接効果があるおかげです。国家による違反があった場合に個人が国内裁判所で単一のルールに基づいてそれを是正させることができるからです。しかし，そのような単一のルールそのものが，後から作られた国内のルールにより覆されたらどうなるでしょうか。単一のルールは後から作られた各国のルールにより分断され，国境を越えたビジネスが妨げられてしまいます。そうならないようにするためには，単一のルールがいつも国内のルールより優先される仕組みが求められます。言い換えるならば，EU のスプラナショナルな側面が国家主権の行使により影響を受けないようにする必要があります。

　すでに紹介した Van Gend en Loos 事件（1963 年）で EU 法の直接効果を確立した EU 司法裁判所は，EU 法が域内市場の全域で統一的に適用される必要性を認識していました（単に EU 法という場合，EU 基本条約，EU 立法などをすべて含む用語として使用しています）。そのことを判決で表明する機会が翌 1964 年に到来しました。

　以下では，EU のスプラナショナルな側面を確保するために，EU 法と国家主権がどのように調整されてきたのかを見ていきま

すが，まず1964年の判決がEU法優越の原則を確立したことについて説明します。次いでその原則がどのように発展したかを見ます。他方で，EU法の優越性にどのような限界があるのかに関してもお話しします。

2 Costa v ENEL 事件（1964年）

EU法に直接効果があるとしても，加盟国の憲法により，それが無に帰すおそれがあります。たとえば，1958年1月1日に当時の基本条約である欧州経済共同体（EEC）条約が発効しましたが，その後に国内法上同等の法律が制定され，EEC条約の規定と抵触した場合，どんなことが起こるでしょうか。その国の憲法に基づき「後法優越」が適用されるならば，直接効果はその力を封じられることになります。

そのような事態を避けて，EU法が全加盟国で維持されるためには，常に国内法に優越する仕組みが必要になります。しかし，EEC条約には（現在のEU基本条約にも）EU法優越の原則を定める条項は存在しません。EU司法裁判所は，どのような論理を組み立てることにより，EU法の優越性を確立したのでしょうか。この点をCosta v ENEL事件（1964年）（Case 6/64, *Costa v ENEL*, EU: C: 1964: 66）から見てみましょう。

▨1964年 Costa v ENEL 事件判決▨

事件の概要

イタリア政府は電力事業を国有化するため，1962年12月6日に法律（国有化法）を制定し，イタリア電力公社（ENEL）がその運営にあたることになりました。この法律で国有化された会社の1つの株主であったCostaさんは，電気契約者としてENELから電気料金1925リラ（約1120円相当）の請求を受けました。

彼は国有化には反対でした。なぜならば，国有化法が EEC 条約の関連規定（事業者や生産に対する国家援助の禁止を定める 93 条や商業的性格の事業の国家独占に関する 37 条など）に反する結果，国際機構のために国家が主権を制限することを認めたイタリア憲法 11 条に違反すると考えたからです。そこで，その理由に基づいて，彼は ENEL からの電気料金の請求に異議を唱え，ミラノの下級裁判所に申し立てました。この裁判所は，EEC 条約の関連規定が直接効果を有するかどうかについて，EEC 司法裁判所に先決付託を行いました。

問題の所在

本件はイタリア憲法裁判所にも移送されました。憲法裁判所は，国有化法を合憲としました。その理由は，EEC 条約を批准した 1957 年法律と 1962 年国有化法との関係に後法優越の原則が適用される結果，後者が優先されるということでした。

これを受けてイタリア政府は EEC 司法裁判所に対し，EEC 条約の解釈は必要ないという理由で，本件先決付託が「絶対的に受理不能」であるから却下するよう求めました。

しかし，EEC 法と国内法の関係に後法優越が適用されるならば，EEC 法がすべての加盟国で統一的に適用されるということがなくなってしまいます。EEC 司法裁判所は，この事態をどのように切り抜けたのでしょうか。図表 3-1 をご覧下さい。

図表　個人は EU 法を使うことによって国内法を打ち負かすことが
3-1　できるか——EU 法の優越性

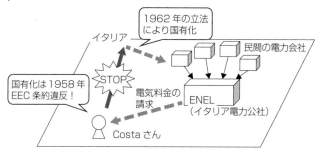

判　決

　EU司法裁判所は，Van Gend en Loos事件のときと同じく目的論的解釈を駆使することにより，次のような判断を示しました（なお，現在のEU法に当てはめるためには，EEC条約および共同体設立条約はEU基本条約に，共同体は欧州連合に読み替えて下さい）。

　① まず，Van Gend en Loos事件と同様の論理に基づき，EU法が国家主権の制限を伴う固有の法制度を形成していることを述べました。

　② 次に，各加盟国がEU全体のために制定された法に等しく拘束されることにより，いずれの加盟国も基本条約上の義務から勝手に逸脱することはできないことを指摘します。

　「共同体の法源に由来する規定を各加盟国法に組み入れることにより，また，より一般的には［EEC］条約の文言および精神に基づき，当然の帰結として，諸国家が相互主義に基づき受け容れた法制度よりもその後の一方的な措置を優越させることは不可能となる。このような措置はそれゆえ，その法制度に対抗することはできない。」

　③ また，以下の箇所では，加盟国の共通利益のために実効的に機能する法システムの要としてEU法の優越性が存在するという機能的理由が示されています。

　「［EEC］条約に由来する法は，独立の法源であり，その特別で独創的な性質のゆえに，いかなる国内法規定であってもそれにより覆されるとすれば，共同体法としての性格が失われ，かつ，共同体そのものの法的基礎が疑問視されることになろう。……

　国家が国内法制度から共同体法制度に［EEC］条約規定に相応する権利義務を委譲したことは，それゆえ，主権的権利の永続的な制限をもたらすのであり，それに反して共同体の概念と相容れないその後の一方的な行為を優先させることはできない。」

　以上の3点を根拠として，EU法が国内法に優越することが確立されたのです。それを前提にEU司法裁判所は，ミラノ下級裁判所からのEU基本条約の関連規定の解釈に関する質問に回答しました。しかし本件で重要だったのは，この回答そのものではな

く，前置きとして示された EU 法優越の原則だったというわけです。

3 EU 法の優越性が意味すること

EU 法が国内法に優越するということは，国内立法機関に対しては，EU 法に適合しない立法を行うことが禁止されること，また，そのような立法が存在する場合には EU 法に適合するよう修正する義務があることを意味します。

他方，国内裁判所に求められているのは，EU 法に抵触する国内法規定を無効としたり取り消したりすることではありません。そのような国内法は，EU 法が関係する個々の事件で適用排除されますが，国内法を無効とするわけではなく，EU 法が関係しない場面では適用されることが可能です。つまり，EU 法の優越性は，EU 法と国内法が抵触する場合にどちらが適用されるかを決める抵触ルールを意味します。

さらに，すべての EU 法が，いかなる国内法に対しても優越します。直接効果を有する EU 法規定のみが国内法に優越するという意味ではありません。直接効果を有しない EU 法規定も，加盟国に義務を課す以上国内法上の効力を有し，かつ，国内法に優越すると考えることができます。では，EU 法が国内法に優越することにより，直接効果に加え，具体的にどのような効果が発生するのでしょうか。それは，適合解釈義務，抵触排除義務，国家賠償責任です。以下では，指令が関わる事例を使って，4 つの効果をそれぞれ説明しましょう。

▶ 適合解釈義務

第 1 に，国内裁判所は国内法が EU 法に適合するように解釈適用しなければなりません。必要ならば国内法の解釈を変更するこ

とが求められます。これを適合解釈義務と言います。この義務は指令の国内実施期限の経過後に発生する一方，指令より前に制定された国内法もその対象とされます。事例として，Marleasing 事件（1990年）（Case C-106/89 *Marleasing*, EU: C: 1990: 395）があります。

▨1990年 Marleasing 事件判決▨

事件の概要

　スペインは，会社の情報開示等に関する「第1次会社法指令 68/151」[1]を国内実施期限を過ぎても国内法化していませんでした。

　本件で原告は，（同指令が制定される前から存在する）スペイン民法典には「原因」（有償契約における物や役務の給付など）が欠如した契約の無効が規定されていたことに基づき，被告の会社設立契約が「原因」を欠く偽装された取引であると主張して，会社設立の無効を宣言するようスペイン国内裁判所に求めました。

　これに対し，被告は，指令 68/151 の 11 条に依拠して訴えを棄却するよう主張しました。なぜならば，11 条に限定列挙された会社設立の無効事由（会社の目的が違法であることや公の秩序に反することなど 6 つの事由）に「原因」の欠如は含まれていなかったからです。国内裁判所は EU 司法裁判所に本件を先決付託します。

問題の所在

　国内裁判所は，「原因」が欠如した契約の無効を規定するスペイン民法典の解釈を本件に適用して会社設立の無効を宣言すべきか，あるいは，スペインが期限後も国内法化していない指令に適合するようスペイン民法典を解釈して訴えを棄却すべきか，が争点となりました。

判　決

　EU 司法裁判所は先決判決において，指令 68/151 の 11 条に限定

---

1)　Directive 68/151 [1968] OJ L 65/8.

列挙された以外の事由による会社設立の無効を命じるようなスペイン民法典の規定の解釈は，同指令 11 条に適合しないと判示しました。

その結果，国内裁判所は，同指令の適用範囲内にある事件では，11 条に列挙された以外の事由により会社設立を無効とすることがないように，同指令の文言と目的に照らしてスペイン民法典の規定を解釈しなければならないとされました。

▶ 抵触排除義務

第 2 に国内法の解釈変更による適合解釈がまったく不可能な場合には，国内裁判所は EU 法に抵触する国内法を適用排除しなければなりません。これを抵触排除義務と言います（指令の場合，この義務は国内実施期限の経過後に発生します）。その結果，EU 法に抵触しない他の国内法が適用されます。その事例として，Unilever 事件（2000 年）（Case C-443/98 *Unilever Italia v Central Food*, EU: C: 2000: 496）があります。

▦2000 年 Unilever 事件判決▦

事件の概要

イタリア法人の Uniliver 社は，同じくイタリア法人の Central Food 社からの注文に応じて，オリーブオイルを同社に供給しました。ところが，Central Food 社は，それがイタリアのオリーブオイル表示法に反しているという理由で代金の支払を拒否し，商品の引取りを求めました。

これに対し，Uniliver 社はイタリアの表示法が「技術的規格および規制分野における情報提供手続に関する指令 83/189」[2]に従わないで制定されたので同表示法を適用すべきではないこと，また，Uniliver 社が供給した商品は関係するイタリア法（同国表示法を除く）にまったく適合していることを主張し，Central Food 社に代金を支

2) Directive 83/189 ［1983］ OJ L 109/8.

払うよう求めました。

しかし、Central Food 社が拒否したため、Uniliver 社は代金支払を求めて国内裁判所に訴えを提起しました。

指令83/189 に従わないで制定されたイタリアの表示法に基づき、売買契約の履行を拒否することができるのか、あるいは、その表示法は指令83/189 に適合していないので適用排除され、取引は売買契約どおりに履行されなければならないのか、ということが争点でした。

判　決

先決付託を受けた EU 司法裁判所は、イタリアの表示法が指令83/189 に違反して採択されたため、2 つの会社の間の契約上の権利義務に関する民事訴訟において適用排除されると判示しました。

この結果、イタリアの表示法は当事者間に適用できないこととなりました。そのため、買手の Central Food 社は契約上の義務を履行し、代金を支払わなければならないことになりました。

それは、指令83/189 によりイタリアの表示法が適用排除され、代わりに本件売買契約の内容およびイタリア契約法が適用された結果でした。イタリアの表示法に代わって、指令83/189 が適用されたのではありません（もし適用されたとしたら、指令に直接効果があったことになります）。

▶ 直接効果

第3に、すでに述べたとおり、EU 法の規定が「無条件かつ十分に明確」という要件を充たせば、直接効果が発生します。直接効果により EU 法と抵触する国内法が単に適用排除されるだけでなく、その EU 法自体が適用されることを意味します。その結果、EU 法が個人に付与した権利が国内裁判所で遵守確保されることになります。

たとえば、**第2回**で説明したように、1963 年 Van Gend en

Loos 事件判決では基本条約の規定がオランダの関税法に取って代わり，また，1974 年 Van Duyn 事件判決では労働者の自由移動の例外を限定する指令の規定に直接基づいて，イギリス政府に入国を許可するよう求める権利が原則として個人に認められました。

▶ 国家賠償責任

第4に，加盟国が EU 法に違反した結果として損害が発生した場合，EU 法上の国家賠償責任が発生することがあります。その事例として，Francovich 事件（1991 年）（Cases C-6 and 9/90, *Francovich and Bonifaci v Italy*, EU: C: 1991: 428）を紹介します。

┌───┐

▓1991 年 Francovich 事件判決と国家賠償責任▓

事件の概要

　イタリア政府は「使用者の支払不能の場合における賃金労働者の保護に係る加盟国立法の接近に関する指令 80/987」3) に従わず，賃金労働者への未払賃金の支払を保障する措置を国内実施期限内にとっていませんでした。

　本件において使用者の企業には，雇用していた労働者に対して倒産後に未払賃金が残っていました。指令 80/987 が期限内に的確に国内法化されていれば，この労働者には未払賃金分の支払が保障されていたはずでした。そのため，労働者は国家から指令 80/987 にある支払の保障または損害賠償を得る権利を有すると主張して，イタリア国内裁判所に訴えを提起しました。

問題の所在

　国内裁判所は EEC 司法裁判所に先決付託を行いました。指令 80/987 の規定に直接効果がない場合，加盟国がその指令を国内実施しなかった結果として，労働者が被った損害を賠償する義務を負う

3)　Directive 80/987 [1980] OJ L 283/23.

か否かについて照会するためでした。

　EEC 司法裁判所はその照会に回答する先決判決において，国家に責任がある EEC 法違反により個人に損害が発生した場合，国家はそれを賠償しなければならないことを認め，そのような国家賠償責任の原則が，EEC 法制度に固有のものとして存在すると判示しました。

　また，国家賠償責任が成立するための要件は，次の３つであることが示されました。

　①　指令が定める結果に個人への権利付与が含まれていること。

　②　それらの権利の内容を指令の規定に基づいて確定することができること。

　③　加盟国の義務違反と被害者が被った損害の間に因果関係が存在すること。

　なお，その後の判例で，指令の場合以外にも EU 法違反一般に国家賠償責任が発生することが示され，その成立要件として，上記②の要件が一般化され，「違反が十分に重大なものであること」とされました。

　ここまで，EU 法の優越性が具体的にどのような効果を発生させるかということを，それぞれ指令の事例を挙げながら説明しました。以上をまとめると図表 3-2 のようになります。

4　EU 法の絶対的優越性？
――国際商事会社事件（1970 年）

　抵触ルールとして，すべての EU 法がいかなる国内法に対しても優越します。では，この「いかなる国内法」には加盟国憲法までも含むのでしょうか。またそれに優越する「EU 法」には何が含まれるのでしょうか。この点，先述した Costa v ENEL 事件（1964 年）では，EU の憲法に当たる EU 基本条約とイタリアの法

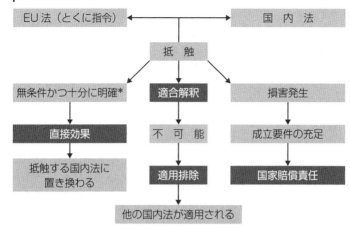

図表
3-2　EU法の優越性と国内法上の効果

* 指令の場合，期限内かつ的確な国内実施がないこと，および，垂直的関係（国家またはその派生物との関係）のみ，という条件が加わる。

律の抵触が問題となりました。では，EU立法と加盟国憲法が抵触する場合にも，EU法優越の原則が適用されるのでしょうか。たとえば，EU規則とドイツ憲法では，どちらが優越するのでしょうか。国際商事会社事件（1970年）（Case 11/70, *Internationale Handelsgesellschaft*, EU: C: 1970: 114）において，その問題が争点となりました。

▨▨1970年国際商事会社事件判決▨▨

事件の概要

　1967年8月ドイツの商社がひき割りトウモロコシ2万トン分の輸出ライセンスを取得しました。有効期限は同年12月末でした。「穀物市場の共通組織化に関する規則120/67」[4]によれば，輸出ライセンスの発行は，有効期限内に輸出が行われるのを確保するため，保

4)　Regulation 120/67［1967］OJ 117/2269.

証金を預けることが条件となっていました。

この商社の有効期限内の輸出は約 1 万 1500 トンにとどまったため，ドイツ当局が「穀物および加工穀物産品，米，粉米および加工米産品の輸出入許可に関する規則 473/67」[5] に基づき，約 1 万 7000 マルク（1 マルク＝70 円とすると，119 万円相当）を保証金から没収すると決定しました。

これを不服とした商社は，上記 2 つの規則の効力を争うため，行政裁判所に訴えを提起しました。

問題の所在

この行政裁判所は，ドイツ憲法の構造原理は EEC 法の枠内でも保護されなければならないとし，EEC 法の優越性もドイツ憲法の原則に服すとみなしました。また，上記 2 つの規則に基づく保証金制度は，ドイツ憲法上の経済的自由などの原則に反すると考えました。

そこで，この行政裁判所は，EEC 司法裁判所に先決付託手続を行い，2 つの規則がドイツ憲法に照らして違法となるか，すなわち EEC 規則とドイツ憲法のどちらが優越するのか照会を行いました。

判 決

EEC 司法裁判所は，次のような先決判決を示しました（なお，現在の EU 法に当てはめるためには，共同体は欧州連合に，[EEC] 条約は EU 基本条約に，読み替えて下さい）。

「共同体諸機関により採択された措置の効力を判断するために国内法上の法規または法概念に依拠するならば，共同体法の統一性および実効性を損なう効果が生じる。そのような措置の効力は，共同体法に照らしてのみ判断することができる。事実，[EEC] 条約に由来する法は，独立の法源であり，まさにその性質のゆえに，いかなる国内法規則であってもそれにより覆されるならば共同体法としての性格が失われ，かつ，共同体自体の法的基礎が疑問視されることになる。それゆえ，共同体の措置の効力または加盟国における効果は，それが加盟国の憲法に規定されている基本権または国内憲法構造上の原則に反す

5） Regulation 473/67 [1967] OJ 204/16.

▶ EU法の絶対的優越性と基本権保護

　このように，EU基本条約の規定のみならず，それに基づいて制定されたEU立法（規則，指令，決定）を含むすべてのEU法が，いかなる国内法にも，すなわち加盟国憲法に対してさえ優越することが明らかにされています。このことから，EU法は国内法に対して絶対的優越性を持っていると言われることがあります。

　では，加盟国憲法に取って代わることもあるEU法において基本権はどのように保護されるのでしょうか。先ほどの国際商事会社事件でEU司法裁判所は，「共同体に固有の，類似の保障」という観点から，次のように判示しました（共同体は欧州連合に読み替えて下さい）。

> 「基本権の尊重は，司法裁判所により保護される法の一般原則の不可欠の一部を成している。そのような権利の保護は，加盟国に共通の憲法的伝統により示唆を受ける一方，共同体の構造および目的の枠内で確保されなければならない。」

　EU司法裁判所は，個人の基本権についても，EU法の優越性を前提として，加盟国憲法に共通の伝統を参照しつつも，加盟国の基本権規定ではなく（当時，明文の基本権規定がEUになかったため）判例法により導き出されるEU法の一般原則に基づいて保護されることを明らかにしました。なお，現在ではEU基本権憲章が存在し，基本条約と同等の法的拘束力を与えられています。

5　EU法の優越性と加盟国裁判所

　EU法の優越性は基本条約に明文規定があるわけではありません。それは，あくまでEU司法裁判所が基本条約の解釈により判

例法として確立した原則です。他方で，加盟国裁判所は EU 法の
絶対的優位性という判例法を必ずしも受け容れていません。EU
司法裁判所と加盟国裁判所（とくに憲法裁判所や最高裁判所）の間
には，EU 法優越性の根拠や範囲に見解の相違が存在するのです。

▶ 優越性条項の削除

　欧州憲法条約（2004 年 10 月 29 日署名）には，「本憲法および連
合に付与された権限の行使の際に連合諸機関により採択された法
は，加盟国の法に対して優越性を有する」（I-6 条）と規定されて
いました。しかし，欧州憲法条約はオランダとフランスの国民投
票による批准否決の結果，発効しないままに終わり，その条項は
現行の基本条約では削除されました。その代わりに，「優越性に
関する宣言」が附属されています。「宣言」は法的拘束力を持ち
ませんが，基本条約を解釈する指針として用いられます。そこで
は次のように述べられています。

> 「［政府間］会議は，欧州連合司法裁判所の確立された判例法に
> 従い，［EU 条約，EU 機能］条約および両条約に基づき連合により
> 採択された法が，その判例法により定められた条件の下で，加盟
> 国の法に対して優越性を有することを想起する。……」

　この宣言は，EU 基本条約およびそれに基づく EU 立法が「加
盟国の法」に対して優越することを確認していますが，「加盟国
の法」が憲法を含むかどうかについては依然として曖昧なままに
されています。

▶ 加盟国裁判所の態度

　加盟国の裁判所が，必ずしも EU 法の絶対的優越性を受け容れ
ているわけではありません。その理由として，次の 3 点を指摘す
ることができます。

①　加盟国裁判所は，EU 法制度の基礎が，EU 司法裁判所が言うような「特別かつ独創的な性格」にあるのではなく，加盟国が憲法に基づき国際法上の義務として受け容れた EU 基本条約にあるとみなしています。その意味で，加盟国憲法が EU 基本条約の上位になるということになります。

②　一般に加盟国裁判所は EU が基本条約に定める厳密な権限の範囲で行動することを条件に EU 法の優越性を受け容れています。加盟国裁判所は EU 法の優越性に対し，自国憲法に由来する限界を設定しています。そのため，加盟国裁判所は，EU 法が自国領域への適用において，そのような限界内にあるかどうかを審査できることとしています。また，もし限界を超えている場合には，権限踰越（ゆえつ）としてそのような EU 法を適用排除することができます。この点も，加盟国憲法が EU 基本条約より上位にあることを示しています。

③　「権限権限」（Kompetenz-Kompetenz）の問題もあります。それは，EU と加盟国の間の権限配分を定める究極的な権限を有するのは誰かということです。この問題について，ほとんどすべての加盟国憲法裁判所や最高裁判所は「権限権限」が自らにあるとみなし，究極的には自国憲法規定に照らして決定を行っています。その意味で加盟国の裁判所は EU 司法裁判所より上位にあるということになります。

▶ ドイツ連邦憲法裁判所における EU 法の優越性と基本権保護

先ほど紹介した国際商事会社事件で，EU 司法裁判所から先決判決を示されたドイツ行政裁判所は，その内容を不服とし，EU に「成文憲法がないかぎり，国内の基本原則が遵守されなければならない」という理由で EU 法の優越性を認めず，ドイツ連邦憲法裁判所に本件を付託しました。この憲法裁判所は，EU 司法裁判所の先決判決を受け容れたのでしょうか。

ドイツ連邦憲法裁判所は，1974 年 Solange Ⅰ 判決[6]において，ドイツ憲法に規定される基本権が EU 法に優越し，その問題に関する審査権が自らにあるとしました。その理由は，次の 2 点でした。

　①　当時 EU には立法権を有し直接選挙された議会が存在せず，かつ，そのような議会により制定された成文の基本権目録が欠如していたこと。

　②　成文の基本権目録によりもたらされる法的安定性は EU 司法裁判所の判例法のみでは達成されないこと。

　Solange とは，英語の as long as に相当し，条件を示します。つまり，憲法裁判所は，直接選挙され，立法権を有する欧州議会が成文の基本権目録を制定することを条件に，基本権保護の分野における EU 法の優越性を受け容れるとしたのです。

　しかしその後，ドイツ連邦憲法裁判所は 1986 年 Solange Ⅱ 判決[7]において判例を変更します。すなわち，ドイツ憲法の下で保護される基本権が EU レベルにおいても保護されており，その問題に関する審査権は司法裁判所にあるとしたのです。その理由として，Solange Ⅰ 判決で指摘された成文の基本権目録という要請は，司法裁判所の判例法が発展したことなどにより充たされたと判断されました。

　ただし，ここでも無条件ではなく，新たな条件が示されました。それは，ドイツ憲法により無条件に要求されている基本権保護と実質的に同等とみなされる基本権の実効的な保護が EU 諸機関の権限に対して一般的に確保され，また，基本権の本質的内容が一般的に保護されること，という条件でした。すなわち，ドイツ連邦憲法裁判所は，本件における Solange として，ドイツ憲法にお

---

6)　Case 2 BvL 52/71［1974］2 CMLR, p. 540.「CMLR」は「Common Market Law Report」という民間の英語版判例集です。

7)　Case 2 BvL 197/83［1987］3 CMLR, p. 225.

ける基本権保護と同等の水準を一般的に維持しまたは超えること
を条件に，EU司法裁判所による基本権保護を承認しているので
す。これを「同等の保護」理論と言います。

6 国民的一体性条項

他方で，EU基本条約にも，EU法の優越性が必ずしも絶対的
ではないことを示す条文として，EU条約4条2項に国民的一体
性（national identities）条項が存在します。

> 「連合は，〔EU条約およびEU機能条約〕の前における加盟国の平
> 等，ならびに，地域および地方の自治を含む政治的および憲法的
> な基本構造に固有の加盟国の国民的一体性を尊重する。」（傍点筆
> 者）

ドイツ，イタリアなどの加盟国憲法裁判所は，国民的一体性で
はなく「憲法的一体性」（constitutional identity）という用語（単数
形）を用いて，自国憲法をEU法の優越性に対する制限のために
援用しようとする場合があります[8]。しかし，複数形で示される
国民的一体性は，すべての加盟国で一律に適用される同一のもの
ではなく，その内容が各国レベル（とくに憲法裁判所）により定義
されるものであることを意味する一方，EU司法裁判所は国民的
一体性が基本権およびEU法の目的を遵守するようコントロール
します。そのため，国民的一体性とは，EUレベルと各国レベル
の間で共有される法概念であると言えます[9]。

EU司法裁判所はその国民的一体性条項に依拠して，EU基本
条約規定の加盟国憲法に対する絶対的優越性を緩和する姿勢を示
しました。その事案が，Sayn-Wittgenstein事件（2010年）（Case

---

8) Ana Bobić, *The Jurisprudence of Constitutional Conflict in the European Union*, Oxford University Press, 2022, pp. 129-156.

9) *Ibid.*, p. 157.

C-208/09, *Sayn-Wittgenstein*, EU: C: 2010: 806）です。

■■2010年 Sayn-Wittgenstein 事件判決■■

事件の概要

　ドイツに居住するオーストリア人女性（図表3-3のA）が，貴族の家系に属するドイツ国民（同図表のX）の養子となったのに伴い，ドイツ法で承認された Fürstin von Sayn-Wittgenstein（ザイン＝ヴィトゲンシュタイン侯爵夫人）という姓をオーストリアで届け出ていました。この姓は古城などの高級不動産の売買を職業とする彼女にとって都合のよいものでした。

　しかし，その15年後になってオーストリア当局の決定により，オーストリア人が貴族の地位を示す称号を使用することを禁じる「貴族階級廃止法」（この法律はオーストリア連邦憲法149条１項により憲法的地位を与えられていました）に基づき，彼女の姓が Sayn-Wittgenstein に変更されたため，それが EU 機能条約21条（EU市民権に基づく移動・居住の権利）に違反するかどうかが問題となりました。次の図表3-3をご覧下さい。

図表
3-3　EU 市民権と貴族階級廃止法

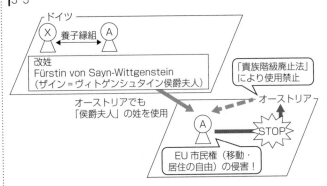

問題の所在

　彼女は，貴族階級廃止法に基づくオーストリア当局の決定により，

ドイツとオーストリアで異なる姓を使用しなければならず，両国間での移動と居住に不便なため，EU市民としての移動・居住の自由を妨げられていると主張しました。これは，EU機能条約21条とオーストリア憲法のどちらが優越するのかという問題でした。

　EU法の優越性に基づくならば，彼女はどの国においても Fürstin von Sayn-Wittgenstein と名乗ることができることになります。その一方で，これはオーストリアにおける貴族階級の廃止という憲法的価値が関わる問題でもありました。

判決

　EU司法裁判所は，一加盟国（本件ではオーストリア）の当局が同国国民の姓のすべての要素を居住先加盟国（本件ではドイツ）で決定されたとおりに承認するのを拒否することはEU市民権により付与された移動・居住の自由に対する制限であると判断しました。しかしその一方で，次のように述べています。

　「オーストリアの憲法史上，貴族階級廃止法が，国民的一体性の一要素として，正当な利益と欧州連合法の下で認められている人の自由移動の権利との間で比較衡量する際に考慮に入れることができるということは，受け容れられなければならない。

　……オーストリアの憲法的状況に言及することによりオーストリア政府が依拠した正当化（貴族階級廃止法が国民的一体性に含まれること）は，公の秩序への依拠であると解釈することができる。

　公の秩序に関する客観的考慮に基づき，一加盟国において同国民の1人の姓を他の加盟国で付与されたとおりに承認するのを拒否することは正当化することができる。……

　EU条約4条2項に従い，欧州連合は共和国としての国家の地位を含む加盟国の国民的一体性を尊重すべきであることにも留意しなければならない。」

　この事件では，EU基本条約上の自由を制限するオーストリア憲法規定が，国民的一体性の概念に基づき正当化されています。EU法の優越性と国民的一体性条項の関係には，EU法と加盟国憲法との間の潜在的な緊張関係が存在します。この先決判決は，

その問題が両者間の比較衡量により比例性原則に基づいて解決されることを示しました。比例性原則とは、加盟国の措置が許容される目的を達成するために必要であり、かつ、同一の目的を達成するための手段が複数存在する場合にはEU市民の権利を制限することが最も少ない措置が選択されなければならないことを意味します。

他の例として、Runevič-Vardyn and Wardyn事件（2011年）（Case C-391/09, *Runevič-Vardyn and Wardyn*, EU: C: 2011: 291）で（リトアニア憲法〔14条〕がリトアニア語を国語であると規定していることに関連して）「国家の公式の国語」の保護が国民的一体性を示すものと認められたことがあります。

このようにして、EU法の絶対的優越性は一歩後退し、加盟国憲法の「基本構造に固有の加盟国の国民的一体性」（憲法的一体性）が関わる場合には、それが尊重されることになります。

▶ 国民的一体性が認められなかった場合

Michaniki事件（2008年）（Case C-213/07, *Michaniki*, EU: C: 2008: 731）では、ギリシャ憲法と「公共事業契約の落札手続の調整に関する指令93/37」[10]の関係が問題になりました。

その指令は、公共事業の入札業者として不適格な場合（破産者であることなど）を限定列挙で定めていましたが、加盟国が入札業者の平等や手続の透明性の原則に基づくならば追加的な措置をとることが可能でした。他方、ギリシャ憲法（14条9項）は、テレビなどのメディア事業会社と結びつきのある企業が公共事業契約の入札手続に参加することを禁じていました。そのため、この憲法規定が、国民的一体性を示すものとして、指令により許容される追加的措置とみなされるかどうかが、国内裁判所で争われま

---

10)　Directive 93/37 [1993] OJ L 199/54.

した。

　しかし，EU 司法裁判所の先決判決は，その憲法規定が国民的一体性を示すかどうかには触れませんでした。それは，その憲法規定が国民的一体性の一部として扱われないことを意味しました。むしろ，その憲法規定を実施する法律が，メディア事業会社の所有者や大株主などが公共事業を請け負う会社の所有者や大株主となることを一般的に認めないため，EU 法上，比例性原則（達成すべき目的に対して手段が過剰であってはならないとする原則）に違反するという形で処理されました。

　ハンガリー／ポーランド対欧州議会・理事会事件（2022 年）（Case C-156/21, *Hungary v European Parliament and Council*, EU: C: 2022: 97 および Case C-157/21, *Poland v European Parliament and Council*, EU: C: 2022: 98）では，法の支配原則に違反したとして EU 予算の停止措置を受けたハンガリーとポーランドが「EU 予算保全のための一般的条件制度に関する規則 2020/2092」[11]の取消しを求めました。そこでは，法の支配などを加盟国に共通の基本的価値規範として定める EU 条約 2 条が，EU 条約 4 条 2 項（国民的一体性条項）により排除または制限されるかどうかが争点の 1 つとなりました。

　EU 司法裁判所は，法の支配を含む EU の基本的価値規範が国民的一体性条項により排除または制限されることはないと判示しました。その理由は，第 1 に，加盟国は法の支配原則を実施するうえで一定の裁量権を有するが，その結果が達成される義務は加盟国ごとに異なるということには決してならないということです。また，第 2 に，加盟国はそれぞれ別の国民的一体性を持つ一方，「法の支配」の概念は加盟国が各国の憲法的伝統に共通の価値として共有しており，常に尊重することを約束したものであるとい

---

11)　Regulation 2020/2092 [2020] OJ L 433 Ⅰ/1.

うことです。

　このように，EU 条約 4 条 2 項は EU 法の優越性に対する例外を設定するものですが，単に憲法に規定されているというだけでは足りず，国民的一体性が関わる場合に限り用いられます。

●●EU 法と国家主権の調整──立憲的多元主義●●
　EU 法の優越性が EU 司法裁判所の判例法として確立される一方で，加盟国裁判所が必ずしも全面的にそれを受け容れているわけではなく，また，EU 基本条約にも優越性の例外を認める国民的一体性条項という規定が入りました。このようにして EU 法と国家主権の調整が徐々になされてきましたが，これを理論的にどのように説明すればよいのでしょうか。

▶立憲的多元主義
　EU レベルの憲法（EU 基本条約）が加盟国の憲法といかなる関係にあるのかを理論的に説明する考え方として，「立憲的多元主義」（Constitutional pluralism）があります。その特徴を 3 点挙げることができます。

　第 1 の特徴として，単一のデモス（demos：国民）を前提とする憲法に基づく国民国家モデルを採りません。国民国家と結びついた立憲主義は，単一のデモスすなわち集団的アイデンティティにより社会的・文化的に強く結び付いた政治的共同体が前提とされます。しかし，EU は単一のデモスではなく，共生する複数のデモス（demoi）すなわち EU 基本条約に表明されている共通の価値に対するコミットメントを共有する EU 市民（加盟国国民）で構成されています。

　EU は「欧州諸民（the peoples of Europe）間の一層緊密化する連合」（EU 機能条約前文）であり，単一のデモスではなく複数のデモスからなる統治制度（"demoi-cracy"）であるとされます。このような立憲的多元主義を支えるのは，加盟国国民が国民（あるいは地域民）として持つアイデンティティ（一体性）と同時に EU 市民として抱く共通のアイデンティティです。ただし，後者は必ずしも強固なものとは言えません。

　第 2 の特徴は，加盟国国民が EU 基本条約の各国憲法に基づく批准を通じて EU レベルの憲法に正統性を与えるということです。その

結果，EU レベルの憲法と加盟国の憲法は，階層的関係すなわちトップ・ダウンの関係にあるのではなく，むしろボトム・アップの関係にあることになります。

第3の特徴として，EU レベルの「憲法」は EU 司法裁判所と国内裁判所の自発的協力関係に基づいており，両者が相互に各々の判決を考慮に入れ，決定的な対立を回避することを意味する「司法的対話」により発展するとされます。

すなわち，国内裁判所の求めに応じて EU 司法裁判所が EU 法の解釈を示し，国内裁判所はそれを事件に適用するという分業体制（先決付託手続）が成立しています。そこでは EU 法の絶対的優越性は棚上げされる一方，国内裁判所（とくに憲法裁判所や最高裁判所）は EU 法の優越性に対する拒否権を究極的には行使可能であるが事実上発動しないという暗黙の合意が存在するのです。

このように，立憲的多元主義は EU レベルの憲法と加盟国憲法をひとつの「欧州憲法秩序」（a European constitutional order）あるいは「合成的欧州憲法」（a composite European constitution）として一体的に捉える一方，両者を垂直的な階層関係ではなく水平的な共生関係として把握します。

7　まとめと次回予告編

EU の域内市場における単一のルールは，後から作られた各国のルールにより分断されないことが前提にあります。それを確保するため，単一のルールが常に国内のルールより優先する仕組みが必要とされます。それが，EU 法の国内法に対する優越性です。これは EU 基本条約に明文で規定されているわけではなく，判例法上の原則です。EU 司法裁判所は当初，絶対的な優越性として示しました。

しかし，加盟国は自国憲法に基づいて EU 法を受容したので，国内裁判所は EU 法の絶対的優越性をそのまま受け容れたわけで

はありませんでした。また，EU 基本条約にも EU 法優越性の例外を認める条項が入ることになりました。EU 法は独自の法秩序でありながら，加盟国の法秩序とととともに多元的法制度を形成しているのです。

さて，これまでスプラナショナルな EU 法を支える 2 大原則である EU 法の直接効果と優越性について学びました。次回からは，このような特徴を持つ EU 法により何が EU レベルで実現されたのかという点をお話しします。具体的には，第 1 に EU の基本的なプロジェクトであり，EU のインフラを形成している域内市場とは何か，それはどのように実現されたのか（**第 4 回**），第 2 に域内市場における物・人・サービス・資本の自由移動とは何を意味するか（**第 5 回**），第 3 に域内市場で競争法（独占禁止法）はどのように機能しているのか（**第 6 回**），第 4 に経済通貨同盟（通貨統合）とは何か（**第 7 回**），の 4 回に分けて説明することにします。

第2部	★★

EU法とはなにか
——トランスナショナルな法空間の構築

第4回	トランスナショナルな法空間
第5回	物・人・サービス・資本の自由移動
第6回	トランスナショナルな自由競争
第7回	単一通貨ユーロの仕組み

INSPIRING EUROPEAN UNION LAW

　第2部では，スプラナショナルなEUがどのようにトランスナショナルな側面を形成していったのかに注目します。EUがそもそも具体的にめざしたものは，主権国家ごとに分断されていたヨーロッパに単一の市場を創り出すということでした。それは，物・人・サービス・資本が国境を越えて自由に移動できることを意味します。また，単一の競争法（独占禁止法）が国境を越えた企業間の競争を促進しています。さらには，単一通貨ユーロも導入されています。これらの仕組みは，どのように導入され，発展したのでしょうか。また，どのような問題を克服する必要があったのでしょうか。

トランスナショナルな法空間
―域内市場―

1 はじめに

第1回で説明したように，ヨーロッパ統合にとってフランスとドイツの和解が不可欠でしたが，そのために国家を超えたスプラナショナルな機構の下で仏独が対等な関係で協力するという方法が選択されました。すでにお話ししたとおり，スプラナショナルな協力を行うことは，主権国家をなくすことではなく，主権国家が主権を共有し，一定の範囲で国家を超えたコントロールや法律をつくりだして協力を進めることを意味します。

では，スプラナショナルな国家間の協力によって，EU は何をしようとしたのでしょうか。それは，ヨーロッパの人々の間に「トランスナショナル（transnational）」な関係を構築することでした。当初は経済的繁栄のために，経済活動を行う労働者，自営業者，企業や，かれらが生産する財・サービスが国境を越えて自由に往き来することが目標とされました。

それが実現すると，今度は留学生や退職者のように経済活動を行わない人々も EU 市民として国境を越えて移動・居住する自由を持つようになりました。このようにして人々が交流し，融合することにより，過去の偏狭なナショナリズムを克服することが目標とされたのです。

▶ トランスナショナルな域内市場

　トランスナショナルな関係とは,「ある国の民間の個人・団体と他国の民間の個人・団体あるいは政府との間で形成される関係のことで, その典型は, 私企業間で行われる貿易や私人間の国境を越えた通信などに求めることができる」とされています（「トランスナショナリズム」『平凡社世界大百科事典』2014 年改訂新版第 6 刷）。

　EU の場合, それは企業間や個人間で国境を越えた経済的な交流や取引が盛んになることを意味しました。言い換えれば, EU の最大のプロジェクトである市場統合すなわち「単一市場（Single Market)」の形成です。これは, 国家が複数あるけれどもマーケットを 1 つにすることを意味しました。

　それは, 当初「共同市場（Common Market)」と呼ばれましたが, 現在では「域内市場（Internal Market)」が正式名称です。EU 司法裁判所は Gaston Schul 事件（1982 年）(Case 15/81, *Gaston Schul*, EU: C: 1982: 135) において, 当時の名称である共同市場について次のように述べています（共同体は EU に読み替えて下さい）。

> 「確立した判例法において当裁判所により定義されている共同市場の概念は, 各国内市場をできる限り真の域内市場に近い条件をもたらす単一市場へと融合するために, 共同体内貿易に対するすべての障壁を除去することをめざすものである。商取引それ自体だけでなく, 国境を越えて経済取引を行う個人にも同様に, この市場の恩恵が行き渡ることが重要である。」

　このような意味における単一市場を実現し, 発展させるために, 次のような条文が EU 基本条約に置かれています。

> 「域内市場は, 物, 人, サービスおよび資本の自由移動が〔EU 条約および EU 機能条約〕の規定に従い確保される, 内部に国境のない領域を構成する。」(EU 機能条約 26 条 2 項)

　この条文は, EU が, 域内市場というプロジェクトにより,

物・人・サービス・資本の自由移動を通じてトランスナショナルな関係を全面的に導入すると宣言していることを示しています。つまり，EU のスプラナショナルな力で域内市場のトランスナショナルな関係を導きだそうとしたわけです。しかし，社会や文化の相違のため，ことはそれほど簡単ではありません。お互いの信頼関係を徐々に高めていくことが必要になります。

　以下では，わかりやすい例として物の自由移動に焦点を当てながら，市場統合における自由移動とは何か，どのように達成されるのか，について考えます。

2　市場統合のアプローチ──3つのモデル

　物の自由移動とは，国家間において物品の輸出入に対する関税および課徴金（輸入品の価格を上昇させることにより実質的に関税と同じ作用をする）がないこと，国産品と輸入品の間に間接税（日本の消費税に相当する付加価値税や，たばこ，アルコール，エネルギー製品などの物品税）の差別がないこと，また，輸出入に対する「数量制限およびこれと同等の効果を有するすべての措置は，加盟国の間で禁止される」（EU 機能条約 34 条・35 条）ことを意味します。たとえば，フランスとドイツの間での取引や物流が，東京都と埼玉県の間と同じように自由に行われるということになります。

▶ 輸入に対する数量制限と同等の効果を有する措置

　物の自由移動を実現するときに最も難しいのは，「輸入に対する数量制限と同等の効果を有する措置」（EU 機能条約 34 条。以下，同等効果措置）を撤廃することです。

　単に数量制限とは，たとえば日本が中国産のネギの輸入量を年間 3 万トンに制限するような場合を言います。

　これに対し，同等効果措置とは，非関税障壁とも呼ばれ，ある

国の法令が存在することによって，ある物の輸入量が減るような状況が起きる場合を指します。つまり，あからさまに輸入量を制限しなくても，何らかの法令を制定することによって輸入量を減らすような場合のことです。たとえば乗用車のサイドミラーで考えてみましょう。いまの乗用車はほとんどがドアミラーを採用していますが，タクシーは視認上の安全性にすぐれているフェンダーミラーのことが多いようです。かつて日本ではドアミラーの使用は規制されていました。欧米の乗用車はドアミラーを使用していましたが，1970 年代後半まで日本で輸入販売するためにはフェンダーミラーに換えないといけませんでした。その結果，余分なコストが発生して価格が高くなりますから，その分輸入販売量が影響を受けることになります。このような例が非関税障壁すなわち同等効果措置に当たります。

　同等効果措置は，要するに各国の安全，健康，環境などの基準が異なるために規制の相違となって発生するものと言えます。関税や数量制限などとは異なり，国家間でその相違を解消するのは容易ではありません。EU 司法裁判所でかつて判事を務めたエドワード（Sir David Edward）教授は，ある講演の中で次のように語っています。

> 「最初のステップは，関税および数量制限のように，あからさまな保護主義的障壁……を除去することでした。次のはるかに複雑なステップは，歴史的，社会的，法的および文化的な相違の当然の帰結である，自由移動に対する無数の技術的障壁を克服することでした。」[1]

　ここで技術的障壁と呼ばれているものが同等効果措置です。以下では，同等効果措置に対処するためのアプローチとして 3 つの

---

1)　David A. O. Edward, "What kind of Law Does Europe Need? The Role of Law, Lawyers and Judges in Contemporary European Integration", *Columbia Journal of European Law*, Vol. 5, No. 1, 1998, pp. 1-14 at 8.

モデルを紹介しましょう。第1は分権型モデルと呼ばれるもので，差別禁止アプローチとも呼ばれます。第2は中央集権型モデルで，調和アプローチとも言います。第3は競争型モデルで，別名は相互承認アプローチです。

▶ 分権型モデル——差別禁止アプローチ

　分権型モデルでは，その名称が示すように，規制を定める権限が分権化され，A国もB国もそれぞれ自由に規制を定めます。ただし，国産品に対する規制と同じ規制を輸入品にも適用するという意味で差別を禁止します。すなわち，A国のRule(a)でつくられた産品Xは，B国に輸入されたときにRule(b)が適用されます。B国では国産品Yにも，同種の輸入品Xにも平等にRule(b)を適用します。ですから，国産品と輸入品の間に差別は存在しません。

　しかし，産品Xの立場から考えると，A国でRule(a)の基準を充たしているのに，B国に持ってくるとさらにRule(b)の基準を充たさないといけないことになります。つまりRule(a)＋Rule(b)となるわけで，これを二重の負担と言います。これは，国産品と輸入品の間の差別の禁止だけでは二重の負担が生じるという意味で差別的であると言えます。この点について，図表4-1をご覧

図表
4-1　分権型モデル（差別禁止アプローチ）

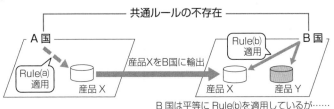

B国は平等にRule(b)を適用しているが……
　　産品X→Rule(a)＋Rule(b)で二重の負担
　　産品Y→Rule(b)のみ

下さい。

たとえば液晶テレビの画面が，A国のRule(a)では長方形でないといけない，B国のRule(b)では正方形でないといけない，としましょう。そうすると，A国で液晶テレビを生産している企業は長方形で製造しますが，B国に輸出するためには別の生産ラインをつくって正方形の液晶テレビをつくらないといけない。つまり国内向けと輸出向けの2種類の製品を作るという負担がかかってきます。これがRule(a)＋Rule(b)の意味になります。

現在の世界の貿易の自由化はこのレベルにとどまっています。しかし，トランスナショナルな自由移動をめざすEUは，先ほど述べた同等効果措置の禁止（EU機能条約34条）という形で，このアプローチを二重の負担のゆえに原則禁止しています。では，そのような二重の負担をなくす方法はあるのでしょうか。

▶ 中央集権型モデル──調和アプローチ

Rule(a)とRule(b)が違うために二重の負担が発生するのだからそれらを同じにすればよいというのが，調和アプローチによる中央集権型モデルです。中央集権というのはスプラナショナルなレベル，すなわちEUで決めるということです。EUは「域内市場の確立および機能を目的として」各国の法令を調和（接近）させる立法権限が与えられています（EU機能条約114条1項）。調和というのはルールを同じにするということです。つまりRule(a)とRule(b)を同じRule(e)にすればいいわけです。たとえば，EUでは「化粧品に関する規則1223/2009」[2]が制定され，人間の健康の高水準の保護のために化粧品の安全基準が調和されています。このモデルについては，次頁の図表4-2をご覧下さい。

---

2) Regulation 1223/2009 [2009] OJ L 342/59.

中央集権型モデル（調和アプローチ）

産品XはA国でもB国でも1つの
規制(Rule(e))に対応すればよい。

　他方で，EUで共通のルールを立法するとなると，各国国民の民意が十分に反映されないという意味の「民主主義の赤字」（第13回で詳しく説明します）という批判が出てくることも事実です。Rule(a)とRule(b)のどちらに合わせるのか，新たなタイプのルールをつくるのかなどをめぐって，各国の民意はばらばらですから，各国国民の間でそれぞれ不満が出てきます。では，共通のルールを超国家レベルで導入しないまま，二重の負担を解消する方法はあるのでしょうか。それが次のアプローチです。

▶ 競争型モデル──相互承認アプローチ

　EUについて勉強した人ならば，法律の専門家でなくともよく知っている有名な事件があります。カシス・ド・ディジョン事件（1979年）（Case 120/78, *Cassis de Dijon*, EU: C: 1979: 42）です。

■1979年カシス・ド・ディジョン事件判決■

事件の概要

　フランスにカシス・ド・ディジョンという甘いフルーツリキュールがあって，そのアルコール度数は15〜20%でした。ドイツの業者がそれをドイツに輸入しようとして当局に尋ねたら，「輸入はできますが，販売はできませんよ」と言われました。ドイツではフルーツリキュールなどについて最低アルコール度数を設定していて，25%以

上でないと販売できないことになっていました。フランスで自由に流通しているカシス・ド・ディジョンがドイツで売れないのは，物の自由移動に反するのではないかということで，ドイツで裁判になりました。

問題の所在

ドイツは最低アルコール度数 25% というルールを設けている理由として，国内裁判所で 2 つの点を主張します。1 つは健康保護です。ドイツ政府の主張によると，「人はアルコール度数が低いと安心してどんどん飲んでしまうから健康に悪い。25% 以上にしておくと慎重になってあまり飲まない」。いかにもドイツ人らしいですが，それは本当でしょうか。ドイツ人はアルコール度数 5〜6% のビールをたくさん飲んでいます。また，25% 以上のお酒でも氷水で薄めて飲む場合もあります。ですから，EU 司法裁判所はこの主張を受け付けませんでした。

もう 1 つの主張は，消費者保護です。税金（物品税）の関係で，お酒の値段はアルコール度数で大部分が決まります。アルコール度数が高いほど，値段が高くなるのです。アルコール度数のごまかしができないように最低アルコール度数を決めておけば不正を防ぐのに都合がよいという発想です。しかし，それは瓶のラベルに表示しておけばいつでも確認できるということで，これも EU 司法裁判所に受け入れられませんでした。

判　決

このときに導入された考え方が，相互承認原則です。EU で共通のルールを設定していなくても，A 国の Rule(a) に基づいて製造され，Rule(a) に適合している産品 X は，B 国で自由に輸入販売できます。また，B 国の Rule(b) で製造され，Rule(b) に適合している産品 Y は，A 国に自由に輸出できます。つまり相互承認というのは，A 国と B 国が Rule(a) と Rule(b) をお互いに認め合うということです。そのようにして，二重の負担を回避することができます。このため，Rule(a) と Rule(b) を調和させる必要はありません。また EU レベルで立法しないので「民主主義の赤字」という批判を受けずにすみます。この点

について図表 4-3 をご覧下さい。

共通ルールの不存在

相互の国のルールを承認*

A 国　Rule(a) 適用　産品 X　　　B 国　Rule(b) 適用　産品 Y

承認した国のルールに適合した産品の
販売を容認。
→自国のルールを適用しない。

▶ 相互承認とルール間の競争

　このような相互承認アプローチは，なぜ競争型モデルと呼ばれるのでしょうか。先ほどの例でいうと，相互承認の結果，A 国では Rule(a)と Rule(b)の 2 つのルールが存在します。B 国でも Rule(a)と Rule(b)が平等に存在します。そうすると何が起こるでしょうか。いま EU は 27 か国です。たとえば自動車が 27 か国すべてでつくられていて，27 とおりのルールがあると考えて下さい。そうすると，どの国のルールでもいいからそれを守ってそこで生産すれば，他の 26 か国に輸出できます。

　たとえば，かりにギリシャの環境基準が一番緩い，フランスの環境基準が一番厳しいとします。そうすると，フランスの自動車メーカーは，フランスで生産するのは環境基準が厳しいからコストが高くつき，環境基準が緩いギリシャで生産すればコストが安くすむから，ギリシャに会社や工場を移して，そこで製造してフランスに輸出することにしようと考えます。

　そうなるとフランスは困ります。会社や工場に出ていかれると，

法人税が取れなくなります。工場が移転すれば、フランス人労働者は職を失います。そこでフランス政府は、ギリシャに工場や会社が逃げないよう、環境基準を緩めるようになります。それでギリシャが基準を緩めたら、フランスもまた緩めます。つまり各国ルールの間で競争が起きます。企業を呼び込むために、2つの国で環境基準を低くするという競争が行われるのです。これを「底辺に至る競争（a race to the bottom）」と言います。

　1つの国の中に複数のルールが認められて、同一の国の中に充たすべき環境基準の違う車が存在したとしても、企業はコストが最も低いルールで生産すればいいので、そのルールの国を選びます。つまり1つの国にルールが複数存在するのが相互承認ですが、相互承認されたルールを企業が選べるので、ルール間の競争が起きます。このように、基準が緩い方へ、緩い方へ向かう競争が起きると、自然に1つのルールに近づいていきます。環境基準が最も低くなって、1つの基準が自然にできあがるという現象が理論的には起きることになります。それが相互承認であって、各国のルール間の競争によって、1つのルールに収斂していくのです。

　このように説明すると、相互承認はよくないことなのではないかと思うかもしれませんが、逆もあります。食品の安全基準の場合はどうでしょうか。たとえば、かりに食品の安全基準が厳しいMade in Denmark のチーズが最も安全だという認識が消費者の間に広まると、フランスのチーズ会社は、デンマークで生産すれば Made in Denmark と表示できますから、デンマークでチーズを製造します。そうするとフランスはデンマークと同じように安全基準を高めて、デンマークに逃げたチーズ会社を引き戻そうとします。

　つまり食品の安全の場合には、基準が高い方に、高い方に向かうという競争が起こりえます。このように、基準が必ずしも低い方に近づいていくばかりではなく、高い方に収斂する場合もあり

ます。これを「頂点に至る競争（a race to the top）」と言います。

　ここでの要点は，ルールを相互に承認しあうと，どのルールを使ってもいいので，企業や消費者は自由にルールを選ぶようになる。そこで競争が起き，ルールが１つに収斂するということです。

▶ ３つのモデルの並存

　以上，市場統合における３つのモデルを物の自由移動を例として説明しました。３つのモデルには，次のように，それぞれ一長一短があります。

　①　分権型モデルでは，各国の主権が尊重される結果，その国の国民の代表が国内の価値観に基づき民主的にルールを制定することができますが，二重の負担という形で輸入品に対して実質的な差別が発生します。ただし，分権型モデルであっても，物品を販売するための営業時間や営業場所などを規制するルールは物品自体を規制するものではなく，二重の負担が生じません。

　②　中央集権型モデルでは，超国家レベルで１つのルールを制定することにより二重の負担を解消することができますが，複数国の国民が望むことにギャップがある場合，「民主主義の赤字」という批判を受けます。

　③　競争型モデルでは，「民主主義の赤字」批判を回避しつつ二重の負担を解消することが可能となりますが，「底辺に至る競争」により環境や健康に関する基準が低下するおそれを伴うという欠点があります。そのため，安全，健康，環境に関わる不可欠な部分（本質部分）はEUが調和立法（不可欠調和）を行い，その他の部分（非本質部分）は相互承認原則に委ねるという併用アプローチがとられることが普通です。これは，立法的相互承認と呼ばれることがあります（これに対し，EU司法裁判所の判例法にもっぱら基づく場合を司法的相互承認と言います）。図表 4-4 をご覧下さい。

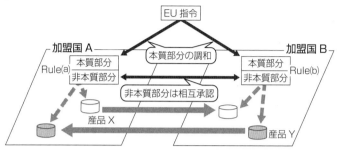

　たとえば，「玩具の安全に関する指令 2009/48」[3]では，オモチャの安全基準に関して併用アプローチがとられています。その指令 10 条「不可欠安全要件（Essential safety requirements）」では，一般安全要件と特定安全要件に分けて定められていますが，それらに適合しない玩具が市場に出回らないようにするためのすべての措置をとるよう加盟国に義務づけています。

　一般安全要件は，含有化学物質などを含む玩具が児童らの安全・健康を危険にさらしてはならないことや，警告表示などについて定めています。また，特定安全要件は，物理的・機械的特性（誤飲防止を含む），可燃性，衛生，放射能などに分けて定めています。

　玩具製造者は CE（Conformité Européenne）適合マーキングを貼付することにより，不可欠安全要件を充たしていることを示します。それにより，この指令に従う玩具はどの EU 加盟国においても自由に流通販売することができます。

---

3)　Directive 2009/48〔2009〕OJ L 170/1.

3 共同市場から域内市場へ

「共同市場」は1958年1月1日から1969年12月31日までの12年間の経過期間を経て完成される予定になっていました。工業製品に関する関税同盟は予定より1年半早く1968年7月1日に発足しました。その結果，加盟国間では輸出入に関する関税および同等の効果を有する課徴金はすべて禁止されるとともに，日本などの第三国に対しては域外共通関税が設定されました。しかし，これ以外の面では期待された成果を得ることができませんでした。それは市場統合を進めるための立法がなかなか成立しなかったからです。

▶ ルクセンブルクの妥協と市場統合の停滞

当時のEEC条約では，理事会（当時は実質的に単独の立法機関として存在）に集まる各国の担当大臣が立法に関して決定を行うときの手続が，12年間の経過期間において，徐々に全会一致から特定多数決（当時は，各国が人口に比例した持ち票を配分され，総票数の約7割で決定が成立）へと移行することになっていました。加盟6か国の当時，フランス，西ドイツ，イタリアが各4票，オランダ，ベルギーが各2票，ルクセンブルクが1票を配分され，全17票のうち12票で特定多数決が成立しました。しかし，**第1回**で説明したように，1966年の「ルクセンブルクの妥協」により事実上の全会一致制が定着してしまいました。その結果，立法が止まってしまったのです。さらに，とくに非関税障壁を撤廃するための国内法の調和は，経過期間にかかわらず，EEC条約上も理事会の全会一致を必要としたため難航しました。このようにスプラナショナルな立法が封印された結果，市場統合が停滞しました。

写真 4-1　ドロールコミッション委員長（1985～1995 年）

1986, Credit © European Union, 2015

写真 4-2　コックフィールド卿　域内市場担当委員（1985～1989 年）

1985, Credit © European Union, 2015

▶ 域内市場完成白書と単一欧州議定書

　このような閉塞状況を打開したのが，ドロール（Jacques Delors：写真 4-1）コミッション委員長の下で域内市場担当委員であったコックフィールド卿（Lord Francis Arthur Cockfield：写真 4-2）が策定した 1985 年の「域内市場完成白書」およびそれに法的根拠を与えた単一欧州議定書（1986 年署名，1987 年発効）でした。

　「域内市場完成白書」は貿易に対する障壁を，①健康，安全，環境，消費者保護などの理由で加盟国が採択する製品規格などの「技術的障壁」，②加盟国間の間接税率の相違により生じる「税制上の障壁」，③以上 2 つの障壁の存在のために行われる国境検査などの「物理的障壁」に分類し，それらを撤廃するため 1992 年末までに約 300 件の立法を採択するよう提案するものでした。

　これを実現するため，単一欧州議定書による改正で EEC 条約に 8a 条と 100a 条が追加されました。8a 条 1 段では「［欧州経済］共同体は……1992 年 12 月 31 日までの期間に域内市場を漸進的に完成するための措置をとる」として期限が明示され，また，同

条2段には「域内市場」が「物，人，サービスおよび資本の自由移動が本条約の規定に従って確保される，内部に国境のない地域」として定義されました。さらに，100a条1項により，域内市場完成のために国内法の調和を（一部の分野を除き）特定多数決により採択することができるようになりました。

このときに，法令のすべての側面をEUレベルで決めるのではなく，上述した併用アプローチすなわち立法的相互承認の手法が採用された結果，最小限必要な側面以外は加盟国間の相互承認に委ねられました。このようにして立法が促進され，1992年末に域内市場が完成したのです。「ルクセンブルクの妥協」は事実上棚上げされ，これ以降使われることはなくなりました。

▶ 域内市場の現在

現在のEU基本条約では，域内市場はEUの目的として次のように表現されています。

> 「連合は，域内市場を設立する。連合は，均衡の取れた経済成長および物価の安定に基づく欧州の持続可能な成長，完全雇用および社会的進歩を目標とする，高度の競争力を伴う社会的市場経済，ならびに環境の質の高水準の保護および改善のために活動する。連合は，科学的および技術的進歩を促進する。
>
> 連合は，社会的排除および差別と闘い，また，社会的正義および保護，女性と男性の間の平等，世代間の連帯，ならびに児童の権利の保護を促進する。
>
> 連合は，経済的，社会的および領域的結束，ならびに加盟国間の連帯を促進する。
>
> 連合は，その豊かな文化的および言語的多様性を尊重し，また，欧州の文化的遺産の保護および発展に留意する。」（EU条約3条3項）

この条文に示されているように，域内市場はEUの基盤である

一方で，社会的市場経済や非経済的な価値を包摂する存在となっています。そのため，域内市場を経済的な目標のみで完結する存在として見るのではなく，社会政策，消費者保護，環境政策など，EUの他の非経済的目標と調和して機能する市場として捉える必要があります。域内市場は，今や，単に経済的なマーケットにとどまらず，社会の営み全体を包含する「領域」となっているのです。

4 まとめと次回予告編

　EUのトランスナショナルな市場統合は，必ずしもスプラナショナルな立法（中央集権型モデル，調和アプローチ）のみにより行われているわけではありません。その方法には常に「民主主義の赤字」という批判が伴います。そのため，各国ルールの二重の負担を伴わない場合には，差別禁止アプローチ（分権型モデル）が許容され，各国の主権が維持されています。また，二重の負担が発生する場合でも，相互承認アプローチ（競争型モデル）により各国ルール間の競争を通じてルールが1つに収斂することで問題の解決が図られます。

　実際の市場統合では，共同市場と呼ばれた頃には調和アプローチがとられましたが，立法の停滞により頓挫しました。そのため，域内市場完成計画では，調和立法を最小限の範囲にとどめて残りを相互承認に委ねる併用アプローチ（立法的相互承認）が採用され，成功しました。域内市場は今や，EUの基盤を成す一方，環境保護や社会政策などを包含する多機能的領域を形成するに至っています。

　次回は，物・人・サービス・資本の自由移動に関する判例法から，EU司法裁判所がどのような論理で自由移動を促進し，またその例外を認めているのかを見ることにより，トランスナショナ

ルな市場統合の特徴と問題点を探ることにします。たとえば，国籍や原産地による差別がなければ自由移動が存在すると言えるのでしょうか。どのような場合に，自由移動の例外が認められるのでしょうか。そのような点を見ていくことにします。

第5回

物・人・サービス・資本の自由移動

1 はじめに

　EU の域内市場はトランスナショナルな市場統合を意味します。物の自由移動を例として前回見たように，分権型モデルに基づく差別禁止アプローチはルールの二重の負担を通常発生させるため，中央集権型モデルに基づく調和アプローチ，競争型モデルに基づく相互承認アプローチや，それらを併用するアプローチにより，二重の負担を回避するよう工夫されています。

　今回は，物・人・サービス・資本の自由移動において，自由移動（国家間の障壁の撤廃）はどこまで及ぶのか，また，例外（適用除外，正当化）はどのように認められるのかについて，判例法を通じて学ぶことにします。そこには一貫した特徴が見られます。

　物・人・サービス・資本の自由移動に共通する点は，国境を越える要素と経済活動を伴う要素があるということです。これらの要素がないと，EU 法の適用対象とはなりません。後で説明しますが，とくに国境を越える要素がないと「まったく国内的な状況」となります。たとえば国内のみで販売される国産品の状況であり，その場合には EU 法（自由移動規定）は適用されません。

　さて，説明に入る前にクイズです。次の措置が自由移動に反するかどうか考えてみて下さい（反しない場合は○，反する場合は×，反するとしても例外が認められる場合は○として下さい）。後で紹介する事例をもとにその順番で出題しています。解答は欄外を見て下

さい[1]。

> (1) 加盟国 A が輸入品の家畜飼料にサルモネラ菌除去のチェックを国境で行うことを義務づける一方，国産品にはそのようなチェックを課さない場合。
>
> (2) 加盟国 B が，国産品か輸入品かにかかわらず，マーガリンの容器を立方体型に限定すること。
>
> (3) 国産品か輸入品かにかかわらず，一定の場所以外で水上バイクを使用することを禁じるスウェーデンの法令。
>
> (4) 原産地を表示している産品に原産地表示の権利を証明するため輸出国政府により発行される公式書類が添付されていない場合，その産品の輸入を禁じるベルギー法。
>
> (5) 消費者を不公正な競争から保護する目的で商品の原価割れ販売を禁止するフランス法。
>
> (6) アルコール飲料の消費者向け広告をほぼ全面的に禁じるスウェーデン法。
>
> (7) 人間の健康保護を目的に，国産品か輸入品かを問わず，ビールの添加物を個別に指定しないで一般的に禁止するドイツ法。
>
> (8) ビールおよびソフトドリンクは，国産品か輸入品かにかかわらず，デポジット制を前提としたリサイクル可能な容器で販売しなければならないとする一方，当局により認可されていない容器での販売に対しては生産者ごとに年間 3000 ヘクトリットルという量的制限を課すデンマーク法。
>
> (9) 国内と他の加盟国に向けて電話で商品先物取引の勧誘をすることを禁じるオランダ法。

2 基本用語を理解する

本論に入る前に，まず，基本的な用語をあらかじめ整理して説明しておきましょう。第 1 に物，人，サービス，資本の各定義です。第 2 に直接的差別，間接的差別，無差別という用語の区別で

---

1) (1)× (2)× (3)○ (4)× (5)○ (6)× (7)× (8)× (9)○

す。第3にそれらの用語とはやや異なる差別適用措置，非差別適用措置という用語の区別です。第4に市場アクセスの概念についてお話しします。

▶ 物，人，サービス，資本

(1) **物**　「物（goods）」とは，金銭で評価することができ，そのようなものとして商取引の対象となりうる産品（products）を言います。それには，廃棄物や電気も含まれます。

　第4回でお話ししたように，物の自由移動とは，国家間において物の輸出入に対する関税・課徴金がないこと，国産品と輸入品の間に間接税（日本の消費税に相当する付加価値税や，たばこ，アルコール，エネルギー製品などの物品税）の差別がないこと，また，輸出入に対する数量制限や「同等の効果を有する措置」（同等効果措置）が禁止されることを意味します。今回は，EU が最も苦労した，いわゆる非関税障壁に当たる同等効果措置の撤廃について説明します。

　(2) **人**　「人（persons）」には，自然人および法人が含まれます。具体的には，労働者，自営業者，会社を指します。

　労働者の自由移動とは，ある加盟国の国民が他の加盟国に移動し居住しながら労働を行うことを意味します。たとえば，ポルトガルの労働者がフランスに移住し，そこでコンピューター・プログラマーとして雇用されることや，ベルギーのプロ・サッカー選手がフランスのクラブ・チームに移籍することなどです。

　自営業者や会社が移動するための前提として，開業の自由が認められています。自然人の場合，ある加盟国の国民である自営業者が他の加盟国に移動し居住しながら自営業を営むことを意味します。たとえば，パリで開業する医師がそれをやめてベルリンに移住し，そこに病院を設立して経営することです。法人の場合は国境を越えて他の加盟国で会社を設立し経営することを言います。

　開業（establishment）には，第一次的開業と第二次的開業があ

ります。第一次的開業とは，会社で言うと，たとえば加盟国 A
の自然人や会社が加盟国 B での会社（本店）の設立に参加するこ
とです。また，第二次的開業とは，加盟国 A の会社が加盟国 B
に支店や子会社を設置することです。

(3) **サービス**　「サービス（services）」とは，他の自由移動に
含まれない活動を言います。開業が他の加盟国で期間の定めなく
固定された拠点を基盤として経済活動を行うことを意味するのに
対し，サービスは通常，サービスの提供者が開業していない先の
加盟国で一時的に経済活動を行うことを意味します。たとえば，
パリで開業する医師がベルリンに行って患者の治療を行い，その
後にパリに戻るような場合です。

(4) **資本**　「資本（capital）」の移動とは，投資のための資金が
国境を越えて移動することです。たとえば，フランス人の投資家
がドイツの自動車メーカーであるフォルクスワーゲン社の経営に
参加するために株式を取得することです。なお，物，人，サービ
スは加盟国の間の移動のみが自由移動規定の対象になりますが，
資本の場合は加盟国とそれ以外の第三国との間（たとえばドイツと
日本）の移動も対象となります。

▶ 直接的差別，間接的差別，無差別——差別アプローチ

　ある加盟国の措置を，他の加盟国からの輸入品や国民に対して
差別があるかないかという基準で分類するならば，直接的差別，
間接的差別および無差別という 3 種類が存在します。

(1) **直接的差別**　直接的差別とは，国内法令上も法令の適用
の結果（事実）においても輸入品や他国民に不利である場合を言い
ます。たとえば，加盟国 A が輸入品の家畜飼料にサルモネラ
菌除去のチェックを国境で行うことを義務づける一方，国産品に
はそのようなチェック義務を課さない場合，直接的差別に当たり
ます。

(2) **間接的差別**　間接的差別とは，国内法令上は輸入品や他国民が国産品や自国民と同じ扱いを受けているが，法令の適用の結果（事実）においては輸入品や他国民に不利である場合をいいます。つまり，法令上は原産地や国籍を基準としていないが，適用してみると輸入品や他国民に不利な結果となるような場合です。たとえば，加盟国Bが，国産品か輸入品かにかかわらず，マーガリンの容器を立方体型に限定することは，バターとの混同を避けるためであるとしても，容器を立方体に変更する必要がある輸入品のコストを上昇させる結果となるため，間接的差別に該当します（**第4回**で説明した二重の負担を思い出して下さい）。

(3) **無差別**　無差別とは，国内法令上も法令の適用の結果（事実）においても輸入品や他国民が国産品や自国民と同じ扱いを受けている場合を言います。

　このように差別を基準として，物・人・サービス・資本の自由移動に対する障壁があるかどうかを判断する手法を，差別アプローチと呼びます。これに基づくならば，直接的差別および間接的差別の場合は自由移動の障壁となり，EU法（自由移動規定）違反として扱われます。しかし，無差別の場合には自由移動の障壁とは見なされず，EU法違反とはされません。以上の点について，図表5-1をご覧下さい。

図表
5-1　差別アプローチと自由移動の障壁

	他の加盟国国民，輸入品に対する扱い		EU法違反の有無
	法令上	法令の適用の結果	
直接的差別	不利	不利	あり
間接的差別	同じ	不利	あり
無差別	同じ	同じ	なし*

＊　後に説明する市場アクセス・アプローチの場合，無差別であっても市場アクセスを損なうならば，EU法違反となります。

なお，逆差別（reverse discrimination）という用語もあります。これは，国産品や自国民よりも輸入品や他国民を有利に扱う場合を指します。それは EU 法上許容されますが，この点については後で説明します。

▶ 差別適用措置，非差別適用措置

物・人・サービス・資本の自由移動に対する障壁となる加盟国の措置は，「差別適用措置（distinctly applicable measures）」と「非差別適用措置（indistinctly applicable measures）」に分類されることがあります。差別適用措置は直接的差別を意味します。

他方，非差別適用措置について，EU 司法裁判所は「国産品および輸入品両方に区別なく適用される規制」[2]と説明しています。つまり，非差別適用措置とは，直接的差別ではないものであって，間接的差別および無差別を含む概念として使用されます。このような用語の使用は，無差別の場合でも EU 法（自由移動規定）に違反することがありうることを示しています。無差別措置であっても，EU 法違反となるのはどのような場合でしょうか。

▶ 市場アクセス

市場アクセス（market access）という用語が使われることがあります。市場アクセスの制限とはとくに，加盟国の措置が原産地や国籍に基づき異なる扱いを生じさせる目的や結果を伴わずに適用される（つまり，他の加盟国からの輸入品や国民を不利に扱わない）無差別な措置であるにもかかわらず，加盟国の市場へのアクセスに影響を及ぼす（つまり，自由移動を阻むかまたは損なう）ようなものを指し，これに当たるならば，EU 法（自由移動規定）に違反する制限（restriction）であることを意味します。これは，域内市場

---

2)　Case 82/77, *Van Tiggele*, paras. 11-14.

を完全に実現するにはすべての差別の廃止だけでなく，国家間にまたがる経済活動に対するすべての制限を撤廃することが必要とされるという考え方に基づいています。このような考え方を市場アクセス・アプローチと呼びます。

差別アプローチは国産品と輸入品との間における扱いの相違や，自国民と他国民との間における待遇の違いを比較検討しますが，市場アクセス・アプローチは，差別がなくとも貿易に対する不当な制限があるかどうかを検討し，そのような制限がある場合にそれを除去することを求めます。

EU司法裁判所が市場アクセス・アプローチをとった事例として2009年のMickelson事件（2009年）（Case C-142/05, *Mickelsson*, EU: C: 2009: 336）を見てみましょう。

▉2009年Mickelson事件判決▉

事件の概要

スウェーデンでは，指定された場所以外で水上バイクを使用することが法令により禁止されていました。その禁止は，水上バイクが国産品か輸入品かにかかわらず適用される無差別な措置でした。この法令に違反して水上バイクを使用した者が起訴されました。

問題の所在

水上バイクの使用を制限するスウェーデンの法令が，無差別な措置であるにもかかわらず，同等効果措置を禁止するEU機能条約34条に違反するかどうかが争点となりました。スウェーデンの国内裁判所は，この問題をEU司法裁判所に先決付託しました。

判　決

EU司法裁判所は，次のような先決判決を示しました。

「航行可能な水域および水路を指定する国内規制が，個人用水上バイクの使用者が［その本来の］目的のためにそれらを使用することを

妨げるか，またはそれらの使用を大部分制限するという効果を有する場合，……そのような規制はそれらの製品の国内市場へのアクセスを損なう効果を持つ。」

　ここでは国産品の水上バイクは関係なく，輸入品の水上バイクがスウェーデンの市場に入ってくることを難しくしていることが問題視されました。その結果，スウェーデンの法令はEU機能条約34条違反とされました。しかし，目的と手段のバランスを求める比例性原則を充たすことを条件に（その点の判断は通常，国内裁判所に委ねられます），環境保護に基づき正当化（適用除外）が認められました。

　この事例から明らかなとおり，市場アクセス・アプローチは，国産品との比較ではなく，輸入品のみに着目して，その国の市場に入っていけるかどうかを判断基準とします。また，無差別措置が産品特有の目的のためにそれを使用するのを禁止するか，または大部分制限するような場合に限り，市場アクセスを損なうとして禁止されます。このように，市場アクセス・アプローチの適用基準は非常に高く設定されており，差別アプローチに比べてその適用は限定されています。

3　自由移動の原則と例外——物の自由移動の場合

　以下では，物・人・サービス・資本の自由移動のうち，とくに物の自由移動に焦点を当てながら，まず「まったく国内的な状況」と逆差別についてお話しした後，自由移動とは何か（定義），自由移動に対する禁止はどの範囲にまで及ぶのか，例外（適用除外，正当化）はどの程度認められるのか，に分けて説明します。

▶「まったく国内的な状況」における逆差別

　物・人・サービス・資本の自由移動は，国境を越える要素があることを前提としています。それが域内市場における自由移動と

連結する要因となります。「まったく国内的な状況（purely inter-nal situations）」は，問題となっている状況が国境を越えるという要素を欠くために発生します。そのような状況において，国内法が国産品よりも輸入品を有利に扱う場合に逆差別が発生します。すなわち，国境を越える要素がある物・人・サービス・資本の移動はEU法により保護されますが，国境を越える要素がない場合には「まったく国内的な状況」とされてEU法上の保護を与えられません。これが逆差別です。

逆差別の事例として，3 Glocken事件（1988年）（Case 407/85, *3 Glocken*, EU: C: 1988: 401）を見てみましょう。

> ▓1988年3 Glocken事件判決▓
>
> **事件の概要**
>
> 　イタリアでは，パスタの原料をデュラム小麦（加工するとシコシコとした食感の強いパスタになる性質があります）に限定する法令により，通常の小麦を原料とする他の加盟国からのパスタの輸入を妨げていました。
>
> **問題の所在**
>
> 　この法令がEU機能条約34条で禁止される同等効果措置に当たるかどうかがEU司法裁判所で争われました。
>
> **判　決**
>
> 　パスタの原料をデュラム小麦に限定するイタリア法により，通常の小麦を原料とする他の加盟国からのパスタの輸入を妨げることは，同等効果措置（EU機能条約34条）として禁止されました。イタリア政府は公衆衛生や消費者保護などによる正当化を試みましたが，EU司法裁判所によりいずれも根拠がないとして退けられました。

　この判決にはどのような意味があったのでしょうか。パスタの原料をデュラム小麦に限定するイタリア法は，通常の小麦を原料とする他の加盟国からのパスタの輸入を妨げることになるため輸

入パスタに適用することができませんが，同じ法令を国産パスタ
に適用し続けることはできました。

　これは「まったく国内的な状況」における逆差別が存在するこ
とを意味します。なぜならば，「[EU] 法は [国内] 立法者に対し
て，イタリア領内で開業するパスタ生産者に関する限りでは，そ
のイタリア法を廃止するよう要求してはいない」からでした。そ
のような状況は国内法上の問題であり，イタリア議会が自発的に
EU 法に合わせて法改正すれば解消されます。

　なお，そのような国内の逆差別は，デュラム小麦のみを使用し
て作られるパスタの輸出には有利に作用していました。EU 司法
裁判所は，最後に次のように付け加えています。

> 「輸出市場における傾向は，品質に基づく競争がデュラム小麦に有
> 利に作用していることを示していることが述べられるべきである。当
> 裁判所に提出された統計によれば，通常の小麦からまたは通常の小麦
> とデュラム小麦を混合して作られるパスタとの競争にすでに直面して
> いる他の加盟国において，デュラム小麦のみを使用して作られるパス
> タ製品の市場シェアが着実に上昇している。」

▶ 物の自由移動の定義──輸入と輸出における同等効果措置
　EU 機能条約 34 条には以下のように規定されています。

> 「輸入に対する数量制限およびこれと同等の効果を有するすべ
> ての措置は，加盟国の間で禁止される。」

　また，EU 機能条約 35 条は次のような規定です。

> 「輸出に対する数量制限およびこれと同等の効果を有するすべ
> ての措置は，加盟国の間で禁止される。」

　これら 2 つの規定はよく似ていますが，実は禁止の範囲に大き
な違いがあります。輸出の場合の同等効果措置は，ほとんどの場

合，差別適用措置（直接的差別）のみです。なぜならば，輸出の局面では，国内向けと輸出向けで差別がなければ，カシス・ド・ディジョン事件判決（第4回）で見たようなルールの二重の負担が発生しないからです。たとえば，オランダでは肉製品のすべての製造者に対し，馬肉の貯蔵・加工を禁じていましたが，輸出向け製品と国内で取引される製品との間で差別していなければ，EU機能条約35条に反しないとされました[3]。

しかし，輸入の局面においては，国産品と輸入品に同じルールが差別なく適用されても，輸入品には（カシス・ド・ディジョン事件判決で見たような）ルールの二重の負担が発生するため，輸入品を直接差別する差別適用措置だけでなく，非差別適用措置も禁止の対象に入ってきます。そこで，以下では輸入における同等効果措置（EU機能条約34条）について詳しく説明しましょう。

▶ 輸入における同等効果措置——ダッソンヴィル基準

EU機能条約34条には，同等効果措置の定義が見当たりません。そこでEU司法裁判所は，判例法により物の自由移動を促進する第一歩として，Dassonville事件（1974年）（Case 8/74, *Dassonville*, EU: C: 1974: 82）で同等効果措置の定義を行います。

■■■1974年Dassonville事件判決■■■

事件の概要

ベルギー法は，原産地を表示している産品に，原産地表示の権利を証明するため輸出国政府により発行される公式書類が添付されていない場合，その産品の輸入を禁じていました。この点，原産国から直接輸入する場合と異なり，すでに他の加盟国で流通している産品の原産地証明を入手することは極めて困難でした。

ベルギーの業者がフランスで流通していたスコッチ・ウィスキーを，

---

3) Case 15/79, *Groenveld*, EU: C: 1979: 253.

イギリス税関当局が発行した原産地証明（フランスでは要求されていませんでした）を持たないでベルギーに輸入したところ，ベルギー法に違反したとして起訴されました。

問題の所在

　ベルギーの業者は，ベルギー法違反を免れるため，そのベルギー法が同等効果措置を禁じる EU 機能条約 34 条に反するため適用排除されると主張しました。そこで，同等効果措置とは何かが争点となりました。

判　決

　ベルギーの裁判所から先決付託を受けた EU 司法裁判所は，同等効果措置を次のように定義しました。
　「加盟国により制定され，[EU] 域内貿易を直接または間接的に，現実または潜在的に妨げる可能性のあるすべての商取引規制は，数量制限と同等の効果を有する措置とみなされうる。」
　この定義に基づき，本件ベルギー法は同等効果措置に当たるとされました。原産地証明はイギリスからベルギーに直接輸入する者が容易に入手できる一方，イギリスからフランスを介してベルギーに輸入する並行輸入者にとっては入手が困難であるとして，間接的差別に基づき 34 条違反が認定されたのです。

　EU 司法裁判所による同等効果措置の定義は，事件名にちなんで「ダッソンヴィル基準（the *Dassonville* formula）」と呼ばれます。ダッソンヴィル基準自体は，差別には何ら言及しておらず，むしろ差別を含む形で市場アクセスに基づくアプローチをとっています。とくに「現実または潜在的に」という語は，ある措置が同等効果措置とみなされるかどうかがその措置の目的ではなく，効果により決まることを示しています。ある措置が現実に輸入を制限していることを示す必要はなく，潜在的に輸入を制限する可能性があることを示せば足ります。

　このため，ダッソンヴィル基準によれば，どんなわずかな違反

も禁止されます。その点をVan de Haar事件（1984年）（Cases 177 & 178/82, *Van de Haar*, EU: C: 1984: 144）において，EU司法裁判所は次のように述べています。

> 「[EU機能条約34条]は，数量制限と同等の効果を有する措置を，加盟国間の貿易がどの程度影響を受けるかに応じて区別していない。国内措置が輸入を妨げる可能性があるならば，その妨げがわずかであるとしても……，それは数量制限と同等の効果を有する措置とみなされなければならない。」

　これは，「法律は些事（さじ）を顧みない」という法諺（ほうげん）に由来する「デ・ミニミス・ルール（*de minimis* rule）」が，物の自由移動における同等効果措置には適用されないことを示しています。これは，人・サービス・資本の自由移動においても同じです。なお，次回でふれますが，デ・ミニミス・ルールはEU競争法には適用され，経済的にとるに足りない違反は禁止の対象とはなりません。

▶ 物の自由移動の範囲からの排除ルール
　　──ダッソンヴィル基準の修正

　すでにお話したとおり，ダッソンヴィル基準は同等効果措置を非常に広く定義しています。そのため，物を販売する時間，場所，方法に関係する国内措置も，それらがなければ発生するかもしれない輸入量を減じることになるため，たとえ輸入品を不利に扱っていなくとも（無差別措置であるとしても），同等効果措置に含まれることになります。例として，小売店舗の日曜営業禁止規制があります。それには，キリスト教の安息日を反映した社会文化的な背景があります。このような場合も，同等効果措置を禁じるEU機能条約34条が適用されるべきでしょうか。

　日曜営業禁止のような規制を，「市場環境ルール（market circumstances rules）」といいます。それは，「誰が」「いつ」「どこ

で」「どのように」物品を販売するのかに関するルールのように，
国内市場において単に経済活動を行う条件を定める無差別措置で
あり，ルールの二重の負担が発生しません。このため，EU司法
裁判所は市場環境ルールを「一定の販売取決め」としてダッソン
ヴィル基準から排除することにしました。そのような判例変更が
行われたKeck事件（1993年）（Case C-267 &268/91, *Keck*, EU: C:
1993: 905）を見てみましょう。

▨1993年Keck事件判決▨

事件の概要

　Keckらはドイツとの国境付近にあるフランスのスーパーマーケッ
トの責任者でしたが，商品を仕入れ原価より低い価格で販売したため，
消費者を不公正な競争から保護する目的で原価割れ販売を禁止するフ
ランス法に違反したとして起訴されました。

問題の所在

　Keckらは，原価割れ販売を禁止するフランス法が小売店の販売促
進のための手段を奪うものであり，その結果輸入品の販売を制限する
ものともなるため，同等効果措置に該当し，EU機能条約34条に違
反すると主張しました。

　フランス国内裁判所から先決付託を受けたEU司法裁判所は，原価
割れ販売を一般的に禁止する国内法は加盟国間における物の貿易を規
制するように意図されたものではないが，他の加盟国からの輸入品の
販売量を制限する可能性があることを認め，次のような問題点を指摘
しました。

　「商業上の自由を制限する効果を持つ規制が他の加盟国から輸入さ
れる産品を狙ったものではない場合でさえ，商取引業者が，そのよう
な規制に異議申立てを行う手段として［EU機能条約34条］を利用す
る傾向が増えているため，当裁判所はこの問題に関する判例法を再検
討し，明確化する必要があると考える。」

　EU 司法裁判所は，まずカシス・ド・ディジョン事件判決（第4回をご覧下さい）を引用し，同等効果措置はそれが非差別適用措置であっても EU 機能条約 34 条により禁止されますが，それは通常，とくに指定，形状，サイズ，重量，成分，体裁，表示，包装（designation, form, size, weight, composition, presentation, labelling, packaging）のように産品が充足すべき要件を定める規制（以下，産品要件）を指すことを明らかにしました。そのうえで次のような判断を示しました。

　「これに反し，これまでに判示されたこととは異なり，一定の販売取決め（certain selling arrangements）を制限し，または禁止する国内措置を他の加盟国からの産品に適用することは，それらの規定がその国内領域で活動するすべての関連取引業者に適用され，かつ，国産品および他の加盟国からの産品の取引に法においても事実においても同様に影響を与える限り，ダッソンヴィル事件判決の意味における，加盟国間の貿易を直接または間接的に，現実または潜在的に妨げるようなものではない。

　実際，これらの条件が充たされる限り，他の加盟国により定められた要件を充足する同国の産品の販売にその種の規制を適用することは，その産品の市場アクセスを妨げるような，または，国産品のアクセスよりも［他の加盟国の］その産品のアクセスを損なうような性格のものではない。それゆえ，そのような規制は，［EU 機能条約 34 条］の適用の範囲外にある。」

　産品要件とは産品の物理的外観，成分や表示などを変更するよう要求する措置とされます。これに対し，「一定の販売取決め」（以下，販売取決め）とは「とくに，一定の販売方法に加え，一定の産品の販売の場所および時間，ならびに広告に関する規定」を指します[4]。これらのいずれにも属さない措置は，産品要件と同じく，ダッソンヴィル基準の範囲内にあります。また，後述する

---

4) Case C-71/02, *Karner*, EU: C: 2004: 181.

Keck テストを充たさない販売取決めにも，同様にダッソンヴィル基準が適用されます。

第4回の分権型モデルで見たように，産品要件の場合，非差別適用措置であるとしてもルールの二重の負担が発生するため，それだけでダッソンヴィル基準に該当し，同等効果措置とみなされます。

しかし，販売取決めの場合は Keck 事件判決で示された Keck テスト（the *Keck* test）と呼ばれる2つの要件により差別的かどうかが検討されます。販売取決めは Keck テスト2要件を充たすならば，ダッソンヴィル基準で示された同等効果措置にそもそも該当せず，EU 機能条約34条により禁止されません。

> **Keck テスト**
> ①　第1要件 「問題となっている国内法令が国内で活動するすべての関連取引業者に適用されること」。
> ②　第2要件 「国内法令が国産品および他の加盟国からの輸入品の取引に，法令上も法令の適用の結果の上でも，同様に影響を及ぼすこと」。

これらの要件が両方充たされるならば，販売取決めは市場アクセスを阻んだり妨げるようなものではないとみなされます。しかし，それらの要件を片方でも充足しない販売取決めはダッソンヴィル基準に該当し，同等効果措置として扱われます。

Keck テスト（第2要件）を充たさない販売取決めの例として，アルコール飲料の消費者向け広告をほぼ全面的に禁じるスウェーデン法[5]などがあります。広告の全面禁止はその適用の結果として輸入品に不利に働くため，第2要件を充たしていませんでした。

---

5)　Case C-405/98, *Gourmet International Products*, EU: C: 2001: 135.

▶ 適用除外（正当化）

　EU レベルにおいて加盟国法の調和による共通のルールが存在しないならば，同等効果措置であっても例外（以下，適用除外または正当化）が認められることがあります。それは，明文規定（EU機能条約 36 条）または判例法上の理由に該当し，かつ比例性原則を充たす場合です。適用除外を主張する場合，それが差別適用措置（直接的差別）の場合は明文規定の理由のみ利用することが可能です。他方，非差別適用措置（間接的差別または無差別）の場合は明文規定と判例法上の理由の両方を利用することができます。

　このような相違がある理由として，差別適用措置が法令の上でも法令の適用の結果の上でも差別があるのに対し，非差別適用措置は少なくとも法令の上では差別がない（それだけ「罪が軽い」）という事情があります。

　また，比例性原則とは，加盟国の措置が許容される目的を達成するために必要であり，かつ，同一の目的を達成するための手段が複数存在する場合には加盟国間貿易を制限することが最も少ない措置が選択されなければならないということを意味します。これは差別適用措置，非差別適用措置の区別なく求められます。

　明文の適用除外を示す EU 機能条約 36 条に掲げられている理由は，次のとおりです（これは，先ほど見た輸出における差別適用措置についても当てはまります）。これは限定されたリストであり，追加はできません。

> 公衆道徳，公の秩序，公共の安全，人間および動物の健康・生命の保護，植物の保存，芸術的・歴史的・考古学的価値を有する国民的文化財の保護，産業的・商業的財産権の保護

　たとえば，国産品か輸入品かを問わず，ビールの添加物を一般的に禁止するドイツ法規定は，人間の健康保護を目的としていたため明文の適用除外に該当しますが，添加物を個別に指定しない

で一般的に禁止するという点が比例性原則に反するとされました[6]。

　次に，判例法上示されている正当化の理由は，物の自由移動の場合，「不可避的要請（mandatory requirements）」と呼ばれます。カシス・ド・ディジョン事件判決において次のように示されています。

> 「問題となっている産品の市場取引に関する国内法の相違から生じる［EU］内での移動に対する障壁は，それらの規定がとくに税務監察の実効性，公衆衛生の保護，商取引の公正および消費者保護に関する不可避的要請（mandatory requirements）を充たすために必要と認められうる限りにおいて，受け容れられなければならない。」

　上記の「とくに」という言葉により，不可避的要請が例示であり，判例法により追加が許されることが示されています。たとえば，デンマークではビールおよびソフトドリンクは，国産品か輸入品かにかかわらず，デポジット制を前提としたリサイクル可能な容器で販売しなければならないという規制を行っていましたが，それを正当化する理由として環境保護が認められました。ただし，デンマーク当局により認可されていない容器での販売に対しては生産者ごとに年間 3000 ヘクトリットルという量的制限を課したことが比例性原則に反するとされました[7]。

　以上の点のまとめとして，図表 5-2 をご覧下さい。

図表
5-2　直接的差別と非差別適用措置の適用除外（正当化）

措置の種類	適用除外（正当化）の理由	比例性原則
直接的差別	明文規定（EU 機能条約 36 条）のみ	適用あり
非差別適用措置	明文規定（同上）または判例法上の理由	適用あり

---

6)　Case 178/84, *Commission v Germany* (*German Beer*), EU: C: 1987: 126.

7)　Case 302/86, *Commission v Denmark* (*recyclable bottles*), EU: C: 1988: 421.

4 物と他の自由移動との比較

　以上，輸入における同等効果措置を素材に，物の自由移動の対象範囲がどこまでかを説明しました。要約すると，次のとおりになります。

　① 国境を越える要素がなければ，「まったく国内的な状況」とされ，たとえ国産品が輸入品より不利に扱われる逆差別が発生しても，EU 法（自由移動規定）の対象範囲外として扱われます。

　② 輸入と輸出の局面では同等効果措置の範囲が異なります。輸出の局面では，ほとんどの場合，差別適用措置（直接的差別）のみが禁止の対象となりますが，輸入の局面では非差別適用措置も違反となります。

　③ 輸入における同等効果措置は，判例によりダッソンヴィル基準としてきわめて広い定義がなされました。しかし，Keck テスト 2 要件を充たす結果，ルールの二重の負担が発生しない販売取決めについては，ダッソンヴィル基準が修正され，同等効果措置の範囲から除かれました。

　④ 同等効果措置とされても，適用除外（正当化）が認められることがあります。差別適用措置（直接的差別）の場合，明文規定（EU 機能条約 36 条）が定める限定された理由に該当し，かつ比例性原則を充たすならば，適用除外が認められます。他方，非差別適用措置の場合，明文規定または判例法上の追加可能な「不可避的要請」の理由（たとえば環境保護）のいずれかに該当し，かつ比例性原則を充たすならば，正当化が認められます。

　上記②③④について，次の図表 5-3 をご覧下さい。

▶ 他の自由移動の場合

　⑴ **共通点**　　人・サービス・資本の自由移動の基本的な考え方は，比例性原則を含め，物の自由移動の場合と同じです。人・

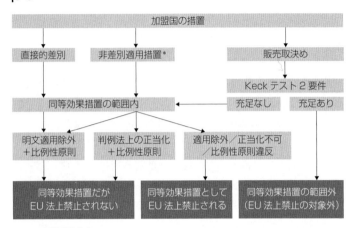

図表 5-3　輸入における同等効果措置の範囲——ダッソンヴィル基準

* 産品要件など

サービス・資本の自由移動について，ダッソンヴィル基準のような定義はありませんが，国籍に基づく差別（差別適用措置，直接的差別）だけでなく，差別なく適用されるとしても（非差別適用措置であるとしても）自由移動を「損なうおそれ」，「思いとどまらせるおそれ」や「架空のものとするおそれ」があれば，禁止の範囲に入ります8)。これは結果的にダッソンヴィル基準と同様の定義を示していると言えます。

　しかし，人・サービス・資本の自由移動の場合，物の自由移動（同等効果措置の禁止）と異なる特徴が存在します。それを2つ紹介しましょう。

　(2)　**相違点——その1**　物の自由移動では輸入と輸出の局面で，同等効果措置の禁止の範囲が異なりました。輸出の場合，基本的に差別適用措置（直接的差別）のみが禁止の対象となりました。

---

8)　Case C-76/90, *Säger*, EU: C: 1991: 331; Case C-367/98, *Commission v Portugal*, EU: C: 2002: 326.

しかし，人・サービス・資本の自由移動では（比喩的に）「輸入」と「輸出」の局面の両方において，非差別適用措置も自由移動を実際に妨げるため，禁止の範囲に相違はありません。つまり，「輸出」の局面であっても，差別適用措置だけでなく，非差別適用措置も禁止の対象に含まれます。たとえば，サービスの自由移動に関する Alpine Investments 事件（1995年）（Case C-384/93, *Alpine Investments*, EU: C: 1995: 126）を見てみましょう。

▊1995年 Alpine Investments 事件判決▊

事件の概要

オランダでは財務省が国内向けと他の加盟国向けを区別せず電話で商品先物取引の勧誘をすることを禁じました。商品先物取引は投機的性格が強く，投資家にとって大きなリスクを伴うため，電話による勧誘では説明が十分ではないとみなされたからです。

オランダに設立された商品先物取引会社 Alpine Investments 社が国内外に向けて電話で商品先物取引の勧誘を行っていたため，財務省により禁止処分を受けました。

問題の所在

Alpine Investments 社は，他の加盟国の投資家に向けた電話勧誘の禁止が，国境を越えたサービス提供の自由（EU機能条約56条）に反すると主張しました。そこでオランダ国内裁判所が，この問題をEU司法裁判所に先決付託しました。

判　決

EU司法裁判所は，電話勧誘の禁止が「無差別であり，かつ目的および効果のいずれにおいても他の加盟国からのサービス提供者に対して国内市場を有利な立場に置くものではないが，越境サービスを提供する自由に対する制限となる」と判断しました。

すなわち，本件禁止は非差別適用措置（無差別措置）であるが，「他の加盟国のサービス市場へのアクセスに直接影響を及ぼし，それゆえ

に［EU］内サービス貿易を妨げるおそれがある」とみなされたのです。このようにして，市場アクセス・アプローチに基づく判断が示されました。

　ただし，オランダ財務省の措置は，自国の金融市場の評判および一般投資家を保護する必要により正当化が認められました。

　(3)　相違点——その2　　物の自由移動では同等効果措置の範囲から Keck テストを充たす販売取決めが除かれましたが，他の自由移動においては販売取決めに類似の概念は認められていません。なぜそのような相違があるのでしょうか。

　物の自由移動においては，ある加盟国で販売取決めがあっても，他の加盟国からの輸入品が入ってくることは妨げられません。しかし，先ほどの Alpine　Investments 事件判決で見たように，電話による商品先物取引先の勧誘を禁じるオランダの措置により，Alpine　Investments 社は他の加盟国の投資家に向けたサービス提供の主要な手段を奪われ，業務に多大な支障が出ました。その結果，電話勧誘の禁止は，他の加盟国におけるサービス市場へのアクセスに直接影響を及ぼすため，サービスの自由移動を妨げました。

　このように，物以外の自由移動においては，電話勧誘の禁止のように販売取決めに類似した措置であっても，市場アクセスを直接妨げる（そもそも国境を越えた経済活動をできなくする）という点で大きな相違があるのです。

　以上の相違点について，図表 5-4 を（図表 5-3 と比較しながら）ご覧下さい。

5　まとめと次回予告編

　EU のトランスナショナルな法空間は，域内市場における物・人・サービス・資本の自由移動に基づいています。今回はその点

図表　他の自由移動における障壁の範囲（販売取決めの概念は適用
5-4　されない）

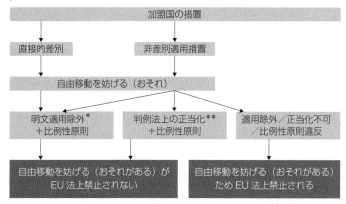

* 人・サービスの自由移動の場合，公の秩序，公共の安全，公衆衛生。資本の
自由移動の場合は，税法規定の適用，税制や金融監督の違反防止措置，公の
秩序，公共の安全など。
** 消費者保護，労働者保護，文化政策など。

をとくに物の自由移動を素材として，どのような仕組みで，どの
程度まで自由移動が実現されているのか取り上げました。

　域内市場では，国境を越えた経済活動を対象に，加盟国間で物
や人が自由に往来する領域が形成されています。ただし，国境を
越えるという要素がない場合，物や人に対する規制権限は原則と
して加盟国の権限として残されています。

　また，他の加盟国からの輸入品や人を原産地や国籍に基づいて
差別する直接的差別（差別適用措置）だけでなく，少なくとも法
令上は差別しない非差別適用措置（間接的差別または無差別）も禁
止の範囲に含まれます。しかし，基本条約の明文規定や判例法上
の理由に該当し，比例性原則を充たすならば，適用除外（正当化）
が認められます。

　このようにして，EU法（自由移動規定）と加盟国の規制権限の
間で一定のバランスがとられています。

次回は，EU 競争法について説明します。域内市場は物・人・サービス・資本の自由移動を意味しますが，その概念には EU 競争法も補完的に含まれています（詳しくは次回をご覧下さい）。自由移動規定は，国家が作る障壁を撤廃する役割を担っています。しかし，もし大企業が域内市場でカルテルを結んだり，支配的地位を濫用したりすることによって，物やサービスの移動を国境で遮ったり，歪めたりするならば，民間企業により新たに自由移動の障壁が現れることになります。EU 競争法はそのような競争の歪みをなくすことにより市場統合を補完することが役割の 1 つとされています。

　そこで次回では，まず EU 競争法の基本的な考え方を紹介した後，トランスナショナルな自由競争を確保するため，どのような行為を禁止し，それをいかなる方法で実現しているのかについて考えることにします。

第6回

トランスナショナルな自由競争
―域内市場と EU 競争法―

1 はじめに

EU 基本条約には, 競争法の主な規定として, 複数の企業が手を組んで競争を制限する行為を禁止する規定 (EU 機能条約 101 条), および, 企業が市場で支配的地位を持つ場合にそれを濫用することを禁止する規定 (EU 機能条約 102 条) が存在します。競争法の適用対象となる企業などの経済活動者は「事業者 (undertakings)」と呼ばれます。

これらの規定に違反するならば, コミッションが EU の競争当局 (日本の公正取引委員会に当たります) として競争法に違反する行為の排除命令を出すとともに, 競争法違反を行った事業者に対して前年度総売上高の 10% を上限とする巨額の制裁金を科すことができます。101 条または 102 条違反におけるこれまでの最高額は 43 億 4000 万ユーロです。それは, コミッションが 2018 年にグーグル (Google) が「アンドロイド (Android)」を使用する携帯端末メーカーに対し, 同社の検索アプリ「グーグルサーチ (Google Search)」などをプリインストールするよう強制したことに対し, 支配的地位の濫用に当たるとして支払いを命じた事案での制裁金額です。

前回学んだ域内市場すなわち物・人・サービス・資本の自由移動は, 主として国家が設ける障壁を撤廃することが念頭にあります。一方, 競争法は, たとえば複数の企業が共謀して価格を設定

したり生産量を制限したりすることにより，あるいは，圧倒的な市場シェアを持つ企業が単独で製品やサービスの価格を押しつけることにより，製品やサービスの価格を維持または上昇させることで競争を歪めることがないようにすることを目標としています。

▶ Consten and Grundig 事件（1966 年）

このように，域内市場と競争法は，一見すると，互いに別の目標を追求しているように見えます。しかし，域内市場は競争法を必要としています。それはなぜでしょうか。次の事例 Consten and Grundig 事件（1966 年）（Cases 56 & 58/64, *Consten and Grundig v Commission*, EU: C: 1965: 55）からその点を見てみましょう。

▐1966 年 Consten and Grundig 事件判決▌

事件の概要

ドイツの電器メーカー Grundig 社がフランスの流通業者 Consten 社を，フランスにおける輸入総代理店として指定する契約を締結しました（このような契約を排他的流通協定と呼びます）。

Consten 社は，Grundig 社が製造するラジオやテレビを一定量購入すること，広告を行うこと，修理店を設置して保証とアフターサービスを行うこと，他社の競合品を扱わないこと，Grundig 社製品をフランス以外で販売しないことを約束しました。

一方，Grundig 社はフランスにおいて Consten 社以外の者に製品を卸さないこと，Consten 社に Grundig 社の商標 GINT をフランスで登録することを認めました。

問題の所在

この排他的流通協定により，他の加盟国を経由して安く Grundig 社製品をフランスに並行輸入することは阻止されることとなりました。そのような状況を絶対的領域保護といいます。つまり，Consten 社にフランスでの絶対的領域保護が与えられたのです。このような排他的流通協定は国境を越えた競争を妨げることとなり，EU 競争法（こ

の場合，EU 機能条約 101 条）に違反する結果となるのでしょうか。

　この判決に示されているように，EU には絶対的領域保護が域内市場（市場統合）に反するという信念が存在します。つまり，EU 競争法は域内市場と密接な関係にあることがわかります。

　以下では，域内市場と競争法の関係についてふれた後，EU 競争法がトランスナショナルな自由競争を確保するうえで何をどのように禁止しているのかを簡単に見ることにします。そのうえで，EU 競争法が実際にどんな目的をどのように追求しているのかを説明します。

2　域内市場と競争法の関係

　そもそも，域内市場と競争法は，EU 基本条約上，どのような関係にあるのでしょうか。

　まず，EU の目的を示す EU 条約 3 条の 3 項には「連合は，域内市場を設立する」とだけ述べられています。そこには，競争法への言及がありません。

　しかし，「域内市場および競争に関する議定書第 27 号」（競争議定書）において「［EU］条約 3 条に掲げられている域内市場は，競争が歪曲されないことを確保する制度を含む」ことが確認され

ています（議定書には条約本文と同じ法的拘束力があります）。これは，競争法が域内市場と同じく，EU 法制度の基本であることを示しています。

さらに，EU 司法裁判所は，TeliaSonera Sverige 事件（2011年）（Case C-52/09, *TeliaSonera Sverige*, EU: C: 2011: 83）において，次のように述べています。

> 「EU 条約 3 条 3 項は，欧州連合が域内市場を設立することを述べているが，域内市場はリスボン条約に附属された域内市場および競争に関する議定書第 27 号に従い，競争が歪曲されないことを確保する制度を含むものである。……
>
> これらの法規範の機能は，まさに競争が歪曲されて公益，個々の事業者および消費者を害するのを防ぎ，それにより欧州連合の福利を確保することである。」

このように，EU の目的である域内市場の概念には競争法も含まれています。他方で，後でもお話しするように，EU 競争法の目的の 1 つとして市場統合があるということです。EU 競争法により，物・人・サービス・資本の自由移動を妨げる加盟国の貿易障壁の撤廃と並行して，企業が域内市場を国内市場ごとに分断することによる障壁を設けるのを防止し，経済的相互浸透を促進することが図られています。EU 競争法を理解するために決定的に重要なのが，市場統合の手段としての競争政策の役割という視点です。この点が市場統合という目的を持たない日本やアメリカの独占禁止法と大きく異なっています。

▶ デ・ミニミス・ルール

他方，域内市場と競争法の相違点として，前回お話ししたように，自由移動規定には「デ・ミニミス・ルール」（わずかな違反は大目に見るという意味）が適用されず，もっぱら法律的な分析に基づいて，どんなにわずかな違反にも適用されます。しかし，競争

法には経済的分析に基づく「デ・ミニミス・ルール」が存在します。それは，競争制限的な経済的効果が「感知可能（appreciable)」な場合にのみ競争法が適用されることを意味します。

たとえば，Völk 事件（1969 年）（Case 5/69, *Völk*, EU: C: 1969: 35）において，ドイツの洗濯機メーカーがベルギーの家電流通業者にベルギーとルクセンブルクにおける独占販売権を与える協定を結び，他の加盟国を経由する並行輸入を防ぐため絶対的領域保護を認めました。

しかし，そのドイツのメーカーの生産は，1963 年当時，域内市場全体で 0.08%，ドイツにおいて 0.2% に過ぎませんでした。このため，ある産品の市場において絶対的領域保護を設定するなどの競争法違反があるとしても，その当事者の立場が弱く，市場に対して取るに足りない効果を持つにとどまる場合，EU 競争法による禁止の範囲外にあるとされました。

▶ 市場支配力

以上からわかるように，競争法の事件において重要な問題は，1 または複数の事業者が「市場支配力（market power)」を持っているかどうかという点です。市場支配力が存在するのは，事業者が価格を一定期間引き上げて利潤を得る能力，あるいは生産量を制限することや消費者の選択を制約することにより，同様にして利潤を得る能力を持つような場合です。

このような場合，競争法上，市場支配力の行使に対する懸念が生じます。それに対処するため，EU 競争法には，事業者は競争を制限する協定を結んではならないというルール（EU 機能条約 101 条)，また，事業者が支配的地位を持つ場合，それを濫用してはならないというルール（EU 機能条約 102 条）が存在します。これらのルールについて，以下で簡単に説明します。

3 EU 機能条約 101 条の考え方

101 条が禁止の対象とするのは，複数の事業者が明示的または黙示的に合意して，製品やサービスについて価格の設定，生産量の制限，市場や顧客を分割することなどにより，競争を制限することです。いわゆるカルテルがこれに含まれます。そのような合意は無効とされます。ただし，競争制限的であっても，経済的効率性が上回るような場合には適用除外が認められることがあります。

101 条は次のような規定になっています。とくに下線部分が重要な箇所です。

「1.　加盟国間の貿易に影響を及ぼすおそれがあり，かつ域内市場内における競争を妨げ，制限しまたは歪曲する目的または効果を有する，事業者間のすべての協定，事業者団体のすべての決定およびすべての協調的行為，ならびに，とくに以下のものは，域内市場と両立せず，かつ禁止される。

　　a) 購入価格，販売価格その他の取引条件を直接または間接に定めること，

　　b) 生産，販路，技術開発または投資を制限しまたは統制すること，

　　c) 市場または供給源を配分すること，

　　d) 取引の相手方に対し，同等の給付に関して異なる条件を適用し，相手方に競争上不利益をもたらすこと，

　　e) 本来的にまたは商慣習上契約の対象と関連性を有しない追加の給付を相手方が受諾することを契約締結の条件とすること。

2.　本条により禁止される協定または決定は当然無効である。

3.　ただし，1 項の規定は次の場合に適用することができない旨宣言することができる。

　　・事業者間のすべての協定または協定の類型

　　・事業者団体によるすべての決定または決定の類型

・すべての協調的行為または協調的行為の類型

であり，<u>産品の生産もしくは流通を改善すること，または技術的</u><u>もしくは経済的進歩を促進することに寄与する一方，その結果生</u><u>じる利益の公正な一部を利用者に留保するもの</u>。ただし，次のものを除く。

　a）前掲諸目的を達成するために<u>不可欠でない制限を関係事</u><u>業者に課すもの</u>，

　b）事業者に対し，当該産品の<u>本質的な部分について競争を</u><u>排除する可能性を与えるもの</u>。」（下線筆者）

　101条をわかりやすく図解すると，図表6-1のようになります。

図表
6-1　EU 機能条約 101 条の考え方

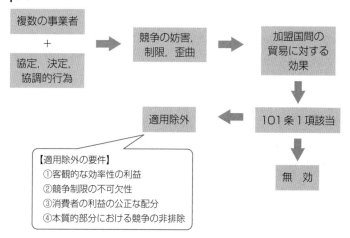

▶ 親会社と子会社

　子会社が親会社から独立した法人格を有しているとしても，市場で自己の行動を決定する能力がない場合，EU 競争法の下では親子会社が単一の経済的単位を構成しているとみなされます。そ

の結果，親会社は株式を完全所有する 100% 子会社の行為に責任を負います。たとえば，EU 域外に設立されている親会社が EU 域内に直接の拠点を持たない場合でも，域内の子会社が EU 競争法に違反するならば，コミッションは域外の親会社に制裁金を科すことができます。

▶ 協　定

　協定（agreements）とは，複数の事業者が市場において一定の仕方で行動することについて意思の合致があることを意味し，その際形式は重要ではありません。国内法上の契約に相当するか否か，法的拘束力を持つよう意図されているか否か，書面または口頭によるものか，などにかかわりなく協定とみなされます。

　協定には，水平的協定と垂直的協定の 2 種類があります。水平的協定とは，同一レベルの生産または流通の連鎖において活動する事業者間の協定（たとえば家電メーカー同士の協定）を言います。また，垂直的協定とは，異なるレベルで活動する事業者間の協定（たとえば家電メーカーと小売店の間の協定）を言います。

　垂直的協定は一定の場合に容認されることがあります。たとえば，「ただ乗り（free-rider）」の問題を解決するために行う場合です。流通業者 A が製品 X の販売促進の努力をすると製品 X の売上が伸びますが，他の流通業者 B は何も努力せずに同じ製品 X の売上を伸ばすことができます。B は A の販促活動に「ただ乗り」しているわけです。このような場合，A は X のメーカー C と排他的流通協定を結ぶことにより，「ただ乗り」問題を回避することができます。

▶ 協調的行為

　協定に似た競争制限的行為に協調的行為（concerted practices）があります。たとえば，複数の事業者が会合を持ち，予定してい

る価格や販売量について情報交換するような場合，会合後にその情報を利用して価格や販売量を決める結果として，行動の調整が行われることがあります。特定の行動を決めたわけではないので，協定が存在するとは言えませんが，情報交換後の行動により事業者が独立に行動した場合よりも価格が上昇し，または生産量が減少した可能性があります。このような場合を協調的行為と呼びます。

▶ 決 定

　事業者団体の決定（decisions）とは，法的拘束力の有無にかかわらず，その構成員の行動を調整しようとする行為をいいます。たとえば，事業者団体の決議や勧告が構成員の市場における行動を調整するようなものである場合，その法的位置づけにかかわらず，事業者団体の決定に該当します。

▶ 目的または効果

　協定，協調的行為および決定の中には，競争制限的であることがその目的のみで判断されるものがあります。そのような例として，水平的協定に含まれるものでは価格設定，将来の行動の不確実性を減少させるための情報交換，市場分割，生産制限などがあります。また，垂直的協定に含まれるものでは固定価格または最低再販価格を課すもの，他の加盟国への輸出禁止を課すものなどがあります。

　これらは協定の目的自体に競争制限を含むものであり，そのような協定は 101 条 1 項に違反すると推定されます。競争当局は，それが経済的に有害な効果を生じさせたことを立証する必要がありません。

　しかし，協定などの目的が明らかに競争の妨害，制限または歪曲とは言えない場合には，それが競争制限的な効果を有すること

を示す必要があります。その効果の判断には，市場分析により，協定などと発生しうる有害な効果との間に因果関係が存在するか否かを示す必要があります。

▶ 適用除外

101条1項に違反する協定などが3項による適用除外を受けるためには，以下の4つの要件をすべて充足しなければなりません。

① 「産品の生産もしくは流通を改善すること，または，技術的もしくは経済的進歩を促進することに寄与する」こと（客観的な効率性の利益）。

② 「目的を達成するために不可欠でない制限を関係事業者に課すもの」ではないこと（競争制限の不可欠性）。

③ 消費者が「その結果生じる利益の公正な一部」を受けとること（消費者の利益の公正な配分）。

④ 「事業者に対し，当該産品の本質的な部分について競争を排除する可能性を与えるもの」ではないこと（本質的部分における競争の非排除）。

4 EU機能条約102条の考え方

EU機能条約102条によれば，支配的地位にある事業者がその地位を濫用することは禁止されます。支配的地位にあること自体は違反とはなりません。支配的地位を濫用する行為があると違反になります。支配には，複数の事業者による集合的支配（複占，寡占）の場合もありえます。

102条には，次のように規定されています。とくに下線部分が重要な箇所です。

「1またはそれ以上の事業者が域内市場またはその実質的部分

における支配的地位を濫用することは，加盟国間の貿易が影響を受けるおそれがある限りにおいて，域内市場と両立せず，かつ禁止される。

　かかる濫用は，特に以下の場合にありうる。

　a）　不当な購入価格，販売価格その他の不当な取引条件を直接または間接に課すこと，

　b）　生産，販路または技術開発を消費者の利益に反するように制限すること，

　c）　取引の相手方に対し，同等の給付に関して異なる条件を適用し，相手方に競争上不利益をもたらすこと，

　d）　本来的にまたは商慣習上契約の対象と関連性を有しない追加の給付を相手方が受諾することを契約締結の条件とすること。」（下線筆者）

　102条をわかりやすく図解すると，次頁の図表6-2のようになります。

▶ 支配的地位

　EU司法裁判所は，United Brands事件（1978年）（Case 27/76, *United Brands v Commission*, EU: C: 1978: 22）において，支配的地位を次のように定義しています。

　「[EU機能条約102条] に定める支配的地位とは，事業者が有する経済的に強力な立場であって，事業者に競争者，顧客，および，究極的には消費者から感知可能な程度に独立して行動する力を与えることにより，関連市場において実効的競争が維持されるのを妨げることを可能とするものをいう。

　一般に，支配的地位は，個別に見ると必ずしも決定的ではない，いくつかの要因の組合せに由来する。」

　この定義には，第1に競争者から独立して行動する能力，また，第2に競争を妨げる能力という2つの要素が含まれています。

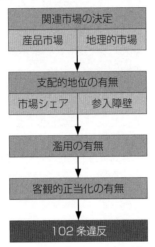

図表 6-2　EU 機能条約 102 条の考え方

関連市場の決定

| 産品市場 | 地理的市場 |

↓

支配的地位の有無

| 市場シェア | 参入障壁 |

↓

濫用の有無

↓

客観的正当化の有無

↓

102 条違反

（庄司克宏『新 EU 法　政策篇』〔岩波書店・2014 年〕306 頁を基に作成）

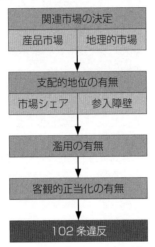

▶ 関連市場

102 条には直接出てきませんが，支配的地位があるかどうかを考える前に，どの市場が問題になっているのかを決める必要があります。それを関連市場と呼びます。これには，産品市場と地理的市場の側面があります。

産品市場とは，特徴，価格および使用目的から見て，消費者にとって十分に代替可能であるとみなされるすべての産品やサービスで形成される 1 つの市場を意味します。たとえば，コンビニで販売されるカップラーメン，カップうどんやカップそばは，購入してすぐに熱湯を入れて食べることができるので，味に違いがあるとしても，使用目的からいって代替可能であり，1 つの市場を形成していると見ることができます。

また，地理的市場とは，関連する産品やサービスに関して，すべての取引業者が同一またはそれに近い競争条件で活動する地理

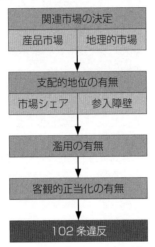

的な領域を意味します。

▶ 市場シェアと参入障壁

関連市場において支配的地位を認定するうえでとくに重要な要因とされるのが，市場シェアです。市場シェアが 40% 以上の場合，支配的地位があるとみなされる可能性が高くなります。

また，市場シェアとともに参照されるのが，参入障壁です。それは，市場でまだ活動していない事業者が参入する際に新に必要となる費用を負担する能力であって，既存の事業者は保持しているものを示します。その例として，知的財産権，重要なテクノロジー，確立された流通・販売ネットワークなどがあります。

▶ 濫　用

支配的地位の濫用行為の具体例としては，取引相手に不当に高い価格を設定すること，不当に低い，競争者を駆逐するような「略奪的価格」を設定すること，域内市場を各国市場ごとに分割するような差別的な価格を設定すること，他の事業者を市場から締め出すなど不当な目的の手段として供給を拒絶すること，ある産品を販売する際に他の産品も同時に購入させる「抱き合わせ販売」，すでに支配的地位にある事業者がその地位を強化する合併などがあります。

▶ 客観的正当化

102 条には，101 条 3 項のような適用除外の規定はありません。しかし，支配的地位を有する事業者の行為が客観的に正当化され，かつ比例性原則にかなう場合には，濫用とはみなされないことがあります。

5 EU 競争法の目的

　EU 競争法の目的とその変化について，かつてコミッション競争総局長であったフィリップ・ローウェ（Philip Lowe）氏は，2007 年に行ったある講演[1]の中で次のように話しています。

> 「……［EU 司法］裁判所の判例法とコミッションの決定慣行は，いわゆるフライブルグ学派に起源を持つオルド自由主義の考え方に当初影響を受けていました。その学派の人々は，競争の基本的条件を保護するのは厳格な法的枠組みと国家の強力な役割であると主張しました。競争は，行動の自由に基づく経済的調整のプロセスとして理解されました。個人の経済的自由，それ自体が１つの価値なのですが，それを保護することが競争政策の最大の目的とみなされました。
>
> 　消費者厚生に基づくアプローチは，プロセスより結果に焦点を当てていたため，最初はきっぱりとはねつけられました。元コミッション委員のレオン・ブリタン卿（Sir Leon Brittan）は，域内市場の達成と競争の促進を組み合わせた目標が，他の諸国で使用されるどの経済分析の学派ともあまりそぐわない形の競争法を創り出していると強調しました。彼は続けて，経済的厚生のアプローチを最初に推進した［アメリカの］シカゴ学派は［EU］競争政策に対しては直接当てはまるものではないと言っています。シカゴ［学派］は，単一市場を創ることについて気にする必要はありませんでした。むしろ，それは，統合された市場の存在を前提としています。」

---

1)　Philip Lowe, "Consumer Welfare and Efficiency. New Guiding Principles of Competition Policy?", 13th International Conference on Competition and 14th European Competition Day, Munich, 27 March 2007 (http://ec.europa.eu/competition/speeches/text/sp2007_02_en.pdf).

▶ オルド自由主義と市場統合

　この講演にあるように，EU 競争法の発展にとって大きな影響を与えたのが，「オルド自由主義（Ordoliberalismus）」であると言われます。その考え方によれば，競争とは，事業者が財閥などの私的権力や政府の公的権力から圧倒的な制約を受けないで経済に参加するプロセスであり，経済的効率性（消費者厚生）は競争法が保護する自由の結果として生じるものとされます[2]。

　そのため，競争法の目的は，事業者が市場で競争する経済的自由を保護することであるとされ，競争プロセスおよびそれに参加する事業者の経済的自由が，まず維持されなければなりません。EU 競争法では，このような目的が市場統合と結びつけて考えられています。

▶ 消費者厚生の重視

　しかし，EU の競争当局であるコミッションは，1990 年代以降の EU 競争法の「現代化（Modernisation）」において消費者厚生を重視するアプローチに転換しました。講演の続きをご覧下さい。

> 　「しかし 1990 年代末にかけて，わたしたちはゆっくりと，しかし確実に，競争政策が保護するよう意図している『競争』とは，厚生を目的として厚生を結果とするプロセスとみなすのが最善であると考えるようになりました。……
>
> 　……消費者厚生と効率性が EU 競争政策の新たな指導原則なのです。競争プロセスが手段として重要であり，また，多くの場合このプロセスの歪曲が消費者を害するものとなる一方で，競争プロセスの保護はそれ自体目的ではないのです。究極の目的は，競争プロセスの結果としての，消費者厚生の保護なのです。……」

　このようにして，EU の競争当局であるコミッションは，競争

---

2) Giorgio Monti, "Article 81 EC and Public Policy", *Common Market Law Review*, Vol. 39, No. 5, 2002, pp. 1057-1099.

プロセス（経済的自由）から消費者厚生（経済的効率性）の保護へ
と方針転換を行ったのです。

▶ 3つの目的の並存

　以上の結果，現在ではEU競争法の目的が3つ存在します。第
1は，域内市場との関係で述べたとおり，市場統合です。第2に
経済的自由の保護です。第3に消費者厚生（経済的効率性）の向
上です。消費者厚生は，価格の低下，生産量の増大，選択の幅の
拡大，質の向上，イノベーションの増大として現れます。これら
3つの目的は並存しています。図表6-3をご覧下さい。

図表 6-3　EU競争法の目的

　並存するこれら3つの目的の間の相互関係は，どうなっている
のでしょうか。もう一度，図表6-3を見ながら，考えてみましょ
う。

　①　市場統合と経済的自由の間に対立関係はありません。整合
的です。市場統合は，市場参加者の機会を増大させることにより，
経済的自由の拡大を達成するために必要な手段とみなされます。

　②　経済的自由と消費者厚生（経済的効率性）の間では，経済
的自由を制限することが経済的効率性につながるような場合に対
立関係がありえます。しかし，そのような対立関係は，一定の条
件の下で例外を認めることにより解決可能です。それは，事業者
間の協定において，経済的自由の見地からEU競争法に違反する
としても，経済的効率性が競争制限的効果より勝るならばそのよ

うな協定を容認（適用除外）する制度（先ほど見た EU 機能条約 101
条 3 項に存在します）により解決されます。

　具体例を見てみましょう。コミッションが扱った CECED 事案
（2000 年）（CECED［2000］OJ L 187/47）において，家電メーカーの
団体である欧州家電工業会（CECED）がエネルギー効率の低いタ
イプの洗濯機を段階的に生産中止し市場から撤退させることに合
意しました。それは，家電メーカーがそのタイプの洗濯機の製造
や輸出を行うことを妨げ，消費者の選択を制限するため，競争制
限的であると判断されました。しかし，コミッションは次のよう
な結論を下しました。

> 「CECED の協定により社会にもたらされる利益は，エネルギー効
> 率の高い洗濯機を購入する場合に費用が増大する分の 7 倍を超える
> ように思われる。社会に対するそのような環境上の成果は，個々の洗
> 濯機購入者に利益がもたらされないとしても，消費者に利益の公正な
> 配分を十分に与えるものとなろう。
> 　……その協定はユーザーに利益の公正な配分を与える一方，技術的
> および経済的進歩に著しく寄与するものと予想される……。」

　家電メーカー団体の合意（協定）は，省エネタイプではない洗
濯機の製造中止により競争を制限する側面を含んでいましたが，
省エネタイプの洗濯機の購入を促すことによりエネルギー効率が
上がる結果，広い意味で経済的効率性を向上させるとみなされた
のです。

　③　最も問題となるのが，市場統合と消費者厚生の間の対立関
係です。コミッションは EU 競争法の「現代化」以降は消費者厚
生を重視し，また，EU 司法裁判所の下級審である総合裁判所も
それを支持しています。しかし，上級審の司法裁判所はそれを覆
しています。すなわち，消費者厚生は EU 競争法の目的の 1 つに
すぎないとされ，市場統合が最重要視されているのです。

　このような対立関係を，総合裁判所における GlaxoSmithKline

事件（2006 年）（Case T-168/01, *GlaxoSmithKline Services v Commission*, EU: T: 2006: 265）と，上訴審の司法裁判所における GlaxoSmithKline 事件（2009 年）（C-501, 513, 515 & 519/06 P, *GlaxoSmithKline Services v Commission*, EU: C: 2009: 610）との比較により理解することができます。

■2006 年 GlaxoSmithKline 事件判決（総合裁判所）と
2009 年 GlaxoSmithKline 事件判決（司法裁判所）■

事件の概要

スペインでは，医薬品の価格規制が行われて，価格が低く設定されていました。

GlaxoSmithKline 製薬会社（以下，GSK 社）は，医薬品の価格が高いイギリスなどへ並行輸出されることを防ぐため，卸売業者に対して二重価格制（イギリスなどへ並行輸出される医薬品にはスペインで消費される医薬品よりも高い価格を設定する）を適用することにしました。

コミッションは，それが EU 機能条約 101 条 1 項に違反するとみなし，3 項による適用除外を認めませんでした。

問題の所在

そのような二重価格制による並行輸出の制限は，EU 機能条約 101 条 1 項に反するか否か，また，反する場合でも 3 項による適用除外が認められるかどうかが問題となりました。

総合裁判所の判決

総合裁判所は，101 条 1 項の違反を認定しました。しかし，101 条 3 項による適用除外の余地を認めました。101 条の目的について，次のように述べています。

「［EU］に託された任務の達成に不可欠な基本的規定を成す［EU 機能条約 101 条］に付与された目的は，事業者が相互間でまたは第三者との競争を制限することにより対象産品の最終消費者の厚生を低下させるのを防ぐことである。」

ここで総合裁判所は，EU 競争法の目的が消費者厚生にあるとみなし，コミッションが進めた「現代化」に沿ったアプローチをとっています。総合裁判所は，スペインからの並行輸出が減るならば，イギリスなどの輸入国での他の製薬会社の医薬品との競争を減少させる結果，輸入国の最終消費者の厚生を低下させる効果が生じると考えました。そのため，GSK 社の二重価格制による並行輸出の制限は 101 条 1 項に違反すると判断しました。

　しかし他方で，総合裁判所は，並行輸出に対する制限を禁止しないことにより，製薬会社の（利潤が増える結果）研究技術開発費が増大し，長期的に消費者に利益をもたらす技術革新につながる可能性があると考え，3 項による適用除外の余地を認めました。

司法裁判所の判決

　EU 競争法の目的について司法裁判所は，総合裁判所とまったく異なる見解を示しました。以下のとおりです。

　「[EU 機能条約] に定められている他の競争法規範と同じく，[101 条] は，競争者または消費者の利益だけでなく，市場の構造およびそれとともに競争それ自体を保護することを目的としている。その結果，ある協定が反競争的な目的を有しているという認定をするために，最終消費者が供給または価格の点で実効的競争の利益を奪われるということは必要ではない。」

　司法裁判所は，EU 競争法の目的が消費者厚生の保護だけでなく競争者の保護でもあることを述べるとともに，市場構造および「競争それ自体」（経済的自由）を保護することであると指摘しています。とくに後者の点は，司法裁判所が競争を価値それ自体とみなすオルド自由主義と同様の立場をとっていることを示しています。司法裁判所にとって，消費者厚生は EU 競争法の目的の 1 つにすぎないのです。

　また，司法裁判所は，GSK 社による二重価格制の適用が並行輸出を制限することを目的とする協定に当たり，加盟国間に貿易上の分断を復活させることにより域内市場（市場統合）という EU の基本目的を妨げるものとなると判断しました。その一方，3 項による適用除外については総合裁判所の判断を支持しました。

このように，EU 競争法の目的として，市場統合，経済的自由の保護，消費者厚生の保護が併存しています。しかし，市場統合および経済的自由の保護が，消費者厚生の保護に優先されます。

6 合併規則

合併規制は，国家にとって産業政策上の重要な手段であると言えます。EU においても，加盟国が，国策上重要な産業において合併を認めたり，あるいは，外国企業による国内企業の買収を禁じたりすることがあります。それが一因となって，EU 基本条約には長い間合併規制が置かれませんでした。

EU 司法裁判所はその後，EU 機能条約 102 条や 101 条を合併事案に適用することができることを認めましたが，そのような場合でも，それらの規定の性格から事後的規制のみが可能であり，事前に合併規制を行うことは困難でした。そのため，1989 年末，一定規模以上の企業集中（合併）を事前届出制により規制する「合併規則 4064/1989」[3]が制定され，その後にも新たな「合併規則 139/2004」[4]による改正がなされています。

▶ ワン・ストップ・ショップ

合併規則の基礎にあるのは，コミッションが加盟国間の貿易に影響を及ぼす合併に対して排他的な管轄権を持つべきであるという考え方です。それは，「ワン・ストップ・ショップ（a one-stop-shop）」と呼ばれます。それにより，合併当事者は EU レベルで単一の管轄権に服し，関係する複数の加盟国の当局に届出を行う

---

3)　Regulation 4064/1989 on the control of concentrations between undertakings [1989] OJ L 395/1.

4)　Regulation 139/2004 on the control of concentrations between undertakings [2004] OJ L 24/1.

必要がなくなります。全世界総売上高とEU内総売上高の組合せにより「EU規模を有する集中」とみなされる合併に対しては，原則として国内法が適用されず，EUの合併規則のみに服します。

「EU規模を有する集中」とは，たとえば次のような場合です。

> 「以下の場合に集中は〔EU〕規模（dimension）を有する。
> (a) すべての関係事業者の全世界総売上高合計が50億ユーロ超であること。かつ，
> (b) 関係事業者の少なくとも2つの各々の〔EU〕内総売上高が2億5千万ユーロ超であること。
> ただし，関係事業者の各々が同一の1加盟国において〔EU〕内総売上高の3分の2超に達する場合はこの限りでない。」（合併規則139/2004：1条2項）。

▶ 合併審査手続

合併審査手続では，関係事業者の届出の後，EU規模の有無および域内市場との両立性に関する第一次審査，域内市場と両立しないことが疑われる事案について実質的基準に基づく審査を行う第二次審査が行われます。審査結果に不服がある場合，EU司法裁判所（総合裁判所および司法裁判所）で司法審査を受けることが可能です。

実体的審査基準は，合併規則2条3項によれば，次のとおりです。

> 「とくに支配的地位の創出または強化の結果として，〔域内〕市場またはその実質的部分における実効的競争を著しく損なう集中は，〔域内〕市場と両立しないと宣言されなければならない。」

これは，「実効的競争の著しい阻害基準（the significant impediment to effective competition test：SIEC基準）」と呼ばれます。それは，「EU規模を有する集中」，つまり支配的地位を創り出したり強化したりしない場合（たとえば，市場シェアが第2位と第3位の事

業者の合併であるが，それにより第1位にはならない場合）でも，問題となっている合併が「実効的競争を著しく損なう」と判断されるならば禁止されます。

7 まとめと次回予告編

今回は，EU競争法について学びました。日米とは異なり，EU競争法には域内市場（市場統合）という目的が内在しており，それがオルド自由主義を背景とする経済的自由の保護と結びついていることが大きな特徴になっています。消費者厚生は，EU競争法の目的の1つにすぎません。トランスナショナルな法空間である域内市場こそがEUの貴重な財産であり，EU競争法もそれを守る役目があるということになります。

さて次回は，やはり域内市場と結びついていますが，競争法とは異なる側面として，経済通貨同盟と単一通貨ユーロを扱います。ユーロは，1つの市場に1つの通貨という発想の下に導入されました。ユーロには，トランスナショナルな域内市場を一層つなぐことが期待されました。それを導入する仕組みが経済通貨同盟です。

それには，まず欧州中央銀行（ECB）が設立されること，ECBがユーロ圏で単一の金融政策を担うこと，加盟国は過剰な財政赤字と政府債務を回避する義務を負うことなどが盛り込まれました。

ユーロはスタートに成功し，参加基準を充たして参加する国も着実に増加しましたが，2008年の世界金融危機の後，EUではギリシャなどのユーロ参加国で債務危機が発生し，ユーロの存続が危ぶまれるところまで行きました。

そこで，次回には経済通貨同盟の仕組みと弱点についてお話しし，それをどのように立て直そうとしているのか，それにはどのような限界があるのかについても説明します。

第7回

単一通貨ユーロの仕組み

1 はじめに

　域内市場すなわち物・人・サービス・資本の自由移動は，EU
競争法とともに，トランスナショナルな法空間である単一市場を
創り出しています。しかし，EU は単一の国家ではないので，国
境を越える移動にさまざまな不便を伴いました。その最大の不便
の1つが通貨の違いでした。EU 内に加盟国の数の分だけ通貨が
存在したので，個人レベルでは，観光や買い物のため国境を越え
るたびに両替をする必要があり，手数料もかかりました。企業レ
ベルでは為替相場が安定していないと貿易や投資に支障が出まし
た。

　さらに，ドル相場の大幅な変動が起こると為替相場の混乱が起
こり，EU 域内の為替相場も混乱しました。単一市場であるため，
各国の対 EU 貿易依存度が高く，域内の経済取引が一層影響を受
け，不安定化したのです。

　そこで出てきたのが，ドル相場が不安定になっても EU 域内の
為替相場が影響を受けないようにするには域内各国通貨の間のレ
ートを固定すればよいという発想でした。これは，EU が単一通
貨を持つことを意味しました。

　また，1989 年の冷戦終結後に東西ドイツが再統一する際，か
つてのドイツに逆戻りしないようドイツを不戦共同体としての
EU につなぎ止める必要があり，再統一を認めるのと引き換えに

ドイツがマルクを差し出して単一通貨を受け容れた，という政治的背景もありました。

▶ 通貨統合の計画

　通貨統合の計画は1960年代末から始まりましたが，実際にはマーストリヒト条約（1992年署名，93年発効）に通貨統合が初めて規定されました。1992年末に域内市場が完成した後，単一通貨が実現するのは1999年1月1日のことでした。このときに単一通貨ユーロ参加国の通貨の為替レートが，参加基準である「経済的収斂条件」（たとえば財政赤字GDP比3%以下，債務残高GDP比60%以下またはそれに十分近づいていること）を充たした加盟国11か国の間で固定されました。実際にユーロ紙幣や硬貨が流通したのは，12か国において2002年1月1日からでした。

　2023年現在，EU加盟27か国中，ユーロ参加国は20か国です。残りの7か国のうち，デンマークは政治的理由により不参加を認められた「オプトアウト（optout）」国です。それら以外の6か国（スウェーデン，ポーランド，チェコ，ハンガリー，ルーマニア，ブルガリア）は「経済的収斂条件」を充たしていないため参加していない「適用除外国」です。ただし，スウェーデンは国民投票によりユーロ不参加を決めたため，事実上のオプトアウト国として扱われています。

　単一通貨ユーロを導入するための制度的枠組みを「経済通貨同盟（the Economic and Monetary Union: EMU）」と呼びます。以下では，まず，経済通貨同盟に非対称性という特徴があることを指摘した後，経済通貨同盟の「通貨」の部分と「経済」の部分に分けて説明することにします。その後，2010年からの欧州債務危機により経済通貨同盟がどのように変容したのかについてお話しします。

2 経済通貨同盟の非対称性

　国家は通常，経済・財政政策と（政府から独立した中央銀行に委ねることがあるとしても）通貨・金融政策の両方の権限を持っています。しかし，EU の経済通貨同盟の場合，EU が中央集権的に単一の通貨・金融政策を行う通貨同盟の部分と，各加盟国が分権的にそれぞれの経済・財政政策を行う経済同盟の部分に分かれています。この 2 つの権限の帰属先が異なっていることを，非対称性と呼ぶことがあります。

　このような非対称性の背景には，1960 年代から 70 年代にかけての，フランスを中心とする「マネタリスト（monetarists）」と，ドイツを中心とする「エコノミスト（economists）」との間の対立がありました。マネタリストは，為替レートを固定すること（すなわち共通通貨を導入すること）が経済通貨同盟の出発点であり，その後に経済政策の調整が行われると考えました。他方，エコノミストは，経済政策の調整が共通通貨の導入に先行すべきであると主張しました。

　エコノミストの考え方に基づくならば，共通通貨の導入が可能となる水準まで経済政策を調整（共通化）することが必要なので，両方が同時に EU レベルで実現されることが想定されます。しかし，実際の経済通貨同盟はマネタリストの考え方に基づいて設計されたため，経済政策の調整（共通化）は後回しにされ，その結果，非対称性が発生したのです[1]。

---

1)　Alicia Hinarejos, "Economic and Monetary Union" in Catherine Barnard and Steve Peers（eds.）, *European Union Law*, Oxford University Press, 2014, pp. 567-590 at 569, 570.

3 通貨同盟

経済通貨同盟では，各政策分野で権限の所在や類型が異なるため，それを担当する機関にも相違があります。通貨同盟を，後でお話しする経済同盟と比較すると図表 7-1 のようになります（EU の主要機関については，**第 12 回**をご覧下さい）。

図表
7-1 　経済通貨同盟における権限の配分

	通貨同盟 通貨・金融政策	経済同盟 経済・財政政策
権限類型	EU の排他的権限	加盟国の権限 EU 内での調整
主要機関	ユーロシステム 欧州中央銀行	経済財政理事会 ユーロ・グループ
特　徴	独立性 主要目標＝物価安定	救済禁止条項 財政規律と監視

▶ 欧州中央銀行，欧州中央銀行制度，ユーロシステム

通貨同盟の本質は，通貨・金融政策に関する決定権限が複数の機関から単一の機関へ移行することであり，その性質上，権限の共有はありえません。ただし，決定された政策の実施における分権化は可能です。EU はそのような方式を採用しています。

EU 機能条約 282 条 1 項には，次のように規定されています。

> 「欧州中央銀行および国内中央銀行は，欧州中央銀行制度（ESCB）を構成する。欧州中央銀行およびユーロを通貨とする加盟国の国内中央銀行はユーロシステムを構成し，連合の金融政策を行う。」

この条文から，通貨同盟には 2 種類の制度枠組みが存在することがわかります。第 1 に「欧州中央銀行制度（the European System of Central Banks: ESCB)」，また，第2に「ユーロシステム（the Eurosystem)」です。どちらにおいても，EU の中央銀行である「欧州中央銀行（the European Central Bank: ECB)」が中核的地位を占めています。

　その違いは，ESCB は EU の全加盟国の中央銀行が構成員であるのに対し，EU の金融政策を行うユーロシステムではユーロ圏加盟国の中央銀行のみが構成員となるということです。全加盟国がユーロ圏に参加するときにユーロシステムは ESCB の同義語となります。

　ESCB には実質的権限はほとんどなく，そこではユーロ圏加盟国と非ユーロ圏加盟国の中央銀行との間の調整および情報交換が行われます。他方，ユーロシステムは通貨同盟の中心的存在です。ユーロシステムの下で ECB の機関である政策理事会と役員会が単一通貨ユーロに関する排他的権限を行使します。

▶ ユーロシステムの目的と機関

　ユーロシステムの目的は何でしょうか。EU 機能条約 127 条 1 項に次のように述べられています。

> 「欧州中央銀行制度＊の主要目的は，物価の安定を維持することである。」
>
> 　＊　ここではユーロに参加していない加盟国は除かれるので，実質的にユーロシステムを意味します。

　このように，ユーロシステムの主要目的は，物価安定を維持することにあります。その主要目的を損なわない範囲で，EU の一般的経済政策を支援します。ユーロシステムの基本的任務は，EU の金融政策を定め，実施すること，などです。

　ユーロシステムは，ECB の政策決定機関である政策理事会および役員会により統轄されます。最高意思決定機関である政策理

事会は，ECB 役員会構成員 6 人（金融に関する優れた見識と経験を有する者の中から任命される総裁，副総裁，4 人の理事）およびユーロ圏加盟国の中央銀行総裁で構成され，金融政策に関する決定を行います。

ECB 役員会は，ECB の日常業務を担当します。役員会は政策理事会の会合の準備を行うとともに，政策理事会の決定に従って金融政策を実施し，また，ユーロ圏加盟国の中央銀行に対して必要な指示を出します。ユーロ圏加盟国の中央銀行もまた，ECB 政策理事会の決定事項を実施する立場にあります。

ECB 政策理事会においては，従来，各構成員が 1 票を有する単純多数決が原則でした（賛否同数の場合は ECB 総裁が決定票を投じます）。しかし，ユーロ圏加盟国の増加に伴って役員会構成員の投票比重が低下するのを防ぐため，ユーロ圏が 19 か国となった 2015 年 1 月 1 日より，投票権を有するユーロ圏加盟国の中央銀行総裁の数を 15 に据え置いて交代で投票する輪番制が導入されました。なお，役員会構成員はこれまでと同じく各 1 票有し，毎回投票に加わります。

ECB 役員会の表決手続は，各構成員が 1 票を有する単純多数決が原則です（賛否同数の場合は，総裁が決定票を投じます）。

▶ ECB の独立性と説明責任

ECB は，EU の諸機関の 1 つとして位置づけられています。しかし，物価安定の維持という目的を果たすため，ECB には独立性が付与されています。EU 機能条約 130 条によれば，独立性とは ECB および加盟国中央銀行の独立性を意味します。次のとおりです。

「ECB および国内中央銀行ならびにそれらの政策決定機関の構成員は，〔EU 基本条約〕および ESCB・ECB 定款により付与され

> る権限を行使し，ならびに任務および義務を遂行するとき，連合
> の諸機関もしくは［補助機関］，加盟国政府または他のいかなる機
> 関の指示も，これを求め，または受けてはならない。連合の諸機
> 関および［補助機関］ならびに加盟国政府は，この原則を尊重し，
> かつ，欧州中央銀行または国内中央銀行の政策決定機関の構成員
> に対しその任務の遂行において影響力を及ぼさないことを約束す
> る。」

　ECB の独立性は，ドイツの中央銀行であるブンデスバンクに
倣ったものですが，基本条約上の原則であるため，条約改正によ
らない限り，変更はできません。また，独立性を保障するため，
役員会構成員の任期は 8 年で再任不可となっています。さらに，
独自の法人格を持ち，かつ，EU 予算から独立しています。

　ECB の独立性について，Commission v ECB 事件（2003 年）
（Case C-11/00, *Commission v ECB*, EU: C: 2003: 395）で次のように判
示されています。

> 　「［EU 機能条約 130 条］は，本質的に，［EU 基本条約］および［ESCB・
> ECB 定款］により付与された特定の権限を独立して行使することによ
> り，自己の任務が属する目的を実効的に追求することができるよう，
> ECB をすべての政治的圧力から遮断しようとするものである。……」

　このように，ECB の独立性は政治的圧力から遮断されること
を念頭に置いています。

　ECB には独立性が付与されている一方，任務の遂行について
説明責任を果たすことが求められます。そのため，年次報告書や
月報の発行，定期的な記者会見，欧州議会内の経済金融委員会に
おける聴聞などが行われています。また，これまで独立性を守る
ためとして議事録は非公開でしたが，2015 年 1 月開催の政策理
事会から金融政策会合の議事要旨（Account of the monetary policy
meeting）が約 1 か月後に公開されるようになっています。

4 経済同盟

　先ほど述べたように，経済通貨同盟は，先に共通通貨を導入すれば，経済政策（財政政策を含む）の調整は後からついてくるとするマネタリストの考え方に基づいていました。その結果，中央集権的な通貨同盟と分権的な経済同盟の間に非対称性が残りました。

　経済同盟においては，自国の経済・財政に関する最終的決定権が各加盟国の手中に残されており，EU は加盟国間の政策調整が行われるための取決めを提供することができるにとどまります。EU レベルで行われるのは，基本的に相互監視と圧力行使です。

　EU 機能条約 121 条 1 項では，次のように述べられています。

> 「加盟国は自国の経済政策を共通利益事項とみなし，……理事会内で調整しなければならない。」

　加盟国の義務は，「経済政策」（これには財政政策が含まれます）の調整であることがわかります。ここで言及されている理事会は，経済財政（ECOFIN）理事会と呼ばれ，すべての加盟国の経済・財政担当大臣が構成員となります。一方，ユーロ圏加盟国の財務大臣で構成されるユーロ・グループは政策討議を行う非公式会合として位置づけられています（なお，非公式のユーロ圏首脳会議も開催されています）。

　経済・財政政策の調整のために EU に与えられている公式の政策決定権限は ECOFIN 理事会にありますが，ユーロ圏にのみ当てはまる調整措置を採択する場合はユーロ圏の構成員のみが投票権を持ちます。

▶ 経済・財政政策の調整

　経済・財政政策の調整とは，いったい何を意味するのでしょうか。実は，加盟国政府が国内で金融面において特別扱いを受けな

いようにすること，困難な財政状況に陥っても EU や他の加盟国が救済することは禁止されること，そのような状況にならないよう共同で財政規律を行うこと，にとどまります。

この点について EU 機能条約を見ると，第1に「健全な公共財政」（119条3項）という指導原則の下，ECB または加盟国中央銀行による加盟国への信用上の便宜供与の禁止（123条），加盟国による金融機関への特権的アクセスの禁止（124条），および，救済禁止条項として EU または加盟国による他の加盟国の債務引受の禁止（125条）が定められています。

また，第2に財政規律のため，「予防部門」として「多角的監視手続」（121条3項・4項），および，「是正部門」として「過剰赤字手続」（126条）が存在します。両手続は，「安定・成長協定（the Stability and Growth Pact: SGP）」により強化されています。それは，いわゆる条約ではなく，政治的指針としての1997年6月欧州理事会（首脳会議）決議および両手続を強化する2つの EU 規則から成る取決めから成ります。

これらの規則は，これまでに2回改正されています。後で紹介するとおり，Commission v Council 事件（2004年）を受けて財政規律を緩くする方向の改正がなされた一方，欧州債務危機への対応として現在では財政規律が当初よりも強化されています。

▶ 多角的監視手続

多角的監視手続では，加盟国で過剰赤字が発生しないよう ECOFIN 理事会が事前に監視を行います。すなわち，理事会は加盟国の経済政策が EU の「広範な指針」を定める勧告と整合しているかどうかを監視します。

加盟国の経済政策が「広範な指針」と整合していない場合，EU 諸機関の1つであり，独立の委員で構成されるコミッション（第12回をご覧下さい）が早期警告を与えることができます。また，

理事会は，そのような加盟国に対して必要な是正措置を勧告することができます。なお，勧告や早期警告には法的拘束力はありません。

▶ 過剰赤字手続

過剰赤字手続を定める EU 機能条約 126 条の 1 項は，加盟国に対して次のような財政規律の義務を課しています。

過剰な政府赤字とは，財政赤字 GDP 比 3% および政府債務 GDP 比 60% を基準としています。それらの数字を超えると「過剰」とみなされます。これを監視して財政規律を確保するために導入されたのが，過剰赤字手続です。

過剰赤字手続では，①過剰赤字の存否の認定，②解消の勧告，③実効的行動がない場合にはその認定と公表，④赤字削減措置の通告，⑤それに従わない場合に制裁金を科す，という順番で段階的に勧告に基づく手続が進むことになっています。しかし，この手続には政治的駆け引きの余地があり，これまで制裁金が違反国に科されたことはありません。図表 7-2 をご覧下さい。

このような過剰赤字手続の弱点が露呈したのが，Commission v Council 事件（2004 年）（Case C-27/04, *Commission v Council*, EU: C: 2004: 436）でした。

■2004 年 Commission v Council 事件判決■

事件の概要

ドイツとフランスは，経済通貨同盟を主導する大国であるにもかかわらず，財政赤字 GDP 比 3% を超えたため，それぞれ 2002 年と 2003 年に過剰赤字手続が開始され，図表 7-2 にある手続の②過剰赤字解消の理事会勧告が期限付きで出されました。両国が実効的な対策

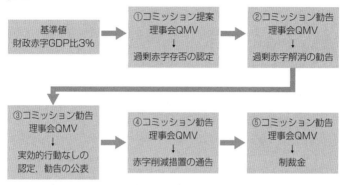

図表 7-2 過剰赤字手続（EU 機能条約 126 条）

* QMV（qualified majority voting）は，特定多数決（**第 12 回**参照）を意味する。
* 基準値として財政赤字 GDP 比 3% のみを使用し，制裁金を科すには①から⑤まで QMV が 5 回繰り返され，すべて成立する必要がある。
* ③までは，非ユーロ圏加盟国（適用除外国）にも適用され，全加盟国が投票権を持つ（手続対象国を除く）。ユーロ圏加盟国が手続対象の場合，非ユーロ圏加盟国は投票権を持たない。また，④と⑤ではユーロ圏加盟国のみが投票権を持つ。
* コミッション提案は，これを理事会が修正するには全会一致を必要とするが，コミッション勧告は QMV で修正が可能である。

をとらなかったため，コミッションは 2003 年秋に③実効的行動なしの認定，および，④の赤字削減措置の通告を行うよう，理事会に対して勧告を行いました。

　理事会は③および④のコミッション勧告について，それぞれ投票を行いましたが，特定多数決（当時は，総票数の 3 分の 2 以上）が成立しなかったため，両方とも否決されました。他方で理事会は，コミッション勧告に基づかないで独自に，両国に対する手続を当面の間停止することに合意する「理事会結論（the Council's conclusions）」を採択しました。

　コミッションは，「理事会結論」が過剰赤字手続を定める EU 機能条約 126 条に基づいていないとして取消しを求める訴え（第 15 回をご覧下さい）を EU 司法裁判所に提起しました。

　EU司法裁判所は今回の「理事会結論」が加盟国に対し法的拘束力を持つものとみなして取消しの対象となりうると判断しましたが，それが実際にEU機能条約126条に反するために取り消されるかどうかが争点となりました。

　EU司法裁判所がコミッションの主張を受け容れた結果，「理事会結論」はEU司法裁判所により取り消されました。

　しかし，その一方で，「加盟国に財政規律を守らせる責任は本質的に理事会にある」ことが認められました。理事会には裁量権があり，コミッション勧告がなされても，理事会が図表7-2にある③実効的行動なしの認定や④の赤字削減措置の通告を必ず決定しなければならない義務があるわけではないことが示されたのです。

　過剰赤字手続では，加盟国に属する経済・財政政策の権限を一定限度制約する一方で，財政赤字の監視と是正の主な責任は，加盟国の代表が構成員である理事会にあるということになります。そのため，過剰赤字手続は財政規律を維持するには非常に弱い手段であることが判明しました。

▶ 経済同盟の弱点と欧州債務危機

　以上，経済同盟の特徴を見ましたが，そこには2つの弱点が存在しました。第1に加盟国は健全財政を保ち，市場から資金を調達するという前提の下で，EUレベルでは救済禁止条項などと安定・成長協定による危機予防策のみが用意されるにとどまりました。危機が発生した場合に備えた危機管理および解決の制度がほとんど用意されていなかったということです。

　また，第2に財政規律を目的とする安定・成長協定そのものが，過剰赤字手続をはじめとして，制度的欠陥のために有効に機能し

なかったことです。これらの弱点は，欧州債務危機が発生する制度的要因となりました。

2008年秋の世界金融危機に続いて，ギリシャの財政問題を契機として2010年に欧州債務危機が発生しました。ユーロ圏のギリシャ，ポルトガル，スペイン，アイルランドなどは，国債の買い手がつかなくなったため，財政赤字を抱えたまま財源を国債で調達することができなくなりました。そのため，EUは（国際通貨基金〔IMF〕と協力しながら）それらの諸国に金融支援を行う必要に迫られました。

そこで，EUはどのように金融支援を行い，また，将来の危機再発にどう備えるかという課題に直面することとなりました。以下では，EUがそれらの課題にどのように対応しようとしたのか，また，それらの対応策にどのようなハードルがあり，いかにして乗り越えたのか，について見てみましょう。

5　欧州債務危機への対応(1)──金融支援枠組み

欧州債務危機に対処するため，EUは金融支援の枠組みを一から作ることから始めなければなりませんでした。その際，EUが行動するには基本条約上の法的根拠が必要でした。

まず，EU機能条約125条1項には，「救済禁止（no-bailout）」条項として，次のように規定されています。

> 「連合は，……加盟国の中央政府，地域，地方もしくは他の公の機関，公法により規律される他の団体または公の事業者の債務を保証し，または，これを引き受けてはならない。加盟国は，……他の加盟国の中央政府，地域，地方もしくは他の公の機関，公法により規律される他の団体または公の事業者の債務を保証し，または，これを引き受けてはならない。」

この規定は，EUや加盟国が債務の肩代わりをすることによっ

て他の加盟国を救済することを禁じています。金融支援は，これ
に反することなのでしょうか。

　他方で，救済禁止条項の例外として EU 機能条約 122 条 2 項が
置かれています。これは，「財政連帯条項」と呼ばれることがあ
ります。条文は次のとおりです。

> 「加盟国が自然大災害または制御不能な例外的事態により困難
> に遭うか，または，重大な困難の深刻な脅威にさらされる場合，
> 理事会はコミッションの提案により一定の条件に基づき，当該加
> 盟国に連合の金融支援を供与することができる。」（傍点筆者）

　そこで 2010 年 5 月，EU は，まず，この EU 機能条約 122 条 2
項に基づき採択した規則[2]により，すべての加盟国を対象に金融
支援を行う「欧州金融安定化メカニズム（EFSM）」を EU 法に基
づく制度として設立しました。しかし，EU 予算を担保にするた
め，「連合の金融支援」の貸出能力の上限は 600 億ユーロにとど
まりました。これだけでは支援額としてとても足りませんでした。
　そのため，翌月，EFSM とは別に，「欧州金融安定ファシリテ
ィ（EFSF）」が，ユーロ圏加盟国により EU 枠外の政府間協定に
基づいて設立され，実質 4400 億ユーロを上限にユーロ圏加盟国
の金融支援を行うこととされました。EFSM および EFSF とも
2013 年 6 月までを期限として想定した制度でした。

▶ ドイツ政府の不安

　後者の EFSF については，各国政府はそれが厳格なコンディ
ショナリティ（融資条件）に服するので救済禁止条項（EU 機能条
約 125 条 1 項）に反しないと考えながらも，確実にそう言えるの
かどうかは明らかではありませんでした。
　また，前者の EFSM についても，財政連帯条項（EU 機能条約

---

2)　Regulation 407/2010 [2010] OJ L 118/1.

122条2項）を直接の法的根拠とするものの，ギリシャなど金融支援を受ける加盟国に債務危機の発生について放漫財政の責任があったので，その条項にある「制御不能な例外的事態」と言えるのかどうか定かではありませんでした[3]。

　こうした疑いについてドイツ政府は不安を抱くようになりました。ドイツ国民が「約束が違う」と感じ，EU基本条約を批准する根拠となったドイツ憲法に違反しているとして連邦憲法裁判所へ提訴するのではないかと懸念したからです。

　そこでドイツ政府から，明確な法的根拠の下に恒久的な金融支援枠組みをつくるべきとの主張がなされ，新たに「欧州安定メカニズム（ESM)」をユーロ圏加盟国が設立する目的で，EU機能条約の改正が行われました（2011年3月25日決定，2013年1月1日発効）。その結果，EU機能条約136条に3項としてユーロ圏にのみ適用される次の規定が追加されました。

> 「ユーロを通貨とする加盟国は，ユーロ圏全体の安定を守るために不可欠な場合に発動される安定メカニズムを設立することができる。同メカニズムの下で要求される金融支援の供与は厳格なコンディショナリティに服するものとされる。」

　この規定は，EUの枠内で加盟国が金融支援枠組みを設立するための法的根拠を与えるものではなく，（EUの枠外で）加盟国にESMのような金融支援枠組みを設立する権限があることを確認する規定でした。それは，救済禁止条項および財政連帯条項に反していないことを明らかにする効果がありました。

　その後，政府間協定であるESM条約（2012年2月2日署名，同年9月27日発効）により設立されたESMは7000億ユーロの貸出

---

3)　Bruno de Witte and Thomas Beukers, "The Court of Justice approves the creation of the European Stability Mechanism outside the EU legal order: *Pringle*", *Common Market Law Review*, Vol. 50, No. 3, 2013, pp. 805–848.

能力を持つ国際法上の国際機構として発足しました。

▶ Pringle 事件（2012 年）

　EU 基本条約の改正が発効するには，すべての加盟国の署名と批准が必要です。また，政府間協定の ESM 条約の場合，ESMへの出資比率の 90% に当たる締約国が批准すれば発効されることになっていました。ドイツでは連邦憲法裁判所に批准手続の中止を求める差止めの申立てがなされましたが，2012 年 9 月 12 日の決定によりそれは認められませんでした。

　一方，アイルランドでは，Pringle 事件（2012 年）（Case C-370/12, *Pringle*, EU: C: 2012: 756）において，基本条約改正と ESM条約の議会による批准が EU 基本条約に反するという訴えがなされました。その事件について見てみましょう。

┌───┐

　■2012 年 Pringle 事件判決■

　事件の概要

　　アイルランド議会の Pringle 議員が，アイルランド政府を相手取り，ESM 設立に関する規定を導入するための EU 機能条約改正および ESM 条約が EU 基本条約に照らして違法であることの確認と批准手続の差止めを求める訴えを高等法院に提起しました。そこで敗訴した後，Pringle 議員は最高裁判所に上訴しました。最高裁判所は，その問題を EU 司法裁判所に先決付託しました。

　問題の所在

　　基本条約改正および ESM 条約が救済禁止条項（EU 機能条約 125 条1 項）と財政連帯条項（EU 機能条約 122 条 2 項）に反するかどうか，などが争われました。

　判　決

　　EU 司法裁判所はまず，財政連帯条項について，それは困難に直面

する加盟国に臨時の金融支援を与える権限をEUに付与しているが，ESMのように恒久的な存在としてユーロ圏全体の金融安定を目的とする金融支援枠組を設立するための適切な法的根拠とはならないと述べます。

　他方，救済禁止条項はすべての金融支援を禁止しているわけではないと判断します。その理由として，臨時の金融支援を許容する財政連帯条項が存在することなどが指摘されます。

　では，どのような金融支援ならば許容されるのでしょうか。

　EU司法裁判所によれば，救済禁止条項は「支援を受ける加盟国に健全な財政政策を行うというインセンティブが結果として減少するような金融支援を与えることを禁止している」ため，「金融支援に付される条件がその加盟国に健全な財政政策を実施するよう促すものであれば」，金融支援は許容されます。

　このように，貸付などの形で金融支援を行うことは返済を前提としており，禁止される債務の肩代わりを意味しないことが明らかにされました。その結果，基本条約改正およびESM条約は救済禁止条項と財政連帯条項に違反しないと判断されました。

　EUは基本条約改正と政府間協定の締結により，恒久的な金融支援枠組を設立することで債務危機を乗り越えようとしました。また，Pringle事件では，そのような対応策にゴーサインが出されました。その判決は，経済同盟の弱点と不備を，救済禁止条項の解釈により補ったものと言うことができます。

6　欧州債務危機への対応(2)
——経済・財政政策の調整の強化

　経済通貨同盟は非対称性を持ち，経済同盟の側面が分権的であることは，すでに述べたとおりです。とくに過剰赤字手続をはじめとする安定・成長協定は，財政規律を加盟国に十分守らせることができませんでした。そこで財政規律を強化するため，毎年前

半，各国議会に予算案が送付される前に EU レベルで経済・財政政策を総合的に調整する仕組みである「欧州セメスター（the European Semester)」の導入のほか，EU 立法の改正・制定や EU 枠外の政府間協定の締結などが行われました。

▶ 経済ガバナンス六法・二法

まず，EU 立法（規則，指令）の改正・制定として行われたものに，「経済ガバナンス六法（Economic governance "Six-Pack" legislation)」および「経済ガバナンス二法（Economic governance "Two-Pack" legislation)」があります。

① 「経済ガバナンス六法」としては，安定・成長協定の関連規則が「ユーロ圏財政監視規則 1173/2011」[4]などにより改正・強化され，また，加盟国のマクロ経済不均衡を監視・是正するための手続を定める規則[5]なども新たに導入されました。

② ユーロ圏の多角的監視を強化するため，「経済ガバナンス二法」として，コミッションがユーロ圏加盟国の予算案を事前に監視することを定める規則[6]，および，金融危機に直面し，または，金融支援を受けるユーロ圏加盟国への監視を強化するための規則[7]が制定されています。

▶ 財政条約

次に，EU 基本条約の改正としては全加盟国の合意が得られなかったため，EU 枠外で「経済通貨同盟における安定，調整およびガバナンスに関する条約（TSCG)」（以下，財政条約）が 2012 年 3 月 2 日にイギリスおよびチェコを除く 25 か国により署名され，

4) Regulation 1173/2011 [2011] OJ L 306/1.
5) Regulation 1176/2011 [2011] OJ L 306/25.
6) Regulation 473/2013 [2013] OJ L 140/11.
7) Regulation 472/2013 [2013] OJ L 140/1.

2013年1月1日に発効しました。

▶ 過剰赤字手続はどのように強化されたか

　以上のEU立法と財政条約により，たとえば安定・成長協定に
含まれる過剰赤字手続がどのように強化されたのかをユーロ圏加
盟国を対象に見てみましょう。先ほどの図表7-2と比較しなが
ら，図表7-3をご覧下さい。

図表
7-3　過剰赤字手続（改正規則および財政条約）
　　——ユーロ圏加盟国の場合

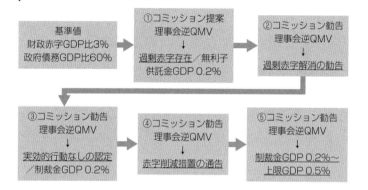

＊　逆QMV（reverse qualified majority voting）は，逆特定多数決（特定多数で否決されない
限り決定成立）を意味する（手続対象国を除く）。
＊　基準値として政府債務GDP比60％（過去3年間に年間平均20分の1減少すること）も使
用されることとなったが，財政条約により導入された下線付きの項目への逆QMVの適用は，
財政赤字GDP比3％基準のみに基づく。
＊　コミッション提案は理事会が修正するには全会一致を必要とするが，コミッション勧告は
QMVで修正が可能である。

（庄司克宏著『新EU法　政策篇』〔岩波書店・2014年〕376頁を基に作成）

　過剰赤字手続の強化には2つの特徴が見られます。第1の特徴
として，段階的な制裁が導入されています。過剰赤字の存在が認
定された時点（①）で認定された加盟国にGDP 0.2％相当額を無
利子の供託金として供託させ，赤字解消の実効的な行動がないと
認定された時点（③）で供託金は制裁金として没収されます。ま

た，赤字削減措置の通告（④）の後に改善がないと，追加的に
GDP 0.5％（上述の 0.2％ を含む）を上限とする制裁金を科すこと
ができます（⑤）。

　過剰赤字手続の第 2 の特徴として，理事会の決定に「逆特定多
数決（reverse qualified majority voting）」が導入されています。そ
れは，理事会がコミッション勧告から 10 日以内に特定多数決に
より否決しない限り，理事会により決定が採択されたとみなす方
式です。これにより，過剰赤字手続の各段階における決定が速や
かになされ，準自動的に適用されることになります。

7　欧州債務危機への対応(3)——ECB の支援

　すでに述べたとおり，恒久的な金融支援枠組みを設立するため
の ESM 条約が 2012 年 9 月 27 日に発効し，また，EU 基本条約
の改正と ESM 条約の締結が基本条約に反しないとする Pringle
事件判決が同年 11 月 27 日 EU 司法裁判所により示されました。
なお，財政条約は財政規律とその監視の強化を内容とするため，
基本条約との適合性に問題はありませんでした。

　こうして，経済同盟の立て直しは順調に行っているように見え
ます。しかし，実はそうではありませんでした。同じ年の 7 月，
欧州債務危機がスペインとイタリアに波及して最高潮に達し，単
一通貨ユーロの存続が危ぶまれるようになりました。

▶ ECB の国債買入プログラム

　このような危機的状況を実際に収束させたのは，当時のドラギ
（Mario Draghi）ECB 総裁が 2012 年 7 月 26 日にロンドンのある会
議で講演した際の，「ECB は，その職務権限の範囲内で，ユーロ
存続のために必要なことは何でも行う用意があります」という有
名な発言でした。

この発言を裏付ける政策として，ユーロ圏加盟国の国債買入プ
ログラムである「OMT（Outright Monetary Transactions）」の概要
が，同年9月6日にECB政策理事会からプレスリリースの形で
公表されました。OMTプログラムでは，買入について事前に量
的な制限は設けないこととされ，これにより対象国が資金調達に
行き詰まることはなくなると期待されました。なお，OMTプロ
グラムを実施するための法令は今日にいたるまで採択されていま
せん。

▶ ドイツ連邦憲法裁判所の先決付託

OMTプログラムに対して，2012年9月，ドイツでは反対する
個人や議員グループから連邦憲法裁判所への提訴がなされました。
連邦憲法裁判所は，2014年1月，この事件でEU司法裁判所に
初めて先決付託を行いました。

その際，連邦憲法裁判所は，OMTプログラムがユーロシステ
ムの任務である金融政策（EU機能条約127条）ではなく，加盟国
の権限である経済政策に属すること（120条）などを理由に，ユ
ーロシステムの中核であるECBが権限踰越の行為を行っている
との独自の判断を添えています[8]。

ドイツ連邦憲法裁判所からの先決付託に対し，EU司法裁判所
は2015年6月16日Gauweiler and Others v Deutscher Bundes-
tag事件判決（先決判決）を下しました。それによれば，OMTプ
ログラムは，第1にECBを中核とするユーロシステムが行う金
融政策の単一性を維持し，金融政策が物価の安定に向けて適切に
波及するよう確保することを目的とすること，また，第2に
（EU機能条約123条1項が禁じる発行市場での国債買入ではなく）流通
市場での適正な国債買入を手段とすることから，金融政策の範囲

---

8) BVerfG, Order of the Second Senate of 14 January 2014-2 BvR 2728/13,
ECLI: DE: BVerfG: 2014: rs20140114.2bvr272813.

内にあり，経済政策には属さないという判断が示されました（Case C-62/14, *Gauweiler and Others v Deutscher Bundestag*, EU: C: 2015: 400)。

EU 司法裁判所のこの先決判決を受けて，ドイツ連邦憲法裁判所は 2016 年 6 月 21 日，EU 司法裁判所が示した条件が充たされるかぎり，OMT プログラムはドイツ憲法上合憲であるとの判決を下しました[9]。

▶ ECB の量的緩和政策

OMT プログラムは実施されないまま，今日に至っています。その一方で，ECB は 2015 年 1 月 22 日，国債などの買入による量的緩和（Quantitative easing: QE）政策としての公的部門買入プログラム（PSPP）の実施を決定しました。

これは，毎月 600 億ユーロのペースで 2015 年 3 月から少なくとも 2016 年 9 月まで継続され，金融政策として景気支援とデフレ回避を目的とするものであり，また，すべての加盟国の国債などが対象とされ（ギリシャの国債は当面見送り），金融支援を受ける特定の加盟国の国債に限定されるものではないため，（ドイツ連邦憲法裁判所が懸念するような）経済政策に当たるものではありませんでした。

しかし，この PSPP に対してもドイツ連邦憲法裁判所は，違憲訴訟を受けて，2017 年 7 月 18 日，EU 司法裁判所に先決判決を求める付託を行いました[10]。これに対し，EU 司法裁判所は 2018 年 12 月 11 日，ECB の PSPP が金融政策の範囲内にあり，いわゆるマネタリー・ファイナンス（中央銀行が通貨を発行して国債等

---

9)　BVerfG, Judgment of the Second Senate of 21 June 2016-2 BvR 2728/13, DE: BVerfG: 2016: rs20160621.2bvr272813.

10)　BVerfG, Order of the Second Senate of 18 July 2017-2 BvR 859/15, DE: BVerfG: 2017: rs20170718.2bvr085915.

を直接引き受けること）には当たらないため，EU 基本条約に違反していないとの先決判決を下しました（Case C-493/17, *Heinrich Weiss and Others*, ECLI: EU: C: 2018: 1000）。

ところが，2020 年 5 月 5 日，ドイツ連邦憲法裁判所は，ECB が金融政策としてユーロ圏諸国の国債などを購入する PSPP には経済政策上の副作用があり，政策の目的と手段の均衡を定める比例性原則を無視しているとする判決を下したのです。その結果，ドイツ憲法の問題として，ECB 理事会が比例性原則の尊重を立証しない限り，3 か月の移行期間の後，ブンデスバンク（ドイツ中央銀行）は ECB の決定の実施には参加できないことになってしまいました[11]。これに対して，ECB は内部文書をドイツ政府とドイツ連邦議会に提出するとともに，ECB 政策理事会の構成員でもあるブンデスバンク総裁が ECB の政策を説明した結果，議会は ECB の政策が比例性原則を充足しているとの承認を行いました。これにより，PSPP の実施は支障なく継続されることとなりました[12]。

8 欧州債務危機への対応(4)――銀行同盟

欧州債務危機の背景には，ギリシャの放漫財政，ポルトガルの恒常的な財政赤字に加え，公的資金の注入による銀行の救済の結果として財政支出が増大したという側面もありました。

アイルランドやスペインでは，世界金融危機の影響により不動

---

11) BVerfG, Judgment of the Second Senate of 5 May 2020–2 BvR 859/15, DE: BVerfG: 2020: rs20200505.2bvr085915.

12) "In the spirit of European cooperation", Introductory remarks by Yves Mersch, Member of the Executive Board of the ECB and Vice-Chair of the Supervisory Board of the ECB, at the Salzburg Global webinar, SPEECH 2 July 2020 （https://www.ecb.europa.eu/press/key/date/2020/html/ecb.sp 200702~87ce377373.en.html）.

産バブルがはじけて銀行が巨額の不良資産を抱え，経営危機に陥りました。両国政府は不良債権問題を解決して金融システムの安定を維持するため，銀行に公的資金の注入を行いました。しかしその結果，高水準の財政赤字や政府債務に直面し，金融支援を受けることになりました[13]。

▶ 悪循環

他方，財政赤字や政府債務を抱える加盟国の国債を大量に保有する EU 域内の銀行はそれらの国債の価格下落のため経営危機や破綻に直面しました。そうなると政府がまた銀行を公的資金で救済しなければならなくなり，ますます財政悪化が進みます。すなわち，政府の債務危機と銀行の危機には密接な関係があり，悪循環が生じたのです。この問題は，金融支援枠組みの確立や財政規律の強化では解決することができませんでした。

▶ 銀行同盟

ヨーロッパ大陸諸国では国債の消化を銀行に依存しますが，大手銀行は国債を大量に購入する見返りに政府の保護を受けるため，銀行監督が不十分になりやすいという欠点があります。その一方で，政府は国債の発行が容易なので過度な財政赤字や政府債務に陥りやすい傾向があります[14]。そうなると，国債の価格が下落し，国債を発行する政府とそれを保有する銀行がともに危機に直面するという，先ほどお話しした悪循環が生じます。

そこで，このような悪循環を絶つため，「銀行同盟 (the Banking Union)」が構想されました。それは，ECB が大手銀行を直接

---

13) 羽森直子「ユーロ危機の原因」流通科学大学論集——経済・情報・政策編 22 巻 1 号 (2013 年)99 頁-123 頁。

14) 田中素香＝長部重康＝久保広正＝岩田健治『現代ヨーロッパ経済』（有斐閣・第 4 版・2014 年）172 頁-173 頁。

監督することを中核とする「単一銀行監督機構（the Single Supervisory Mechanism: SSM）」を設立すること（2014年11月より活動開始），また，「単一破綻処理委員会（the Single Resolution Board）」により運営される「単一破綻処理機構（the Single Resolution Mechanism: SRM）」を設立すること（2015年1月より活動開始）を主な内容とします。

　前者のSSMは銀行監督の権限を政府からECBに移行させて，政府を大手銀行から切り離します。また，後者のSRMも銀行の破綻処理の権限をEUのコミッションと単一破綻処理委員会に移行させることにより，政府と大銀行のもたれ合い関係を解消することが狙いです。なお，残された課題としてユーロ圏共通の「欧州預金保険スキーム（the European Deposit Insurance Scheme: EDIS）」の実現がありますが，ドイツなどの反対により進展していません。

9　まとめと次回予告編

　域内市場は1992年末に一応完成したことになっていますが，経済通貨同盟は未完のプロジェクトです。通貨・金融政策が中央集権的に決定される一方で，経済・財政政策は基本的に加盟国の権限に属するため分権的なままです。言い換えると，経済通貨同盟は実質的には通貨同盟にとどまり，いわば片翼飛行をしている状態です。

　しかし，EUが経済・財政政策の権限を持つことは，加盟国が税制や社会保障などの権限をEUに委譲することを意味します。このため，それをEUレベルで民主的にコントロールする仕組みが必要です。それはEUの法的性格を一変させるものとなるので，基本条約の改正を行うことが大前提となります。しかし，各加盟国の憲法体制はそのような条約改正を憲法の限界を超えるものと

して許容しないでしょう。そのため，経済通貨同盟は，各加盟国憲法が許容する範囲内で経済同盟の側面を徐々に強化するという形をとらざるをえないと思われます。

　さて，次回から**第3部**に入りますが，EU のインフラである域内市場に戻って，EU 法がトランスナショナルな課題にどう対応しているのかを見ることにします。自由移動原則はどのような波及効果を伴い，どのような問題を発生させ，それに対してどのような解決策がとられているのでしょうか。次回では，まず EU のトランスナショナルな市民にはどのような権利が与えられているのか，その一方で EU 域外から来た外国人はどのような扱いを受けているのかについて考えてみます。

第3部	★★★

トランスナショナルな課題とEU法

第8回	EU市民権と外国人
第9回	物の自由移動と契約法
第10回	人の自由移動と刑事司法協力
第11回	域内市場と環境保護

　第3部では，とくに物や人の自由移動に焦点を当て，EU市民権，契約法，刑事司法，環境という4つの分野でトランスナショナルな課題がどのような形で，またなぜ存在しているのか，それに対してどのような解決策がとられているのかをお話しします。

EU 市民権と外国人

1 はじめに

　EU の総人口は約 4 億 4700 万人です。そのうち，他の加盟国へ移動し居住する加盟国国民（EU 市民）の総数は 1370 万人（総人口の 3.1%）であるのに対し，EU 域内に居住する日本人などの第三国出身者の総数は 2370 万人（同 5.3%）です（2021 年現在）[1]。このように他の加盟国へ移動・居住する EU 市民自体は極めて少数派であり，域外から来た外国人よりも少ないのが現状です。しかし，それにもかかわらず，EU はトランスナショナルな法空間を形成するため，加盟国国民の自由な往来を重視してきました。では，EU が重視する加盟国国民の自由移動とはどのようなものを指すのでしょうか。

　第 5 回では，物・人・サービス・資本の自由移動について学びましたが，その場合の人（自然人）とは労働者と自営業者（弁護士や医師などの専門職を含む）を意味しました。これらの人には，①加盟国の国籍があること，②域内市場において経済活動を行うこと，③国境を越える要素があること，が前提です。これらの要素がないと，原則として EU 法の適用対象とはならないのです。

---

1) Migration and migrant population statistics, Data extracted in March 2022, Eurostat（https://ec.europa.eu/eurostat/statistics-explained/index. php?title=Migration_and_migrant_population_statistics#Migrant_popula tion:_23.7_million_non-EU_citizens_living_in_the_EU_on_1_January_2021）.

▶ EU 市民権と第三国国民

　しかし，上記の前提①②③には，マーストリヒト条約（1992年署名，93年発効）により変化が生じました。EU 市民権という概念が登場したのです。EU 市民権とはいったい何を意味するのでしょうか。EU 機能条約 20 条 1 項には，次のように規定されています。

> 「連合市民権がここに確立される。加盟国の国籍を有する者はすべて連合の市民である。連合市民権は国家の市民権に追加されるものであり，それに取って代わるものではない。」

　加盟国国民には，経済活動の有無にかかわらず，EU 市民権が与えられます。それには，自由移動の権利も含まれます。上記②は必ずしも必要とはされなくなりました。その結果，たとえば留学生も EU 市民として自由移動の権利を持ちます。このようにして，EU 法上，自由移動の権利の主体が拡張されました。それは，トランスナショナルな法空間の拡張でもありました。

　他方，EU 法は加盟国以外の第三国国民を対象とする政策も守備範囲としています。すなわち，EU は「自由・安全・司法領域（Area of Freedom, Security and Justice: AFSJ）」という政策分野を担当しています。EU 条約 3 条 2 項によれば，次のとおりです。

> 「連合は，その市民に対し，人の自由移動が域外国境管理，庇護，移民ならびに犯罪の防止および撲滅に関する適切な措置と結びついて確保される，内部に国境のない自由，安全および司法領域を提供する。」

　この場合の「人（persons）」には，加盟国国民のみならず，第三国国民も含まれます。AFSJ が「内部に国境のない……領域」である結果として，EU 市民か第三国国民かにかかわらず，いったん AFSJ 内に入るならば自由移動が保障されるため，EU レベルで域外国境管理，難民庇護や移民に関する共通政策が行われま

す。なお，アイルランド，デンマークは AFSJ 政策に参加しない
ことが基本条約で認められています（個別の立法に選択的に参加す
ることが可能です）。

　以下では，まず，EU 市民権に基づく権利のうち中核的なもの
である自由移動の権利についてお話しします。次いで，EU の第
三国国民に対する共通政策について，EU 立法を紹介しながら説
明することにします。

2　EU 市民権

　EU 市民権とはいったい何を意味するのでしょうか。すでに見
た EU 機能条約 20 条 1 項によれば，EU 市民権を持つために必
要なのは加盟国の国籍だけです。経済活動に従事することは求め
られていません。EU 市民権は域内市場とは直接関連づけられて
いないので，国境を越えて生活するが経済活動を行わない者（た
とえば留学生や年金生活者）にも EU 市民権を通じて EU 法上の権
利が与えられます。EU 市民権の具体的内容は，EU 機能条約 20
条 2 項に例示されています。

　　「連合市民は〔EU 基本条約〕に規定される権利を享受し，およ
　び，義務に服する。連合市民は，とくに以下の権利を有する。
　　(a)　加盟国領域内において自由に移動し，および，居住する権利，
　　(b)　欧州議会選挙および居住先加盟国の地方選挙において投票し，
　および，立候補する権利，
　　(c)　出身加盟国が代表を有していない第三国の領域において，す
　べての加盟国の外交および領事機関の保護を当該国の国民と同一
　の条件で享受する権利，
　　(d)　欧州議会に請願を行い，欧州オンブズマンに申立てを行い，
　ならびに，いずれかの〔加盟国公用語〕で連合の諸機関および諮問
　機関に照会し，および，同一の言語で回答を得る権利。
　　これらの権利は，〔EU 基本条約〕およびそれに基づき採択され

> る措置に定める制限および条件に従い，行使される。」

　EU 市民権には，他の加盟国の地方自治体での参政権や，欧州議会への請願権など，政治的権利が含まれていることがわかります。しかし，EU 市民権の中核的な権利は，「加盟国領域内において自由に移動し，および，居住する権利」（以下，自由移動の権利）です。それは，EU 機能条約 21 条 1 項に規定されています。

> 「連合市民はすべて，〔EU 基本条約〕に定める制限および条件，ならびに，その適用のために採択される措置に服して，加盟国領域内において自由に移動し，および，居住する権利を有する。」

　この規定には直接効果があるので，自由移動の権利が侵害された場合，国内裁判所でその規定に基づいて直接救済を受けることができます。他方，自由移動の権利を制約する「制限および条件」には，「制限」として公の秩序，公共の安全および公衆衛生を理由とする加盟国の措置があり，また，「条件」として（居住先の加盟国に財政的負担をかけないようにするため）疾病保険への加入および十分な程度の資力の保有を移動する者に求めることが含まれます。

▶ 市民権利指令

　EU 機能条約 21 条 1 項に基づく自由移動の権利を含め，経済活動の有無にかかわらず，国境を越えて移動する EU 市民の権利および家族（第三国国籍の場合を含む）の派生的権利について，「市民権利指令 2004/38」[2]が定められています。

　この指令によれば，EU 市民の家族とされる範囲は，配偶者，同性登録パートナー，21 歳未満の子，21 歳以上であっても被扶養者たる子ならびに（本人および配偶者の）尊属たる被扶養者（高齢の両親や祖父母など）です。これらの家族は派生的権利として，

---

　2)　Directive 2004/38 [2004] OJ L 158/77.

①その国籍にかかわらず（加盟国国民でなくとも），EU市民ととも
に他の加盟国へ移住することができ，②受入先加盟国において雇
用される（労働する）ことができ，③受入先加盟国の国民と平等
の待遇（たとえば教育を受ける権利）を受けることができます。

▶ Grzelczyk 事件（2001 年）

　EU司法裁判所は，EU市民が他の加盟国において平等待遇を
受ける権利を確立するため，また，平等待遇に加えられる制限に
歯止めをかけるため，EU市民権（自由移動の権利）を利用してい
ます[3]。その点を，Grzelczyk 事件（2001 年）（Case C-184/99, *Grzel-czyk*, EU: C: 2001: 458）で見てみましょう。

▨2001 年 Grzelczyk 事件判決▨

事件の概要

　Grzelczyk さんはベルギーの大学院で学ぶフランス人学生でした。
最初の3年間は自活するためにアルバイトをしていましたが，4年
目と5年目は学業に専念するためアルバイトをやめ，在住する自治
体の公共社会支援センターに最低生活手当を申請しました。その申請
はいったんは認められましたが，ベルギー政府当局が国籍を理由に給
付を認めない処分を行いました。

　Grzelczyk さんはその処分の取消しを求める訴えをベルギー国内
裁判所に提起しました。国内裁判所はEU市民権との関係について，
EU司法裁判所に先決付託を行いました。

問題の所在

　最低生活手当のような社会扶助給付を受ける資格を，自国民または
他の加盟国から移住して労働者として経済活動を行う人々に限ること
は，国籍に基づく差別の禁止（EU機能条約18条）およびEU市民権

---

3) Catherine Barnard, "Free Movement of Natural Persons" in Catherine Barnard and Steve Peers (eds.), *European Union Law*, Oxford University Press, 2014, pp. 356-402 at 388.

（同20条）に反するかどうか，という点が争われました。図表8-1を
ご覧下さい。

図表
8-1　最低生活手当とEU市民権

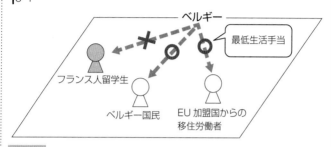

判　決

　EU司法裁判所は，次のような判断を示しました。

　①　EU機能条約18条（国籍に基づく差別の禁止）の対象となる人の
範囲を決定するために，EU市民権を「加盟国国民の基本的地位」と
して位置づけました。

　②　同条が適用される場面は，「受入加盟国の領域に合法的に居住
している欧州連合市民が［EU］法の内容に関する適用範囲に入るす
べての状況」とされ，これには自由移動の権利（EU機能条約21条1
項）の行使を伴う状況が含まれるとしました。

　③　以上の当てはめとして，最低生活手当のような社会扶助を自国
民および他の加盟国からの移住労働者に限ることは，国籍に基づく差
別（EU機能条約18条）およびEU市民権（同20条）により禁止され
ると判断しました。

　④　他方，最低生活手当を申請するということは，自由移動の条件
である「十分な程度の資力の保有」を充たしていないのではないかと
いう点が問題となりました。しかし，その条件は，他の加盟国国民が
受入加盟国の社会扶助制度にただ乗りして不合理な負担をかけること
を防ぐためにあり，一時的な困難の場合に社会扶助を申請することは
許容されるとされました。

　このようにして，Grzelczykさんのような留学生であっても，EU
市民であるならば，最低生活手当を受給することができるようになり

▶「まったく国内的な状況」とEU市民権

EU市民権は，原則として国境を越える要素のない「まったく国内的な状況」においては主張することができません。これは，**第5回**で説明した「まったく国内的な状況」における逆差別の許容を意味します。すなわち，自由移動の権利を行使していない者には国内法が適用され，自由移動の権利を行使してEU法の適用を受ける者よりも不利な状況に置かれる場合があります。EU司法裁判所はこの点をEU市民権との関連で，Uecker and Jacquet事件（1997年）（Cases C-64 & 65/96, *Uecker and Jacquet*, EU: C: 1997: 285）において次のように述べています。

> 「[EU機能条約20条]により確立された連合市民権は，[EU基本]条約の内容に関する適用範囲を，[EU]法との接点を有しない国内的状況にも拡張するように意図されてはいない。……加盟国国民が自国の法の下で被るいかなる差別も，その法の範囲内にあり，それゆえその国の国内法制度の枠内で処理されなければならない。」

▶ 地位剥奪同等効果

しかし，国境を越える物理的な移動が実際に存在しない場合でも，国内措置が個人からEU市民としての地位とそれに伴う権利を実質的に奪うようなときには，どのように考えればよいのでしょうか。Ruiz Zambrano事件（2011年）（Case C-34/09, *Ruiz Zambrano*, EU: C: 2011: 124）でその答えが示されました。

▓▓2011年 Ruiz Zambrano 事件判決▓▓

事件の概要

コロンビアから来たRuiz Zambrano夫妻がベルギーで難民とし

ての庇護を申請したところ却下されましたが，コロンビアは内戦状態にあったため，国際法上の送還禁止（non-refoulement）原則により送還を免れていました。夫は無許可の労働をして家族を養う一方，居住許可を申請しましたが，認められませんでした。

　その間に2人の子が生まれ，この子たちはベルギー国籍を取得し，EU市民権を得ました。夫妻は親として未成年の子たちを養育するため，ベルギーに居住して労働することが必要でした。そこで夫は，居住許可の申請を認めない処分の取消しを求める訴えをベルギー国内裁判所に提起しました。夫はEU法に基づき居住の権利があると主張したため，国内裁判所はEU司法裁判所に先決付託を行いました。

問題の所在

　Ruiz Zambrano夫妻はEU市民である未成年の子2人を養育する親としてベルギーに事実上居住していましたが，2人の子はベルギーから出国したことがなかったため，「まったく国内的な状況」にあり，EU法との接点がありませんでした。

　それにもかかわらず，夫妻は2人の子のEU市民権に基づいてベルギーに居住し，労働することができるのか，という点が争点となりました。図表8-2をご覧下さい。

図表8-2　EU市民権と「まったく国内的な状況」

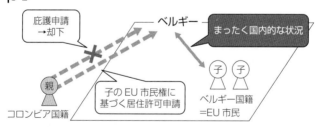

判　決

　2人の子はEU市民でしたが，ベルギーから出国したことがなかったため，「まったく国内的な状況」にありましたが，EU司法裁判所は2人の子が加盟国国民の基本的地位としてのEU市民権を享受し

ていることを確認した後，次のように述べました。

「その状況において，EU 機能条約 20 条は，EU 市民としての地位により付与される権利の実質を現実に享受することを，EU 市民から奪う効果を有する国内措置を妨げる。」

EU 司法裁判所は Ruiz Zambrano 親子が直面する状況はそのような場合に当たると判断しました。すなわち，第三国国民である両親がベルギーでの居住権を拒否されるならば，EU 市民である 2 人の子もベルギーを含む EU の領域を出なければならなくなります。また，父親に労働許可が与えられなければ，EU 市民である 2 人の子を扶養することができないため，やはり EU の領域を離れざるをえなくなります。

このような状況では，2 人の子は EU 市民としての地位のゆえに付与される権利の実質を享受することができなくなります。そのように EU 司法裁判所は判断しました。以上の結果，Ruiz Zambrano 夫妻は，EU 市民の親としてベルギーに居住し，労働する派生的権利が認められたのです。

Ruiz Zambrano 判決により，国境を越える要素による EU 法とのリンクがない場合でも，加盟国の措置が「EU 市民としての地位により付与される権利の実質を現実に享受すること」を EU 市民から奪うときには EU 法との接点が生じることが認められ，その結果 EU 市民権の規定（EU 機能条約 20 条）が適用されることとなりました。

ここまで説明したことをまとめるならば，EU 法との接点の存否に関する基準として，自由移動の権利の行使を妨げる効果が生じることが基本です。この場合，国境を越える要素が前提となります。他方，Ruiz Zambrano 事件のように，国境を越える要素がない場合でも，例外的に「EU 市民としての地位に伴う権利の実質を現実に享受することを奪う効果」（地位剥奪同等効果）があるときには EU 法とのリンクが認められるようになりました。ただし，EU 市民が自国の領域だけでなく，EU の領域全体から実

際に離れざるをえないような状況が想定されています。

　このようにして，人の自由移動は，EU市民権を通じて，経済活動を行うという要素がなくても可能となり，また，例外的に国境を越える要素がなくとも「地位剥奪同等効果」があれば認められるようになりました。

3　EU市民と「忘れられる権利」

　EU市民は，EU市民権から直接派生する権利だけでなく，広範な基本的人権（以下，基本権）を保障されています。基本権は従来，EU司法裁判所の判例法により法の一般原則として保護されてきましたが，現在では成文の人権目録であるEU基本権憲章も存在します（**第15回**をご覧下さい）。

　たとえば，基本権憲章8条には「何人も自己に関する個人情報の保護に対する権利を有する」と規定されています。この8条が制定された背景の1つとして，「個人情報処理における個人の保護および個人情報の自由移動に関する指令1995/46」[4]（以下，個人情報保護指令）がありました。

▶ Google事件（2014年）

　この個人情報保護指令がインターネットの検索エンジンに適用されるかどうか，「忘れられる権利（the right to be forgotten）」が認められるかどうかが，Google事件（2014年）（Case C-131/12, *Google*, EU: C: 2014: 317）で問題になりました。EU司法裁判所はどのような判断をしたのか見てみましょう。

---

　4)　Directive 1995/46 [1995] OJ L 281/31.

▒2014年Google事件判決▒

事件の概要

スペイン人の Mario Costeja González さんが，自分の氏名をグーグルで検索すると，未払社会保険料の徴収のために不動産の差押え・競売手続が行われるとの公告を載せた1998年当時の新聞記事が検索結果に表示されました。

しかし，その問題が解決されてから16年が経過しており，その検索結果の表示は適切ではなく，プライバシーの権利の侵害であるとして，2010年に検索結果の表示の削除をスペイン情報保護機関に申し立てました。情報保護機関がこの申立てを認める決定をしたところ，グーグル社はスペイン国内裁判所にその決定の取消しを求める訴えを提起しました。

国内裁判所は，この事件に関連する個人情報保護指令の解釈問題をEU司法裁判所に先決付託しました。

問題の所在

EU司法裁判所は，スペインに子会社を持つグーグル社が個人情報管理者として検索エンジンによる情報処理を行っているとし，これを理由に個人情報保護指令が適用されることを認めました。そこで，検索結果の表示の削除を求める権利すなわち「忘れられる権利」があるか否かが争われました。

判　決

EU司法裁判所は，個人情報保護指令に基づき，個人すなわち情報主体が検索結果のリストから自己の氏名とのリンクを削除するよう求めることができることを認め，次のように判決しました。

「[EU基本権]憲章7条[プライバシーの尊重]および8条[個人情報保護]に基づく基本権に照らすならば，情報主体は[氏名に基づく検索により表示された]結果のリストに含まれることを理由として，問題となっている情報をもはや一般大衆が利用できないように要請することができる。それゆえ，それらの基本権は原則として検索エンジンを運

用する者の経済的利益だけでなく，情報主体の氏名に関連する検索で
その情報にアクセスする一般大衆の利益に対しても優位する。」

　このようにして，個人の情報とのリンクを削除するよう検索エンジ
ンの運営者に求めることができるという意味で「忘れられる権利」が
認められました。これが当てはまるのは，情報の処理が「不正確，不
十分または過剰」な場合であることも明らかにされました。他方，
「忘れられる権利」は絶対的なものではなく，それが認められるため
には，表現の自由，報道の自由のような他の基本権と比較衡量される
必要があることも示されました。

　グーグル社はこの判決を受けて，「透明性レポート」のウェブ
サイト5)で，ヨーロッパ地域において「検索エンジンは個人から
寄せられた削除リクエストを個々に評価しなければならず，公益
に資する場合にのみそれらの結果の表示を継続できます」と述べ，
削除リクエストの評価に応じて削除を行っています。

　日本でも，Google 事件判決の後で，ある日本人男性がグーグ
ルで自分の氏名を検索すると，過去に犯罪行為をしたかのような
連想をさせる投稿記事が多数表示されて人格権が侵害されている
と主張し，アメリカのグーグル社に検索結果を削除するよう仮処
分を求めた事件で，東京地方裁判所は 2014 年 10 月 9 日，検索結
果の一部を削除するよう命じる決定をしています。担当裁判官は，
「検索結果の一部はプライバシーとして保護されるべきで，人格
権を侵害している。検索サイトを管理するグーグルに削除義務が
ある」と認定しました6)。

　その後，EU は個人情報保護指令を改正して，「一般データ保
護規則 2016/679（GDPR）」7)を制定しました。その GDPR 規則の

---

　5)　http://www.google.com/transparencyreport/removals/europeprivacy/

　6)　「検索結果の削除命令，東京地裁，グーグルに，『人格権を侵害』」日本経
　　　済新聞 2014 年 10 月 10 日朝刊。

　7)　Regulation 2016/679 on the protection of natural persons with regard to
　　　the processing of personal data and on the free movement of such data
　　　(General Data Protection Regulation) OJ L 119/1.

17条では，「忘れられる権利」が「削除権（the right to erasure）」として明文化されています。

　ここまで，EU市民にはどのような権利が認められているのかについて，自由移動の権利に関する判例法の発展を説明するとともに，EU法上の「忘れられる権利」についても紹介しました。では，EU域外の第三国国民はEU法上どのような扱いがなされるのでしょうか。その点を次に見てみましょう。

4　自由・安全・司法領域と第三国国民

　EUは，トランスナショナルな法空間として，域内市場という経済的な自由移動の領域だけでなく，内部に国境のない自由・安全・司法領域をも形成しています。そこでは，EU加盟国間の域内国境を横断する人の国境管理が撤廃される一方，EU共通の域外国境管理，庇護，移民に関する政策が行われています。以下でお話しする主なEU立法の一覧は，図表8-3のとおりです。

▶ 国境管理

　国境管理の政策分野においてEUでは，たとえば仏独国境のような域内国境通過時にパスポート・チェックなど人の管理を国籍にかかわらず廃止すること，また，その一方で，たとえば加盟国内の国際空港で域外の国から人の出入りがある際（域外国境通過時），パスポート・チェックなどによる管理や効率的監視を国籍にかかわらず実施することが行われています。

　この制度を確立するため，EUは「人の国境通過を規律する規範に関する［EU］コードを確立する規則2016/399」[8]を制定しています。これは，その制度を導入することに最初に合意した

---

8)　Regulation 2016/399 [2016] OJ L 77/1.

政策分野	主な EU 立法
国境管理	シェンゲン国境コード（規則 2016/399）
移民	ブルーカード指令（2021/1883） 単一許可指令（2011/98） 第三国国民長期居住指令（2003/109） 家族呼び寄せ指令（2003/86） 不正規移民送還指令（2008/115）
難民庇護	ダブリンⅢ規則（604/2013） EURODAC 規則（603/2013） 受入条件指令（2013/33） 庇護手続指令（2013/32） 資格指令（2011/95）

（筆者作成）

1985 年シェンゲン条約にちなんで，「シェンゲン国境コード（Schengen Borders Code）」とも呼ばれます。

　シェンゲン国境コードは，人が域内国境で国籍にかかわらず国境検問を受けることなく，どの地点においても通過することができることを定めています。そのため，たとえば日本人がフランス経由でヨーロッパを旅行する場合，シャルル・ド・ゴール国際空港でパスポート・チェックを受けさえすれば，その後 3 か月までは EU 域内（アイルランド，ルーマニアなどを除く。スイス，ノルウェーなどの非加盟国を含む）を自由に移動し，滞在することができます。

　このとき，域外国境管理のみならず，労働目的で EU に移住しようとする人々や難民としての庇護を希望する人々に対して共通政策を持たなければ，不法入国や 3 か月を超える不法滞在について，EU 加盟国が公平な負担の下に対処することができません。

　そこで，EU はどのような共通移民政策や，難民に対する共通

庇護制度を形成しているのか，また，それらが第三国国民に対してどのような扱いをしているのかについて，次に見てみましょう。

▶ 移　民

EU は少子高齢化のため，良質な移民労働者を必要としており，加盟国に合法的に居住する第三国国民の公正な待遇を確保する一方，不正規移民の対策を行うなどの面で共通移民政策を発展させています。各加盟国は移民の入国手続や労働移民の受入れ数を決定しますが，EU はそれを補完するため，共通の法制を定めています。

(1) ブルーカード指令と単一許可指令　IT 技術者など EU が来て欲しいと望む域外国の人々に関して，それを促進するため，2つの指令が制定されています。

まず，「高度資格雇用のための第三国国民の入国および居住の条件に関する指令 2021/1883」[9]です。これは「ブルーカード指令（the Blue Card Directive）」と呼ばれることがあります。それは，高度な技能を持つ移民労働者を EU に呼び込むため，EU 共通の基準と迅速な手続で EU ブルーカード（滞在許可証）を発行することにより，特別の居住・労働許可，家族呼び寄せの権利を含む社会経済的権利，EU 内を自由に移動する権利を付与します。

もう1つは，「第三国国民が加盟国領域に居住しおよび就労するための単一許可の単一申請手続，ならびに加盟国に合法的に居住する第三国国民労働者のための共通の権利に関する指令 2011/98」[10]（単一許可指令）です。これは，居住と労働の許可の申請手続を一本化することにより，移民労働者とかれらを雇用する者の行政的負担を軽減するものです。また，申請が通った移民労

---

9)　Directive 2021/1883 [2021] OJ L 382/1. なお，2023 年 11 月 18 日までは旧指令（Directive 2009/50 [2009] OJ L 155/17）が適用される。

10)　Directive 2011/98 [2011] OJ L 343/1.

働者は，労働条件，資格の承認，社会保障などで EU 市民と平等の権利を受けることができるようにしています。

(2) **第三国民長期居住指令**　　加盟国が域外からの移民を受け入れた後の長期居住資格に関するものとして，「長期居住者たる第三国国民の地位に関する指令 2003/109」[11]（第三国国民長期居住指令）があります。

それは，EU 加盟国に 5 年以上合法的に居住している第三国国民に長期居住の地位を付与するものであり，労働条件や社会保障などの面で EU 市民と平等の社会経済的権利が与えられます。

(3) **家族呼び寄せ指令**　　「家族呼び寄せ（family reunification）の権利に関する指令 2003/86」[12]（家族呼び寄せ指令）は，すでに EU 内に合法的に居住している第三国国民に対し，家族の呼び寄せを認め，家族に一定の権利を付与するための共通基準を定めています。合法的に居住する第三国国民は，住居の確保，疾病保険への加入，加盟国の社会扶助制度に頼らない安定した資力などがあることを条件として，配偶者および未成年の子を第三国から呼び寄せることができます。それらの家族は，居住許可を与えられ，教育や就労などで他の第三国国民と平等の扱いを受けます。

(4) **不正規移民送還指令**　　加盟国に不法に滞在する不法移民（不正規移民）に関するものとして，「不法滞在する第三国国民を送還するための加盟国における共通基準および手続に関する指令 2008/115」[13]（不正規移民送還指令）があります。

この指令は，基本的人権および国際法に従って，不法に滞在する第三国国民を送還するために，加盟国で適用される共通の基準と手続を定めています。加盟国はこの指令を実施するに当たり，児童の最善の利益，家族生活，対象者の健康状態，および，「送

---

11)　Directive 2003/109 [2004] OJ L 16/44.

12)　Directive 2003/86 [2003] OJ L 251/12.

13)　Directive 2008/115 [2008] OJ L 348/98.

還禁止（non-refoulement）」原則（迫害や重大な害を受けるおそれのある国に送還されないとする国際法上の原則）を尊重しなければなりません。不正規移民に対しては，まず自発的出国を求め，それがなされない場合には収容を含めて退去強制が行われます[14]。

▶ 難民庇護

(1) **概要**　庇護（asylum）とは，十分根拠のある迫害の恐れのために自国から逃亡した人々に与えられる国際的保護の一形態を指します。2015 年に世界で庇護を求めた人々は約 320 万人いましたが[15]，このうち 50% 以上に当たる約 164 万人が EU 諸国（ノルウェー，スイスを含む）で庇護申請を行いました[16]。それらの庇護希望者の申請先は，EU 各国に分散するわけではなく，その多くがドイツや北欧諸国などに集中しました。しかし，庇護希望者を受け入れた国には経済的社会的負担がかかるため，EU が内部に国境のない領域を形成している以上，加盟国どうしで責任を分担することが求められます。

そこで，国際的保護を求める第三国国民に適切な地位を提供し，送還禁止原則の遵守を確保する一方で，庇護希望者が EU 内のどこへ行っても同じ保護が保障されることにより申請先が各国に分散することを期待して，EU は「欧州共通庇護制度（the Common European Asylum System: CEAS）」を創設し，EU 内での保護や受入れの基準を調和しています。EU は，難民条約（難民の地位に関する条約・議定書）その他の関連条約に従いながら，欧州共通庇護制度を確立するため，一連の立法を行いました。

---

14) *The European Union explained: Migration and asylum,* European Commission, 2014 (http://europa.eu/pol/pdf/flipbook/en/migration_en.pdf).

15) Forced Displacement — Global trends in 2015 — UNHCR (https://www.unhcr.org/576408cd7.pdf).

16) Latest asylum trends — 2015 overview — EUAA (https://euaa.europa.eu/sites/default/files/public/LatestAsylumTrends20151.pdf).

(2)　**どの国が審査するか**　　庇護申請の審査責任国を決定するた
め，「第三国国民または無国籍者により加盟国の1つに提出され
た国際的保護の申請を審査する責任を負う加盟国を決定するため
の基準およびメカニズムを確立する規則 604/2013」[17]があります。
これは，最初の条約が EU 枠外で結ばれた地名にちなんで「ダブ
リンⅢ規則（the Dublin Ⅲ Regulation）」とも呼ばれます（「Ⅲ」は
ダブリン協定が EU 立法のダブリンⅡ規則として制定されてから改正さ
れたことを示しています）。

　この規則は，庇護希望者が複数の加盟国に庇護申請する「庇護
ショッピング（asylum shopping）」を防ぐために制定されました。
庇護申請の負担を加盟国間で配分する仕組みではありません。審
査責任国を決める基準は，たとえば，庇護申請者の家族がいる加
盟国であること，庇護申請者が居住している加盟国であること，
庇護申請者にヴィザを発給した加盟国であること，庇護申請者が
EU 内に最初に入る経路となった加盟国であること，などです。
最後に挙げた基準が最も多く適用されるため，ギリシャやイタリ
アなど一部の国に集中する結果となっています。

　庇護希望者が庇護申請すると，「EURODAC 規則 603/2013」[18]
に基づき，指紋を採取されます。それは EURODAC と呼ばれる
データベースに送られ，上記基準に関連する情報により庇護申請
の審査責任国を決めるために利用されます。

(3)　**審査期間中の生活の保障**　　庇護申請に関する決定が出るま
での間一定の生活水準を申請者に保障するための共通下限基準
（それよりも高い基準が可能）を定める「国際的保護申請者の受入基
準を定める指令 2013/33」[19]（受入条件指令）が定められています。
EU 加盟国は庇護申請者に，住居，衣服，食料，医療，児童に対

---

17)　Regulation 604/2013 [2013] OJ L 180/31.

18)　Regulation 603/2013 [2013] OJ L 180/1.

19)　Directive 2013/33 [2013] OJ L 180/96.

する教育などを確保しなければなりません。

(4) **審査の手続**　公正かつ効率的な庇護手続にアクセスするための共通保護基準を定める「国際的保護の付与および取消しのための共通手続に関する指令 2013/32」[20]（庇護手続指令）があります。それは，どのように庇護申請を行うか，申請はどのように審査されるか，どのような支援が与えられるか，申請を認めない決定がなされた場合にどのように不服申立てを行うか，逃亡した場合にはどうなるのか，などに関する一連のルールを定めています。

(5) **庇護を受けられる人々**　国際的保護を付与するための共通事由を明確化するため，「第三国国民または無国籍者の国際的保護の受益者としての資格，難民または補充的保護適格者のための一律の地位，および，付与される保護の内容のための基準に関する指令 2011/95」[21]（資格指令）が制定されています。

この指令は，誰が「難民」（または「補充的保護」の対象者）として庇護を受けることができるかに関して決定するための共通下限基準を定めています。それは，出身国以外にいる非 EU 加盟国民または無国籍者であって，人種，宗教，国籍，政治的意見のゆえに迫害を受ける十分な根拠のあるおそれのために，または，特定の社会集団に属しているために，自国に戻る意思がないか，またはそうすることができない者であるということです。

この基準に該当して難民として認定されるならば，居住許可を付与されるとともに，雇用され，また，社会福祉，医療や教育を受けることができます。また，この基準に該当しなくとも，重大な害（死刑，拷問など）を受ける真のおそれがあるために自国に戻ることができない場合には，「補充的保護（subsidiary protection）」を受ける権利が与えられます[22]。

---

20)　Directive 2013/32 [2013] OJ L 180/60.

21)　Directive 2011/95 [2011] OJ L 337/9.

22)　*Ibid.*

▶ EU 基本権憲章と第三国国民

　すでにお話ししたとおり，EU では基本権は法の一般原則の一部です。また，EU 基本権憲章が制定され，基本条約と同等の法的拘束力を持っています。基本権は普遍的であるため，第三国国民にも適用されます。その事例として，イギリスで庇護申請をしたアフガニスタン人に関する N. S. 事件（2011 年）（Case C-411 & 493/10, *N. S. and Others*, EU: C: 2011: 865）を見てみましょう。

■2011 年 N. S. 事件判決■

事件の概要

　アフガニスタン人の N. S. さんは，ギリシャを経由して，2009 年イギリスに着き，そこで庇護申請を行いました。イギリス内務省は，当時のダブリン II 規則[23]に基づき，N. S. さんの庇護申請を審査する責任があるギリシャに移送することにしました。

　しかし，ギリシャには，庇護申請者の受入状況を含め，庇護審査手続に組織的，根本的な欠陥があることが知られていました。N. S. さんは，自分をギリシャに送還するならば，EU 法に基づく基本権に反すると主張しました。イギリス国内裁判所は，この問題を EU 司法裁判所に先決付託しました。

問題の所在

　EU 基本権憲章 4 条には「何人も拷問または非人道的なもしくは品位を傷つける刑罰または取扱いを受けない」と規定されています。ダブリン II 規則に基づく庇護審査責任国に組織的，根本的な欠陥がある場合に，他の加盟国がその審査責任国に移送することは，憲章 4 条に反するかどうかが争われました。

判　決

　EU 司法裁判所は次のように判断しました。すなわち，移送先の加盟国の状況が，行政や司法を含め，ダブリン II 規則が定める審査責

---

23)　Regulation 343/2003 [2003] OJ L 50/1.

任国としての庇護手続や庇護申請者の扱いに組織的，根本的な欠陥があるため，庇護申請者が憲章4条の意味における「非人道的なもしくは品位を傷つける……取扱い」を受けるおそれが現実に存在することが明らかな場合，庇護申請者をそのような加盟国へ移送することはできない，ということです。

　基本条約と同等の法的拘束力を持つEU基本権憲章は，EU立法であるダブリンⅡ規則よりも上位にあるため，加盟国は規則が命じることであっても憲章に反することを行うことができません。その結果，この事件ではイギリスはN.S.さんをギリシャに移送することはできないため，ダブリンⅡ規則にある他の基準に基づいて，憲章4条に反しない審査国に移送するか，または，自国が審査責任国となることになりました。

　このようにして，第三国国民であっても，EU立法の適用が基本権の侵害に当たるときは，加盟国裁判所にEU基本権憲章（または法の一般原則としての基本権）に依拠して，EU法上の救済を求めることができます。

5　まとめと次回予告編

　加盟国国民にはEU市民としての側面があり，EU基本条約とEU基本権憲章に基づき，自由移動の権利をはじめとして，さまざまな権利が認められています。他方，第三国国民については，とくにEU立法により良質な労働力の確保を目的として共通の移民法制が用意されています。また，難民庇護の分野でも国際法上の送還禁止原則を中心に一定の権利が与えられています。さらに，EU基本権憲章や法の一般原則に基づく基本権がEU域内で第三国国民にも適用されています。

　しかし，EU市民と第三国国民には明らかに待遇上の相違があり，同じ外国人でもEU市民である他の加盟国国民と，そうでな

い域外から来た外国人との間には格差が存在することは否定でき
ません。

　また，EU諸国には依然として難民が集中する傾向があるため，
不法移民の早期送還や庇護審査責任などの負担の配分の改善など
を目的として，2020年9月23日「移住・難民庇護に関する新取
決め（New Pact on Migration and Asylum）」という形で新規立法や
既存立法改正が一括提案されていますが，EU内の合意を達成す
ることはなかなか容易ではありません。

　さて，次回は各加盟国の契約法が物の自由移動の障壁になると
いうお話です。たとえばインターネットによる通信販売には，
EUでは法律的にどのような問題があるのでしょうか。EUはそ
のような問題にどのように取り組んでいるのでしょうか。取組み
の1つである「欧州共通売買法規則案」についても紹介します。

第9回

物の自由移動と契約法

1 はじめに

　物やサービスの自由移動には消費者の国境を越える自由移動も含まれます。売手の小売業者や大手のスーパーマーケットだけでなく、買手である消費者も国境を越えて移動し、欲しい製品や受けたいサービスを購入することができます。

▶ 消費者の自由移動

　買い物をするために国境を越えて移動する自由が消費者にあることは、GB-INNO-BM 事件（1990 年）（Case　C-362/88, *GB-INNO-BM*, EU: C: 1990: 102）において EU 司法裁判所により明確に示されました。

■1990 年 GB-INNO-BM 事件判決■

事件の概要

　1986 年、ベルギーに展開するスーパーマーケットの GB-INNO-BM が、ルクセンブルクとの国境の内外で、期間限定セールと値引き幅を示した広告チラシを配布しました。このような情報を記載した広告はベルギーでは適法でしたが、当時のルクセンブルク法では消費者保護を理由に禁じられていました。

　ルクセンブルク商業連盟は、ルクセンブルク国内裁判所にこの広告チラシの配布差止めを請求する訴えを提起しました。ルクセンブルク

の商店は，その国の消費者がベルギーの広告チラシを見て，ルクセンブルクではなくベルギーに買い物に行くことをおそれたのです。これに対し，GB-INNO-BMはそのルクセンブルク法がEU機能条約34条に反すると抗弁しました。

問題の所在

このルクセンブルク法が「数量制限と同等の効果を有する措置」（第5回をご覧下さい）を禁止するEU機能条約34条に反するかどうかが争点となり，EU司法裁判所に先決付託されました。

判　決

EU司法裁判所はそのルクセンブルク法がEU機能条約34条に反するものであり，消費者保護を理由に正当化できないと判断し，判決文の中でその根拠として次の点を述べています。

「物の自由移動は取引業者だけでなく個人にも関係している。それには，とくに国境地域において，1つの加盟国に居住する消費者が他の加盟国の領域を自由に往来し，現地の人々と同一の条件で買い物をすることができることが必要とされる。もし消費者が購入する国で利用できる広告を入手する機会を奪われるならば，そのような消費者の自由は損なわれる。」

▶ オンラインによる買い物

このように，物やサービスの自由移動は，消費者の選択の幅を広げることを意味します。国境地帯に住む人々でなければ，物理的に国境を越えて物品やサービスの購入をすることはあまりありませんが，インターネットの普及によりオンラインで国境を越えた買い物をすることができます。

しかし，EUは単一の域内市場であるにもかかわらず，契約法などの法制度が各国ばらばらなため，消費者にとっても販売者にとっても，国境を越えた売買のプロセスが煩雑になりがちです。そのようなことがあるため，EUではオンラインで他の加盟国か

ら商品を購入する消費者は増加傾向にはあるものの30%にとどまっています[1]。

このことから，EUでは各国契約法を調和させようという動きが2000年代に入ってから目立つようになりました。以下では，なぜ各国法の調和が必要となったのか，それはどのような形でなされようとしているのか，についてお話しすることにします。

2 自由移動原則と消費者保護

1979年のカシス・ド・ディジョン事件判決は，各国の規制による「二重の負担」を解消するため，「相互承認原則」を導入しました（**第4回**をご覧下さい）。原産地国のルールで生産された産品は，そのままで他の加盟国において輸入販売され，輸入国のルールは適用されないことになりました。そのような形で規制撤廃が行われ，消費者の選択の幅が拡大したのです。

しかし，この判決でEU司法裁判所は，規制撤廃に一定の歯止めをかけました。相互承認原則に「不可避的要請」という判例法上の正当化（適用除外）を認めたのです（**第5回**をご覧下さい）。それには，国内法上の消費者保護も含まれていました。

▶ 相互承認原則と不可避的要請——消費者保護の場合

たとえば，Oosthoek's Uitgeversmaatschappij事件（1982年）（Case 286/81, *Oosthoek's Uitgeversmaatschappij*, EU: C: 1982: 438）では，物の自由移動と消費者保護との関係が問題になりました。

---

1) "Cross-border ecommerce in Europe", Ecommerce News（https://ecommercenews.eu/cross-border-ecommerce-europe/）.

■■1982 年 Oosthoek's Uitgeversmaatschappij 事件判決■■

事件の概要

　商品の販売活動において他の物品を景品（付録）として提供することを一定の例外を除き禁じるオランダ法が，百科事典の販売に辞書や世界地図を景品として提供した販売業者に適用され，違反が認められると刑事裁判で罰金が科されました。

問題の所在

　このオランダ法は「数量制限と同等の効果を有する措置」（EU 機能条約 34 条）として物の自由移動を妨げるかどうか，また，妨げるとしても正当化が認められるかどうかという問題が，EU 司法裁判所に先決付託されました。

判　決

　EU 司法裁判所は，販売活動における景品提供の禁止が「数量制限と同等の効果を有する措置」に当たり，物の自由移動を妨げると判断しました。しかしその一方で，次のように述べて消費者保護に基づく正当化を認めました。

　「販売促進の手段として無料の景品を提供することが，一定の産品の実際の価格について消費者の判断を誤らせ，また，真の競争条件を歪めることを否定することはできない。その理由でこのような商慣行を制限し，または禁止することもある立法は，それゆえ，消費者保護および公正取引に寄与することができる。」

　この事件で EU 司法裁判所は，相互承認原則が絶対的なものではなく，消費者保護など不可避的要請を理由に国内の規制が正当化される場合があることを示しています。

▶ 消費者保護に関する各国法の調和

　国境を越える貿易を制限する国内規制が，消費者保護などの理由で EU 基本条約に反しないとされると，そのような国内規制は

貿易障壁としてそのまま存続することが許されます。この場合，EUは自由移動を確保するため，関係する国内規制を対象として加盟国法の調和（**第4回**をご覧下さい）を行うのがふつうです。

消費者保護政策を定めるEU機能条約169条には，次のように規定されています。

> 「1．消費者の利益を促進し，かつ，高水準の消費者保護を確保するため，連合は消費者の健康，安全および経済的利益を保護すること，ならびに，情報の権利，教育の権利および消費者の利益を擁護するために組織化する権利を促進することに寄与する。
> 　2．連合は1項に定める目的を達成するすることに寄与するため，次の措置を定める。
> 　　(a)　域内市場の完成の枠内で114条を適用して採択する措置　……　」

この規定に述べられている114条（1項）は，次のような条文です。

> 「欧州議会および理事会は，通常立法手続＊に従って決定を行い，かつ，経済社会委員会＊＊に諮問した後，域内市場の確立および機能を目的として，加盟国の立法，命令および行政規則の規定を接近＊＊＊させるための措置を定める。」
> 　＊　**第13回**をご覧下さい。
> 　＊＊　経営者，労働組合，農民などの代表で構成され，立法過程で諮問を受けて意見を述べる。
> 　＊＊＊　調和と同義に使用される。

このように114条は，EUが域内市場の確立と機能を目的として各加盟国法を調和する場合の法的根拠となる条文です。コミッションが114条を根拠として法案の準備をする際，消費者保護などが目的の場合，先に述べた169条1項に基づいて高水準の保護を基礎として起草します。

▶ 消費者保護立法と下限設定調和

EU が各国法の調和を行う場合の主な手法として，「排他的調和（full harmonisation）」と「下限設定調和（minimum harmonisation）」があります。

排他的調和が採用される場合，加盟国は調和立法で定める基準をそのとおりに受け容れなければなりません。加盟国はそれよりも厳しいルールを維持することもできません。他方，下限設定調和では EU 立法が下限基準のみを定め，加盟国がそれよりも厳しいルール（上乗せ規制）を維持することを許容します（あまりにも厳しい国内ルールは自由移動を妨げるため，EU 司法裁判所が判例で上限を設定することになります）。

両者に共通する点は，国境を越える要素の有無にかかわらず，加盟国で適用されることです。すなわち，国境を越える要素がない「まったく国内的な状況」（**第5回**をご覧下さい）においても EU 立法が適用されます。

実際の慣行として，消費者の経済的利益を保護することに関連する調和立法はその多くが下限設定調和として制定されました。それは，排他的調和と異なり，加盟国の規制上の自律性を損なわないからです。しかし他方で，加盟国による規制の余地を多分に残すものとなりました。言い換えると，下限基準だけが統一され，それを採用する加盟国もあれば，それより高い基準（上乗せ規制）を設定する加盟国もあるため，ばらばらな規制状態が続きました。

例として EU の調和立法の1つである「訪問販売指令 1985/577」（195 頁の図表 9-1 を併せてご覧下さい）に関する Buet 事件（1989 年）（Case 382/87, *Buet*, EU: C: 1989: 198）を紹介して，下限設定調和の EU 立法にどのような不都合があるのか見てみましょう。

▓▓1989年Buet事件判決▓▓

事件の概要

　Buetさんは，イギリスの会社「ブリタニカ百科事典」のフランス子会社で，英語学習教材を訪問販売する教育ビジネスサービス社を経営していました。しかし，教材の訪問販売を禁じるフランス国内法に違反したとして，第1審の国内裁判所はBuetさんに懲役と罰金を科しました。この判決に対して控訴がなされました。

問題の所在

　控訴審裁判所は，教材の訪問販売を禁じるフランス法が「数量制限と同等の効果を有する措置」を禁止するEU機能条約34条に適合しているかどうかについて，EU司法裁判所に先決付託しました。

判　決

　訪問販売の規制方法として消費者に解約権を認めることも考えられますが，EU司法裁判所は，教材の訪問販売について，対象となる消費者が弱い立場にあるゆえに，フランス国内議会が解約の権利を与えるだけでは十分ではなく，上乗せ規制として訪問販売を禁止することが必要であると考えたことは許容できる，と判断しました。

　また，訪問販売指令は，解約可能期間を7日間として解約の権利を定めていましたが，加えて「加盟国が消費者を保護するために一層有利な規定を採択し，または維持することを妨げない」と規定し，また，前文で訪問販売の禁止も可能であると述べていました。これは，下限設定調和であることを示すものでした。

　そのため，EU司法裁判所は，このフランス法が訪問販売指令に適合するとともに，消費者保護を理由としてEU機能条約34条にも反しないと判決しました。

　以上のように，この事件で問題となった訪問販売指令が下限設定調和であったため，訪問販売自体の禁止の有無も含めて加盟国ごとに解約可能期間が異なることとなったのです。

図表 9-1 消費者保護関連指令における契約撤回（解約）可能期間の比較

指　令	契約撤回（解約）可能期間
訪問販売指令 （Directive 1985/577 to protect the consumer in respect of contracts negotiated away from business premises [1985] OJ L 372/31）	7 日間以上
遠隔地販売指令 （Directive 1997/7 on the protection of consumers in respect of distance contracts [1997] OJ L 144/19）	7 日間以上
生命保険指令 （Directive 2002/83 concerning life assurance [2002] OJ L 345/1）	14〜30 日間
消費者信用指令 （Directive 2008/48 on credit agreements for consumers [2008] OJ L 133/66）	14 日間
消費者権利指令 （訪問販売指令および遠隔地販売指令を改正） （Directive 2011/83 on consumer rights [2011] OJ L 304/64）EU 消費者保護ルール現代化指令 2019/2161 [2019] OJ L 328/7 により一部改正	14 日間 （一定の場合に 30 日間）

▶ つぎはぎ状態の消費者保護立法

　消費者保護分野の EU 立法は主として消費者契約法に関連するものが制定されましたが，下限基準を設定する規定が中心であることに加え，全体的に見た場合，内容的にもつぎはぎ状態で一貫性がありません。たとえば，訪問販売，遠隔地販売，生命保険契約，消費者信用契約における契約の撤回（解約）可能期間について，図表 9-1 をご覧下さい[2]。

---

2) Geraint Howells, "European Union Consumer Law" in Catherine Barnard and Steve Peers (eds.), *European Union Law*, Oxford University Press,

▶ 国際私法による解決の限界

　以上に見てきた調和立法に加え，EU では国際私法が EU 規則として制定され，ルールの統一が図られています。「契約上の義務に適用可能な法に関する規則 593/2008」[3]（以下，ローマⅠ規則）は，国境を越える取引において複数の異なる国内法が適用される可能性がある場合に，契約当事者がどの国の法を契約に適用するかをあらかじめ選択しない場合にそれを決定する機能を果たします。しかし，ローマⅠ規則は，契約法の内容そのものの相違を解消することはできません。

3 EU の対応(1)——排他的調和

　消費者保護分野で見たように，EU は特定の分野で契約法に関わる要素の調和立法を行っていますが，断片的な状況にあります。この他の分野でも，決済システム，代理商，労働者配置，製造物責任，電子商取引，金融サービス，個人情報保護，著作権・著作隣接権，公共調達などの分野が同様の状況にあります。

　コミッションの司法・消費者総局は，消費者契約法の調和が断片的であり，各国の規制が共通化されないために，国境を越えた取引にどのような悪影響が及んでいるかについて，次のように述べています。

　　「すべての経済取引は契約に基づいている。このため，どのように契約が結ばれ，終了するのか，不良品の納入はどのように解決されなければならないか，に関する契約ルールの相違は，取引業者および消費者双方の日常生活において実感されている。取引業者にとって，数か国の EU 加盟国に産品やサービスを輸出したいと思うときにとくに，このような相違により手間と費用が一層

　　　2014, pp. 680-703 at 688.

　3)　Regulation 593/2008（Rome I）[2008] OJ L 177/6.

発生する。消費者にとっては，オンラインで買い物をするときに
とくに，このような相違により自国以外の国で買い物をすること
が一層難しくなる。」4)

▶ 排他的調和に基づく EU 立法

このように，なかなか改善されない各国契約法の相違が国境を
越えた取引を妨げる障壁になっています。これを克服するために，
コミッションはまず，関連する個別の指令を下限設定調和から排
他的調和に替える作戦をとりました。

図表 9-1 にある「消費者権利指令」は，下限設定調和の訪問
販売指令および遠隔地販売指令を改正し，排他的調和のアプロー
チをとりました。この 2 つの指令の場合，契約撤回可能な期間が
下限基準では 7 日間とされ，加盟国がそれ以上の期間を選択する
ことも可能でした。他方，これらの指令を改正する消費者権利指
令では，次のように規定されています。

4条 調和の水準
「加盟国は，本指令に別段の規定がないかぎり，異なる水準の
消費者保護を確保するための多少とも厳格な規定を含め，本指令
に定めるものと相違する規定を国内法に維持し，または，導入し
てはならない。」

この規定は加盟国の規制の余地を排除することを示しており，
指令が定めるとおりに国内実施する必要があります。この結果，
契約の撤回期間は 14 日間に固定され，それを超えることは認め
られなくなりました。消費者保護の分野では，このほかに「不公
正商慣行指令（Unfair Commercial Practices Directive）」5)も排他的調
和に基づいて制定されました。

---

4)　"Contract Law"（http://ec.europa.eu/justice/contract/index_en.htm）.

5)　Directive 2005/29［2005］OJ L 149/22. 前掲 EU 消費者保護ルール現代化
　　指令 2019/2161 により一部改正。

▶ 排他的調和への批判

　実際には各国ごとに消費者としての選好や能力が異なるところ
に，排他的調和により単一の消費者概念が持ち込まれることに対
して強い批判が存在します[6]。それは，コミッションが排他的調
和に基づく立法を提案するときに，立法部である理事会や欧州議
会（**第13回**をご覧下さい）の根強い抵抗となって現れます。その
ため，本来は「消費者権利指令」のような個別分野の立法ではな
く，契約法一般で排他的調和を行うほうが一貫性は確保されます
が，それには一層の政治的困難が伴います。

　また，補完性原則（**第13回**をご覧下さい）の問題もあります。
その原則は，EU に権限があっても，規模や効果の点で加盟国政
府や地方自治体レベルで行動するよりも望ましいときにはじめて
EU が行動できることを定めています。そのため，いつでも EU
が立法できるわけではありません。

　このような状況の中，EU 立法の提案権を独占するコミッショ
ン（**第12回**をご覧下さい）は，各国契約法の調和についてどのよ
うなアプローチをとったのでしょうか。

4　EU の対応(2)──欧州契約法？

　個別分野の立法で排他的調和を行うことでさえ，EU 立法部を
通じて加盟国の強い反発を招きます。また，補完性原則の問題も
あります。それにもかかわらず，コミッションは「欧州契約法」
の制定をもう1つの選択肢として考えました。それには慎重な準
備と行動が必要とされ，学界や民間を巻き込んでコンセンサスを
形成することが求められました。

---

6)　Stephen Weatherill, "Consumer Policy" in Paul Craig and Gráinne de
　Búrca (eds.), *The Evolution of EU Law* (2nd ed.), Oxford University Press
　2011, pp. 837-867 at 850, 851.

コミッションは，まず第1に2001年の「欧州契約法に関する政策文書」[7)で，契約法の調和について，まずその必要があるかどうか，また，その必要があるとしたらどのような選択肢があるのか，という点から検討を始めました。

第2に2003年の「より整合性のある欧州契約法——行動計画」[8)では，契約法分野における既存EU立法の整合性を高めることや，欧州契約法分野の諸問題に応じて選択的に適用できる法令のような形で一般的な解決策を必要とするかどうか検討を進めることが示されました。とくに，共通の基本的な概念や規範を示すものとして「共通参照枠組（a common frame of reference）」を発展させることが表明されました[9)。

第3に2008年末，「共通参照枠組草案（DCFR）」[10)が学術グループの作業により完成しました。それには，契約法の原則，定義およびモデル規定が示されるとともに，評釈が付けられています。次いで2010年4月，「欧州契約法分野における共通参照枠組に関する専門家グループ」が設置され，「共通参照枠組草案」から契約法に直接・間接に関連する部分を抽出し，かつ，「共通参照枠組草案」から抽出された内容を再構成することにより，コミッションの作業を支援しました[11)。

第4に2010年7月，「消費者と企業のための欧州契約法に向けた進捗のための政策オプションに関する提案書」[12)において，欧州契約法に関するアプローチとして7つの「オプション（選択

---

7) COM（2001）398 final.

8) COM（2003）68 final.

9) 2004年の「欧州契約法と既存立法の改正——進むべき道」と題する政策文書（COM（2004）651 final）で「共通参照枠組」の作成が進められた。

10) Christian Von Bar and Eric Clive (eds.), *Principles, Definitions and Model Rules of European Private Law: Draft Common Frame of Reference (DCFR)*: Oxford University Press, 2010.

11) Commission Decision 2010/233 [2010] OJ L 105/109.

12) COM（2010）348 final.

オプション I	専門家グループの成果の公表にとどめ，加盟国の参考に供する。
オプション II	専門家グループの成果を EU 諸機関の（法的拘束力はないが）公式の文書とし，法案の起草と審議の際に参照することができる「道具箱」として活用する。
オプション III	加盟国宛てにコミッションが欧州契約法に関する（法的拘束力のない）勧告を行う。
オプション IV	欧州契約法を，当事者が国境を越える契約において選択することができる規則として制定する（排他的な調和立法を選択することができる）。
オプション V	欧州契約法に関して下限設定調和を行う指令を制定する。
オプション VI	欧州契約法を統一的に確立する規則（排他的調和）を制定する。
オプション VII	契約法以外の分野も含まれる欧州民法典を統一的に確立する規則（排他的調和）を制定する。

肢）」が示されました。図表 9-2 をご覧下さい。オプション I からオプション VII へ進むほど，法的拘束力の度合いが強くなっています。

　これらのオプションについてコミッションが意見公募したところ，オプション IV が最も支持を得たという結果が出ました。また，欧州議会も圧倒的多数でオプション IV に賛成しました。オプション IV のような調和立法を「選択的調和（optional harmonisation）」と呼びます。

　第 5 に 2011 年 5 月，専門家グループの「実現可能性調査」[13] が

---

13)　A European contract law for consumers and businesses: Publication of the results of the feasibility study carried out by the Expert Group on European contract law for stakeholders' and legal practitioners' feedback, 2011

提出されました。それは，189の条文から成り，EU域内市場での契約関係に実務レベルで関連する問題を扱う契約法規範の完結版になるよう想定して作成されたものです。

最後に，以上の作業の蓄積を踏まえて，コミッションは2011年10月，「欧州共通販売法規則（a Regulation on a Common European Sales Law）」（以下，CESL規則）草案[14]を採択し，公表しました[15]。以下では，それがどのような法的性格のものなのか（図表9-2のうちどのオプションが選択されたのか），どのような内容の文書となっているのか，を紹介しましょう。

5 欧州共通販売法（CESL）規則（案）

CESL規則（案）は，①域内市場の確立および機能（EU機能条約114条）を立法根拠とする一方で補完性原則に適合するように起草され，②域内市場における物やサービスの自由移動を促進する目的で，③契約の自由を基礎とするのと同時に高水準の消費者保護（EU機能条約169条）を保障するものとして制定されました。

▶ CESL規則（案）の特徴

CESL規則（案）の特徴をまとめると，次の8点になります。

第1に，すべての加盟国に共通の契約法制度であるということです。

第2に，選択的調和に基づいているため，CESL規則（案）の選択は任意であるということです。契約自由の原則に従い，取引業者はCESL規則（案）または既存の各国契約法のいずれかを自由に選択することができます。この点を消費者保護分野の関連指

〈http://ec.europa.eu/justice/contract/files/feasibility_study_final.pdf〉.

14)　COM（2011）635 final.

15)　COM（2011）636 final.

関連立法の調和レベルの比較

EU 立法	調和のレベル
欧州共通販売法（CESL）規則	選択的調和 （任意による選択後は当事者間で すべて適用される）
消費者権利指令	排他的調和 （加盟国に一部選択肢あり）
消費者販売指令＊	下限設定調和
不公正契約条項指令＊＊	下限設定調和
支払遅滞指令＊＊＊	下限設定調和
電子商取引指令＊＊＊＊	下限設定調和

＊　消費者が購入した物品の保証に関する指令（Directive 1999/44〔1999〕OJ L 171/12）

＊＊　信義誠実の原則を規定し，消費者と販売者の権利義務に顕著な不均衡が生じないようにすることを目的とする指令（Directive 1993/13（UCTD）〔1993〕OJ L 95/29）（前掲指令 2019/2161 により一部改正）

＊＊＊　商取引における支払の遅滞を防止するための指令（Directive 2011/7〔2011〕OJ L 48/1）

＊＊＊＊　オンライン・サービス提供者の透明性と情報に関する要件，電子契約，仲介サービス提供者の責任制限などに関する規範の調和する指令（Directive 2000/31〔2000〕OJ L 178/1）

（Comparative Table between the existing acquis provisions and the corresponding provisions of the proposal on a Common European Sales Law〔http://ec.europa.eu/justice/contract/files/comparison_acquis_with_cesl_en.pdf〕に依拠して筆者作成）

令と比較すると，図表9-3 のようになります。

　第3に，販売契約を対象とすることです。それには，オンラインでの売買契約や，デジタル・コンテンツ契約（インターネットからのダウンロードによる音楽，映像，ソフト，アプリの購入）も含まれます。しかし，レンタルなどの賃貸借契約は含まれません。

　第4に，国境を越えて締結される契約に限定されます。

　第5に，企業と消費者の契約，および，少なくとも一方の当事

図表 CESL 規則と他の既存指令の契約規範の範囲の比較
9-4 （○は規定あり，×はなし）

契約法の各分野	欧州共通販売 （CESL） 規則（案）	消費者権利 指令	他の消費者 関連立法	電子商取引 指令
契約前の情報と交渉	○	○	○	○
契約の締結	○	×	×	○（一部）
撤回の権利	○	○	○	×
同意の瑕疵	○	×	×	×
解 釈	○	×	×（例外１つ）	×
内容と効果	○	×	×	×
不公正契約条項	○	×	○	×
売買契約当事者の 義務と救済	○	×	○	×
引渡しと危険移転	○	○	×	×
関連サービス契約当 事者の義務と救済	○	×	×	×
損害賠償，不履行と 利息の支払規定	○	×	×	×
原状回復	○	×	×	×
時 効	○	×	×	×

(Communication: A Common European Sales Law to Facilitate Cross-border Transactions in the Single Market, COM（2011）636 final, ANNEX I, p. 13 に依拠して筆者作成)

者が中小企業であるような力関係に差がある企業と企業の契約を対象とします。

　第6に，契約法のすべての側面において同一共通水準の消費者保護を提供します。

　第7に，契約のすべての側面を扱う包括的な契約法規範であるため，他の断片的な既存の EU 関連指令と異なり，各国契約法の

相違が尾を引くことはありません。この点について，企業と消費者の間の契約の場合に，CESL 規則（案）を消費者保護分野の関連指令と比較すると，前頁の図表 9-4 のようになります。

第 8 に，この規則（案）が適用されるためには，一方の当事者のみが EU 加盟国で開業していれば足ります。その限りにおいて，域外との取引にも適用されます。

なお，図表 9-1 で示したとおり，消費者保護関連指令における契約撤回期間はさまざまでしたが，CESL 規則（案）では，消費者権利指令と同じく 14 日に固定されています。

6 CESL 規則（案）の挫折と善後策

CESL 規則（案）は，欧州議会が同規則の適用範囲を企業と消費者の間の国境を越えた売買に限定する内容の修正案を出す一方，理事会が審議に入ることのないまま[16)]，コミッションによりデジタル単一市場における電子商取引を強化するため法案修正を行うという理由で，2014 年 12 月，CESL 規則（案）自体は撤回する意向が表明されました[17)]。

結局，CESL 規則（案）が挫折した善後策として成立したのが，①デジタルのコンテンツやサービスを提供する契約に関するデジタル・コンテンツ指令[18)]，および，②それ以外にデジタルの要素

---

16) "COMMON EUROPEAN SALES LAW (CESL)", 16 LEGAL AFFAIRS-JURI, LEGISLATIVE TRAIN 02. 2023, European Parliament〈https://www.europarl.europa.eu/legislative-train/theme-connected-digital-single-market/file-common-european-sales-law〉.

17) Annex II: List of withdrawals or modifications of pending proposals in ANNEX to the Commission Work Programme 2015 A New Start, COM（2014）910 final, 16. 12. 2014, No. 60〈https://eur-lex.europa.eu/resource.html?uri=cellar:d3effd56-8600-11e4-b8a5-01aa75ed71a1.0008.01/DOC_1&format=DOC〉.

18) Directive 2019/770 on certain aspects concerning contracts for the sup-

を伴うものを含む物品一般の売買契約を対象とする物品売買指令[19]でした。これらは，CESL 規則（案）とは異なり，関連分野で排他的調和がなされていますが[20]，消費者契約にのみ適用されます[21]。契約撤回期間は，消費者権利指令と同じ期間が適用されます[22]。

7　まとめと次回予告編

　今回は，欧州契約法の発展についてお話ししました。まず，物の自由移動の適用除外を認める理由として消費者保護があることにより，それを契機として消費者保護の分野で契約法的側面の調和が進展しました。

　しかし，消費者保護立法は場当たり的で，かつ下限設定調和であったため，下限が統一されても，加盟国の法がそれを超えるならば加盟国ごとに基準が異なることになるという欠点がありました。そこで，立法提案者であるコミッションは，排他的調和に基づく消費者保護立法をめざしましたが，加盟国の規制の余地をなくすため，補完性原則に反するのではないかという批判に直面しました。

　これに対しコミッションは，10 年以上かけて欧州契約法という形で，消費者保護も包含しつつ，加盟国のコンセンサスを得ながら，補完性原則もクリアーして，ついに選択的調和という手法

ply of digital content and digital services［2019］OJ L 136/1.

19)　Directive（EU）2019/771 on certain aspects concerning contracts for the sale of goods［2019］OJ L 136/28.

20)　Recitals（6）-（9）of Directive 2019/770; Recital（10）of Directive（EU）2019/771.

21)　Article 1 of Directive 2019/770; Article 1 of Directive 2019/771.

22)　Recital（20）of Directive 2019/770; Recitals（6）and（11）of Directive（EU）2019/771.

	下限設定調和	排他的調和	選択的調和
特徴	下限規準を超える国内規制が可能	EUの基準を一律に適用する	当事者が任意に選択して適用できる
法令形式	指令 （国内法化必要）	指令 （国内法化必要）	規則 （直接適用可能）
加盟国規制の自律性	あり	なし	あり
国境を越える要素がない場合の適用	あり	あり	なし
対象	断片的	断片的	包括的
EU立法例	訪問販売指令	消費者権利指令，デジタル・コンテンツ指令，物品売買指令	欧州共通販売法規則（案）

（筆者作成）

で欧州共通販売規則の草案を提出するに至りました。しかし，この規則案は結局採択に至りませんでした。他方で，その善後策としてデジタル・コンテンツ指令および物品売買指令が制定されました。

　EUにおける契約法の調和アプローチの比較について図表9-5にまとめたのでご覧下さい。

　さて，次回は刑事司法協力についてお話しします。刑事法分野はまさに国家主権の中核に位置する事項です。それにもかかわらず，なぜEUはこの分野の権限を担うようになったのでしょうか。また，刑事司法協力と言っても，どのような形で行われ，どのような限界があるのでしょうか。域内市場で見られたような調和立法や相互承認原則などのアプローチを使うことは可能なのでしょ

うか。とくに欧州逮捕状を例として取り上げながら，EU の刑事司法協力の発展と限界について見ていくことにします。

第10回

人の自由移動と刑事司法協力

1 はじめに

オランダのハーグといえば国際司法裁判所があることで有名ですが，読者のみなさんは，「ユーロポール（Europol）」と「ユーロジャスト（Eurojust）」をご存じでしょうか。ユーロポールは，犯罪情報の収集，分析，交換を行う，警察協力のための機関です。また，ユーロジャストは刑事訴追の調整，協力を行う，刑事司法協力のための機関です。どちらも，EUの補助機関としてハーグに設置されています。それは，EUの仕事が警察や刑事司法の分野にも及んでいることを示しています。刑事法分野は国家主権の中核に位置しています。それにもかかわらず，いったいなぜEU加盟国はこの分野でも協力を行うようになったのでしょうか。

発端は，トランスナショナルな人の自由移動にありました。1985年にルクセンブルクのシェンゲンという場所で，フランス，ドイツおよびベネルクス3か国により「共通国境における検問の漸進的撤廃に関するシェンゲン条約（the Schengen Agreement on the gradual abolition of checks at their common borders）」が署名されました。次いで，1990年，同一諸国により署名されたシェンゲン実施協定（the Convention implementing the Schengen Agreement）に基づき，1995年7月より域内国境管理の廃止という意味で，トランスナショナルな人の自由移動が実現されました（以下，シェンゲン条約およびシェンゲン実施協定をあわせて，シェンゲン協定）。

これはまず，EU 法の枠外で始まりました。

シェンゲン協定には，域内国境管理の廃止に伴う問題を克服するため，域外国境管理を強化するとともに警察（犯罪捜査など）・刑事司法（刑事手続など）も協力対象に含まれていました（以下，警察・刑事司法協力）。この協定は現在，EU 法に組み入れられており，アイルランド（イギリスとの間に共通往来地域という取決めがあるため）とルーマニア，ブルガリア，キプロス（域外国境管理能力がまだ不十分なため）を除くすべての加盟国および一部の非加盟国（スイス，ノルウェーなど），計 27 か国に適用されます。各国間での協力をスムーズに行うため，指名手配者や行方不明者などの警報を発するシェンゲン情報システム（SIS）も導入されています。

人の自由移動は犯罪者の自由移動も意味しますし，密輸や人身売買などの越境犯罪を容易にします。このため，警察・刑事司法協力は，EU 市民だけでなく第三国国民も含む人の自由移動（域内国境管理の廃止）の実現をきっかけに，シェンゲン協定を通じて EU 法の領域に入ってきました。

▶ 警察・刑事司法協力と国家

警察・刑事司法協力は，**第 8 回**の後半で勉強した「自由・安全・司法領域（AFSJ）」という政策分野の一部です。EU 機能条約 67 条にはその点が次のように示されています。

「1. 連合は，基本権の尊重ならびに加盟国のさまざまな法制度および伝統を伴う，自由，安全および司法領域を構成する。
……

3. 連合は，犯罪，人種差別および外国人排斥を防止し，それらと闘うための措置を通じて，警察，司法機関および他の所轄機関の間の調整および協力のための措置を通じ，ならびに，刑事判決の相互承認および，必要ならば刑法の接近＊を通じ，高水準の

　基本条約にこのような規定があることで，EU が警察・刑事司
法協力の分野で行動することができるようになっています。なお，
アイルランド，デンマークは AFSJ 政策に参加しないことが基本
条約で認められています（個別の EU 立法に選択的に参加することは
可能です）。

　警察・刑事司法協力は EU がこの分野で加盟国に取って代わっ
ていることを意味しません。その点は，EU 機能条約 72 条で確
認されます。

　「［自由・安全・司法領域に関する規定］は，法と秩序の維持および
　国内の安全保護について加盟国が負う責任の行使に影響を及ぼす
　ものではない。」

　この規定は，EU が法と秩序に関する国家の機能を尊重しなけ
ればならないこと，また，国内の安全保護を含む国家安全保障が
国家の独占的事項であることを明らかにしています。EU の役割
は，国内の安全保護を確保する加盟国の能力を向上させることに
貢献することであると言えます[1]。

　では，警察・刑事司法協力という場合の EU の役割や権限はど
のようなところにあるのでしょうか。それは EU 機能条約に列挙
されています。たとえば，警察協力では加盟国警察官の犯罪捜査
などの協力について EU 立法が行われています。また，刑事司法
協力では，刑事判決などの相互承認，刑事手続の下限設定調和や，
国境を越える重大犯罪の分野で刑事犯罪と刑罰の定義に関する下

---

1)　Damian Chalmers, "EU Criminal Law" in D. Chalmers, G. Davies and G.
　　Monti, *European Union Law*（3rd ed.），Cambridge University Press, 2014,
　　pp. 623–666 at 625–629.

限設定調和について，EU立法が制定されています。このように，刑事司法協力では，相互承認と下限設定調和という域内市場の原則や立法テクニックが応用されていることがわかります。

それぞれの協力対象事項を図表10-1にまとめたのでご覧下さい。

図表
10-1　警察・刑事司法協力の対象事項

	対象事項
警察協力	犯罪情報の収集，保存，処理，分析，交換
	職員研修の支援，職員交流
	装備や犯罪探知研究に関する協力
	重大な組織犯罪の探知に関する共通の捜査技術
刑事司法協力	相互承認原則に基づき，すべての形式の判決および司法的決定の承認をEU全域で確保するための規範および手続を定める措置など
	証拠，刑事手続における個人の権利，犯罪被害者の権利などで下限設定調和を行う立法を定めることなど
	一定分野における刑事犯罪および刑罰の定義について下限設定調和を行う立法を定めること

　以下では，とくに刑事司法協力を対象にEU法がどのような役割を担っているのか見ていきます。刑事司法協力と言っても，EUではどのような形で行われるのでしょうか。そこにはどのような限界があるのでしょうか。どのようにすれば域内市場で見られた相互承認原則のアプローチを刑事司法協力に応用することが可能となるのでしょうか。この相互承認原則の観点から，一事不再理の原則および欧州逮捕状を例として取り上げながら，EUの刑事司法協力の発展と限界について考えたいと思います。まず，刑事司法協力における相互承認とはいったい何を意味するのか見

てみましょう。

2 刑事司法協力と相互承認原則

EU 機能条約 82 条 1 項には、「刑事司法協力は、判決および司法的決定の相互承認原則に基づく」と定められています。EU の刑事司法協力における相互承認原則は、域内市場（単一市場）にその起源があります。その意味について、コミッションの政策文書「刑事における最終決定の相互承認」で、次のように説明されています。

> 「単一市場の創設で非常によく機能した諸概念を参考にすることにより、司法協力もまた相互承認の概念から恩恵を受けることができるという考えが生まれた。相互承認とは、簡単に言えば、1 つの加盟国で裁判官が自己の公権力を行使する際に行う決定のような、一定の措置がいったんとられたならば、その措置は（国外への影響がある限りにおいて）他のすべての加盟国で自動的に受け容れられ、かつ、そこで同一または少なくとも類似の効果を持つ、ということを意味する。」[2]

このような意味を持つ相互承認原則は、刑事司法協力では次の 4 つの機能があります。

① 1 加盟国の司法当局が、刑事手続で使用される証拠を入手するための特定の捜査措置が他の加盟国で実施されるよう依頼することが可能となります。このような司法的決定は「欧州捜査命令（a European Investigation Order: EIO）」と呼ばれ、それが相互承認されます。このため、「欧州捜査命令に関する指令 2014/41」[3] が制定されています。

---

2) COM（2000）495 final, p. 2.

3) Directive 2014/41regarding the European Investigation Order in criminal matters [2014] OJ L 130/1.

②　1加盟国の裁判官が被疑者の引渡しを他の加盟国の当局に要求することが可能となります。このような司法的決定は「欧州逮捕状（a European Arrest warrant: EAW）」と呼ばれ，それが相互承認されます。このため，「欧州逮捕状に関する枠組決定2002/584」（以下，欧州逮捕状枠組決定）が制定されています。これについては，後で詳しく説明します。なお，枠組決定はリスボン条約による改正前の基本条約に存在したものであり，指令と同じく国内法化する作業が必要とされますが，直接効果を有しないことが明文で規定されていました。この枠組決定は，その後も指令などに改正されるまで，そのまま維持されることになっています[4]。

③　刑罰の相互承認があります。たとえば，1加盟国において出された拘禁刑または自由剝奪を伴う措置を科す判決が，受刑者の社会復帰を促進するため，他の加盟国で承認され，執行されることがあります。そのため，「拘禁刑等を科す刑事判決の相互承認に関する枠組決定2008/909」[5]が制定されています。

④　被告人を有罪または無罪とする判決などの相互承認があります。これは，後で紹介する「一事不再理」のトランスナショナルな適用です。

以上のうち④は，相互承認が個人の基本権を保護するように作用し，国家の権力を制約する場合があります。しかし，①②③の場合，相互承認により各国が他国に対して，証拠を提出し，個人を引き渡し，また，刑罰を科すよう求めることができることにより，個人に対する国家の権力が増大しているのがわかります。

他方，相互承認は相互信頼に基づきます。たとえば，被疑者や証拠を引き渡す加盟国は，相手の加盟国が自国と同じように被疑

---

4)　リスボン条約附属「経過規定議定書（36号）」9条。

5)　Framework Decision 2008/909 [2008] OJ L 327/27, as amended by Framework Decision 2009/299 [2009] OJ L 81/24.

者の基本権を尊重するものと信頼しています。このように，とくに①②③の場合の相互承認では，相手国での基本権保護が検証されることなく推定されています。この点が批判の対象となることがよくあります。そのため，相互承認の適用に EU 立法で限定をかけることが普通です[6]。

　以上の点を念頭に置きながら，次に一事不再理と相互承認の関係について見てみましょう。

3　一事不再理の原則

　「一事不再理（*ne bis in idem*）」とは，「ある事件について裁判が確定した場合に，同一事件について再び実体審理をすることは許されないという原則」を言います（『法律用語辞典』〔有斐閣・第5版・2020 年〕）。

　この原則は，現在は EU 法化されている 1990 年シェンゲン実施協定[7]の第 2 章「刑事共助（Mutual Assistance in Criminal Matters）」54 条に定められています。次のとおりです。

> 　「1 つの締約当事国により確定判決を受けた者＊は，刑が宣告された場合に，刑罰が執行されたか，実際に執行中であるか，または刑を宣告した締約当事国の法に基づく執行がもはやなされえないならば，同一の事実について他の締約当事国により訴追されることはない。」
>
> 　　＊　フランス語版 "Une personne qui a été définitivement jugée" から訳出しています。英語版は，"A person whose trial has been finally disposed of" です。

　EU 司法裁判所は，この条文には複数の加盟国で同一の事実について起訴されることがないようにすることにより人の自由移動

---

6)　Damian Chalmers, op. cit. *supra* note 1, pp. 638–640.

7)　Convention implementing the Schengen Agreement［2000］OJ L 239/19.

を促進するという目的があるので，確定判決を相互承認する義務
を課していると解釈しています。それはトランスナショナルな一
事不再理を意味します。すなわち，A国の判決が問題を最終的
に解決したことを承認することにより，B国はA国ですでに判
決を受けた行為について起訴することも罰することもできないと
いう効果が発生します[8]。

　このように，トランスナショナルな一事不再理の原則が存在す
るのは，人の自由移動の権利を保障するためですが，シェンゲン
実施協定54条には3つの要件（一事不再理3要件）が存在しま
す[9]。

　①　確定判決を受けた者であるという「確定判決」の要件です。
これには，たとえば犯罪の公訴時効により起訴ができないために
被告人を処罰できなかった場合も含まれます[10]。

　②　同一の事実に関わるという「同一事実」の要件です。これ
は，「不可分に結びついている一連の具体的状況の存在」を意味
しますが，事件の個別的な状況に応じて判断することが国内裁判
所に委ねられています[11]。

　③　刑が執行済み，執行中，または，もはや執行できないとい
う「執行」の要件です。EU司法裁判所はこの要件を緩やかに解
しています。すなわち，司法取引（次に紹介する判例をご覧下さい）
や執行猶予のような場合も，執行された刑罰または実際に執行中
である刑罰とみなされるべきであると判断しています。

▶ Gözütok and Brügge 事件（2003年）と一事不再理
　EU司法裁判所がシェンゲン実施協定54条の解釈を示したの

8)　Christine Janssens, *The Principle of Mutual Recognition in EU Law*, Oxford University Press, 2013, p. 132, 134, 138.

9)　*Ibid.*, pp. 134-139.

10)　Case C-467/04, *Gasparini*, EU: C: 2006: 610.

11)　Case C-436/04, *Van Esbroeck*, EU: C: 2006: 165.

は, Gözütok and Brügge 事件 (2003年) (Cases C-187/01 and C-385/01, *Gözütok and Brügge*, EU: C: 2003: 87) でした。この事件で, 54条の一事不再理3要件の①②③がどのように充足されたのか見てみましょう。

▓2003年 Gözütok and Brügge 事件判決▓

事件の概要

オランダでは, マリファナなどソフトドラッグと呼ばれる麻薬を, オランダ在住者が個人として少量吸うことは (違法ですが) 黙認されています。そのための厳しい条件を充たした場所は (カフェではなく) 「コーヒーショップ (Coffeeshop)」と呼ばれます。オランダ在住トルコ人の Gözütok さんは, コーヒーショップのオーナーでした。

Gözütok さんは1996年1月12日と2月11日の家宅捜索で麻薬の大量所持が発見されたために起訴されました。かれは検察と司法取引を行い, 国に一定額の過料 (金銭罰であるが刑ではないため, 刑罰としての罰金および科料とは区別される) を支払うことを条件に起訴が取り下げられました。

しかしその後, かれはドイツでの銀行口座情報に基づき, 上記と同じ日付である1996年1月12日から2月11日の期間における麻薬取引のかどで, ドイツにおいて起訴されました。ドイツの裁判所は Gözütok さんに執行猶予付きで懲役1年5か月の刑を宣告しました。これに対してかれが控訴したところ, シェンゲン実施協定54条の解釈が問題となり, EU司法裁判所に先決付託されました。

問題の所在

一事不再理3要件のうち, 「同一事実」の要件 (前記②) は, 同じ期間における麻薬取引であるため, 充たされました。

しかし, 「確定判決」の要件 (前記①) が充たされているかどうかが争点となりました。オランダの検察が Gözütok さんと司法取引を行い, 起訴を取り下げる決定を行ったことは, 裁判所の関与と決定がないにもかかわらず, シェンゲン実施協定54条の「確定判決を受けた」に該当するかどうかが争われたのです。

また，「執行」の要件（前記③）については，「確定判決」の要件とも関連しますが，刑罰である罰金や科料ではない過料を支払ったことが「刑罰が執行された」に該当するかということが問題となりました。

判　決

　EU司法裁判所は，検察が被疑者との司法取引により過料の支払を条件に起訴取下げの決定を行う手続に従って起訴の遂行が中止される場合，被疑者は自分が行ったとされる行為についてシェンゲン実施協定54条の意味における「確定判決を受けた者」とみなされる，という判断を示しました。そのような場合，過料の支払が54条の意味における「刑罰が執行された」に該当します。

　また，EU司法裁判所は，裁判所の関与と決定がないことは，54条において明文で否定されていない限り，一事不再理の原則を適用する点で不都合はないとします。このように判断する理由として，次の点が指摘されます。

　「シェンゲン実施協定54条に定める一不再理原則が（裁判所の関与の有無に関係なく）起訴中止の手続または司法的決定のいずれに適用されようとも，加盟国が各国刑事司法制度に相互信頼を持ち，また，各々の加盟国は自国法が適用されるならば異なる結果になる場合でさえ他の加盟国で効力を有する刑事法を承認するということが，必然的な帰結として存在する。……

　シェンゲン実施協定54条は，誰もが自由移動の権利を行使したために複数の加盟国において同一の事実に基づき起訴されることがないよう確保することを目的とする。そのため，54条は，1加盟国において起訴中止を確定する決定が裁判所の関与なく，かつ司法的決定の形式をとらないで採択されるときにも適用されなければ，その目的の完全な達成をもたらす上で有用な役割を果たすことができない。」

　この判決により，「確定判決を受けた」の範囲が広く設定され，裁判外の解決である検察との司法取引による起訴取下げを含むものであることが示されました。また，その結果，「刑罰が執行された」の意味も広く解釈され，刑罰ではない過料の支払も含まれ

一事不再理 3 要件	Gözütok and Brügge 事件
① 「確定判決」の要件	裁判所の判決に限定されない。検察との司法取引による起訴取下げを含む。
② 「同一事実」の要件	同じ期間における麻薬取引であるため,「不可分に結びついている一連の具体的状況の存在」があった。
③ 「執行」の要件	①の要件に対応して,刑罰ではない過料の支払も含まれる。

ることとされました。この事件における一事不再理 3 要件をまとめると, 図表 10-2 のようになります。

　トランスナショナルな一事不再理の原則が適用されるための要件が緩やかに解釈されるのはなぜなのでしょうか。それは, Gözütok and Brügge 事件判決でも述べられているように, シェンゲン実施協定 54 条が各国の刑事司法制度に対する相互信頼に基づいていることを前提に, 自由移動の権利を確保することを目的としているからです。そのために一事不再理の原則が適用される範囲が広く解されることにより, 1 加盟国の手続で一事不再理 3 要件を充たすことが容易になります。その結果としての「確定判決」が相互承認され, その後安心して他の加盟国へ移動することができるのです。

　他方, 刑事司法における相互承認が自由移動を制限するために用いられる場合もあります。そのような例として, A 国の裁判官が B 国に逃亡した被疑者の引渡しを B 国の当局に要求することを可能にする「欧州逮捕状」を見てみましょう。

4 欧州逮捕状

　日本で犯罪を犯した者が国外に逃亡した場合，逃亡先の国との間で犯罪人引渡条約が結ばれていれば，引渡しを求めることが可能です。日本は，アメリカと韓国との間でそれぞれ2国間の犯罪人引渡条約を締結しています。

　一方，ヨーロッパ地域では，EUとは別の地域的国際機構である欧州審議会（the Council of Europe）[12]が多国間条約として採択した「欧州犯罪人引渡条約（European Convention on Extradition）」があります（1957年署名開放，1960年発効，その後4つの議定書が追加されています）。

▶ 犯罪人引渡条約の欠点

　しかし，一般に犯罪人引渡条約には，いくつかの欠点があると言われています。

　第1に，引渡しを要請する国は相手国に有罪の証拠となるものを提示する必要があります。

　第2に，政治犯や租税犯には適用されません。

　第3に，「双方可罰性（double criminality）」という要件を充たす必要があります。すなわち，引渡しを要請する国は，起訴された犯罪者の行為が逃亡先の国で行われた場合にも刑事罰の対象となるということを示すことが求められます。

　第4に，自国民を引き渡すことを道義上拒否する国が多いということです。

　第5に，引渡手続では裁判所だけでなく行政府の同意も必要と

---

12)　欧州審議会は1949年，民主主義，人権および法の支配の促進を目的として設立され，欧州人権条約および欧州人権裁判所の母体としても有名で，現在はロシアを含む47か国で構成されています。EU加盟国はすべて欧州審議会加盟国でもあります。欧州評議会と呼ばれることもあります。

されるため，政治的な判断が入り込む余地があります[13]。

　なお，欠点ではありませんが，欧州犯罪人引渡条約の特徴として，逃亡犯罪者が引渡要請国の法の下で死刑となるおそれがある場合，要請された国は引渡しを拒否することができます。これは，次に紹介する欧州逮捕状枠組決定でも同様です。

▶ 欧州逮捕状の特徴

　人やサービスが自由に行き来する域内市場において，犯罪人引渡条約にあるような欠点を克服するため，「欧州逮捕状枠組決定2002/584」[14]が制定され，「欧州逮捕状（EAW）」が導入されました。それは，欧州逮捕状枠組決定1条1項で次のように定義されています。

> 「欧州逮捕状とは，刑事訴追を行い，または自由刑もしくは自由剥奪を伴う保安処分を執行する目的で，1加盟国が他の加盟国に被請求者の逮捕および引渡しを求めるために発付する司法的決定をいう。」

　欧州逮捕状には，犯罪人引渡条約にはない次の5つの特徴があります。

　①　引渡しを要請する国は欧州逮捕状を提示するだけでよく，有罪の証拠となるものを示す必要はありません。欧州逮捕状にはEU全域で統一の書式が用いられます。

　②　政治犯や租税犯も引渡しの対象になります。

　③　テロリズム，人身売買，殺人など32の犯罪（欧州逮捕状の発付国の法による定義に基づく）について3年以上の懲役刑を伴う

---

13)　John R. Spencer, "EU Criminal Law" in Catherine Barnard and Steve Peers (eds.), *European Union Law*, Oxford University Press, 2014, pp. 751-776 at 767.

14)　Framework Decision 2002/584 [2002] OJ L 190/1, as amended by Framework Decision 2009/299 [2009] OJ L 81/24.

220

第3部　トランスナショナルな課題とEU法

場合，双方可罰性の要件は除外されます。

④　自国民を引き渡すことを拒否することは原則としてできません。

⑤　引渡しに行政府の同意は必要とされません。外交ルートを経ないで，2つの加盟国の司法機関（裁判官または検察官）の間で直接やりとりされます。また，引渡しの最終決定に期限が設けられています。欧州逮捕状の対象者の逮捕から60日以内，また，対象者の同意があるときは10日以内に，最終決定がなされなければなりません。ただし，例外的なケースではそれぞれ30日まで延長可能です[15]。

これらの5つの特徴により，欧州逮捕状に基づく犯罪人引渡しにどのような結果が見られるのでしょうか。コミッションが全加盟国に実施した調査で26加盟国により提供された2020年の数字によれば，4397人が実際に引き渡され，引渡手続が開始された総件数の86.13%を占めました（2019年の数字は，それぞれ5665人，66%でした）。また，25加盟国により提供された2020年の数字によれば，4235件の引渡しのうち2266件が対象者の同意があり，全体の53.51%を占め，残りの数字が対象者の同意がない引渡しでした。さらに，引渡しに要した日数について回答した21加盟国により提供された数字によれば，対象者の同意がある場合は平均44.6日（2019年は16.7日）である一方，同意がない場合は平均111.74日（2019年は55.75日）でした[16]。

---

15)　Statistics on the practical operation of the European arrest warrant—2020, COMMISSION STAFF WORKING DOCUMENT, SWD（2022）417 final, Brussels, 8. 12. 2022, pp. 12-14.

16)　*Ibid.*

5 相互承認原則と基本権保護

　欧州逮捕状が犯罪人引渡条約と異なる最大の理由は，相互承認原則にあります。欧州逮捕状枠組決定の1条2項には，次のように規定されています。

> 「加盟国は，相互承認原則に基づき，かつ本枠組決定の規定に従い，すべての欧州逮捕状を執行する。」

　EU加盟国間には犯罪の構成要件や量刑などに十分な類似性があるとは言えません。また，その点を克服するためにEUレベルで各国刑事法の調和を行うこともほとんどなされていないのが現状です。しかしそれにもかかわらず，発付国であるA国の司法機関は主として自国刑事法を執行するため，欧州逮捕状を発付して被疑者や有罪判決を受けた者の引渡しを求める一方，受理国であるB国の司法機関は逮捕および引渡しという積極的行動をとる義務を負います。

　欧州逮捕状では，シェンゲン実施協定54条にある一事不再理原則と同じく，相互信頼が求められます。そもそも相互承認には，方法は異なるが同じ目的や基準を達成することができるという「同等性（equivalence）」が推定されています。これが相互信頼の源になるわけです。そのため，各国の刑事司法制度にさまざまな相違があるとしても，基本権保護が同等に確保されているという前提が存在します。

　基本権保護の重要性について，欧州逮捕状枠組決定1条3項でこのように述べられています。

> 「本枠組決定は，EU条約6条に定める基本権および基本的法原則を尊重する義務を修正する効果を有しない。」

　リスボン条約により改正されたEU条約6条の現行規定では，

EU 基本権憲章，EU の欧州人権条約加入（まだ実現していません），法の一般原則（欧州人権条約および加盟国に共通の憲法的伝統に依拠する）により，EU レベルで基本権保護が確保されることになっています（**第15回**をご覧下さい）。

　以下では，EU 司法裁判所が，相互承認原則に基づく欧州逮捕状と基本権保護の関係についてどのような判断を示しているか見てみましょう。

▶ Melloni 事件（2013 年）と公正な裁判を受ける権利

　欧州逮捕状に基づく犯罪人引渡しが公正な裁判を受ける権利に反するのではないかという点が争われた事例として，Melloni 事件（2013 年）（Case C-399/11, *Melloni*, EU: C: 2013: 107）があります。

2013 年 Melloni 事件判決

事件の概要

　イタリアで詐欺を働いた Melloni さんが保釈中に失踪し，その間に同国で欠席裁判により懲役 10 年の刑を宣告されました。イタリア法では欠席裁判の場合，上訴することはできないとされていました。11 年後，かれはスペインで逮捕されましたが，欠席裁判により公正な裁判を受ける権利を奪われたと主張して，欧州逮捕状によりイタリアに引き渡されることを拒みました。

　しかし，欧州逮捕状枠組決定には，一定の場合を除き欠席裁判は引渡しを拒否する有効な理由とはならないことが定められていました。他方，スペイン憲法裁判所は，スペイン憲法で保障される，公正な裁判を受ける権利が侵害された可能性があると考え，EU 司法裁判所に先決付託を行いました。

問題の所在

　欧州逮捕状枠組決定 4a 条 1 項によれば，欠席裁判で有罪を宣告された者が，裁判の日程を知っており，出廷しないならば判決が下され

うることを通知されていた場合，または，裁判の日程を知っており，弁護士に裁判での弁護を依頼していた場合，欧州逮捕状を執行する司法機関は，その者を引き渡すことが求められ，欧州逮捕状の発付国で再審の機会があることを引渡しの条件とすることができません。

このように規定する 4a 条 1 項が，EU 基本権憲章 47 条に定める公正な裁判を受ける権利に適合するかどうかが争われました。47 条は次のような規定です。

「何人（なんぴと）も，法律によりあらかじめ設置された独立かつ公平な裁判所により，合理的な時間内に公正かつ公開の審理を受ける権利を有する。」

判　決

EU 司法裁判所は，「被告人が裁判に自ら出廷する権利は，公正な裁判を受ける権利の本質的要素ではあるが，絶対的なものではない」と述べます。

この理由として，被告人が裁判の日時と場所を通知されている場合や，被告人が依頼した弁護士により弁護を受ける場合には，被告人の出廷がなくとも，公正な裁判を受ける権利に違反しているとされることはない点が指摘されています。

欧州逮捕状枠組決定 4a 条 1 項はそれらの点を定めています。その結果，4a 条 1 項は，EU 基本権憲章 47 条に適合していると判断されました。

この事件で明らかなとおり，欧州逮捕状枠組決定では，加盟国間における司法的決定が相互承認される一方で，刑事手続に服する者の手続的権利としての基本権保障は十分であるとみなされています。

また，EU 立法においても，被告人や被疑者の権利について下限基準を定めることにより，基本権が補強されています。たとえば，「刑事手続における情報の権利に関する指令 2012/13」[17]により，被告人や被疑者に弁護士と接見する権利，黙秘権など手続的

---

17)　Directive 2012/13 [2012] OJ L 142/1.

権利に関する情報を迅速に伝える義務が定められています。また，「刑事手続における通訳および翻訳の権利に関する指令2010/64」[18]なども制定されています。

▶ Advocaten voor de Wereld 事件（2007年）と罪刑法定主義

EU レベルでは犯罪に関する各国法の調和がほとんどなされておらず，また，相互承認する犯罪が加盟国によっては犯罪ではないこともあります。たとえば，欧州逮捕状枠組決定を国内実施するベルギー法では，妊娠中絶および安楽死は殺人罪とされていません[19]。それにもかかわらず，欧州逮捕状枠組決定では相互承認原則が導入されているため，場合によっては，自国で違法とされていない上記の行為について引渡しを求められることがあるかもしれません。

Advocaten voor de Wereld 事件（2007年）（ Case C-303/05, *Advocaten voor de Wereld*, EU: C: 2007: 261）では，欧州逮捕状枠組決定が定める相互承認原則の中核的要素である双方可罰性の除外が，罪刑法定主義に反するのではないかということが問題となりました。

罪刑法定主義とは，「どのような行為が処罰されるか及びその場合どのような刑罰が加えられるかは行為前の法律（成文法）によってだけ定められるとする立法上の立場」を言います（『法律用語辞典』〔有斐閣・第5版・2020年〕）。それは，EU では法の一般原則として認められ，欧州人権条約（7条1項）および EU 基本権憲章（49条）にも規定されています。

---

18) Directive 2010/64 [2010] OJ L 280/1.

19) Massimo Fichera, "The European Arrest Warrant and the Sovereign State: A Marriage of Convenience?", E*uropean Law Journal*, Vol. 15, No. 1, 2009, pp. 70–97 at 79.

▓2007年 Advocaten voor de Wereld 事件判決▓

事件の概要

　この事件は，ベルギーの非営利団体（Advocaten voor de Wereld）が欧州逮捕状枠組決定を実施する国内法の取消しを憲法裁判所に求めた事件でした。

　この団体は，そのベルギー法が欧州逮捕状枠組決定と同じく，明確に定義された犯罪ではなく，望ましくない行為の漠然とした類型のみをリスト化しているとして，罪刑法定主義に反すると主張しました。

　この団体の主張は，そのベルギー法が欧州逮捕状枠組決定をそのまま国内化している部分に関係していました。また，罪刑法定主義はEU法上の一般原則でもあります。そのため，憲法裁判所は，欧州逮捕状枠組決定それ自体が罪刑法定主義に反するかどうかという点を，EU司法裁判所に先決付託しました。

問題の所在

　欧州逮捕状枠組決定がリスト化した犯罪について厳格な定義がないことが，EU法上，罪刑法定主義に反するかが争われました。

判　決

　EU司法裁判所によれば，欧州逮捕状枠組決定は関連犯罪の構成要件や刑罰について各国法の調和を行ってはいません。相互承認原則に基づき，リスト化された犯罪および刑罰に関する実際の定義は，欧州逮捕状の発付国の法に従います。発付国は，罪刑法定主義を含む基本権を尊重する義務があります。そのため，（欧州逮捕状枠組決定を実施する国内法ではなく）発付国の刑事法が罪刑法定主義を遵守していれば，EU法上も罪刑法定主義に反することはないと判断されました。

　EU司法裁判所の判決が欧州逮捕状枠組決定には罪刑法定主義に反する点はないとした結果，（ベルギーの刑事法自体が罪刑法定主義を遵守しているならば）同枠組決定をそのまま国内法化したベルギー法も同様に罪刑法定主義に反しないこととなりました。

相互承認原則の帰結として，罪刑法定主義を含む基本権の尊重は，欧州逮捕状の発付国が確保しなければなりません。しかし，犯罪および刑罰の定義は欧州逮捕状の発付国の法によるということが，相互承認原則の前提にある相互信頼を損なう場合があります。それは，発付国が非常に軽微な犯罪（たとえば自転車泥棒）にも欧州逮捕状を使用して被疑者の引渡しを求めるようなことがあるためです。このように欧州逮捕状が濫用されるのを防止するため，「欧州逮捕状枠組決定の 2007 年以降の実施に関する報告書」によれば，比例性原則（目的と手段の均衡を確保しなければならないとする原則）を適用することが必要であると認識されるようになっています[20]。

▶ Openbaar Ministerie 事件（2022 年）と相互承認・相互信頼の欠如

　司法権の独立を否定する法改正を行ったハンガリーやポーランドでは，例外的な状況において，欧州逮捕状の受理国の司法機関は，欧州逮捕状が発付された対象である個人にとって，たとえば基本権としての公正な裁判を受ける権利や独立の裁判所で審理を受ける権利（EU 基本権憲章 47 条 2 項）が侵害される真正のリスクが存在すると認定する場合，欧州逮捕状を執行することを差し控えなければならないことが認められます。この点が争われた事例として Openbaar Ministerie 事件（2022 年）（Cases C-562/21 PPU and C-563/21 PPU, *Openbaar Ministerie（Tribunal établi par la loi dans l'État membre d'émission）*, EU: C: 2022: 100）があります。

---

20)　COM（2011）175 final.

■2022年Openbaar Ministerie事件判決■

事件の概要

　ポーランドでは独立の機関ではない国家司法評議会の申請に基づき裁判官が任命されることから，法律により事前に設立された裁判所で公正な裁判を受ける権利に影響を及ぼす構造的または全般的な欠陥があることに照らし，ポーランド国内裁判所がポーランド国民について発付した欧州逮捕状を受理したオランダ国内裁判所は，その逮捕状の執行に疑念を抱きました。それは，相互承認原則の前提となる相互信頼が不足しているためでした。そこで国内裁判所は，このような場合には逮捕状の執行を拒絶することができるか否かについて，EU司法裁判所に先決付託を行いました。

問題の所在

　欧州逮捕状枠組決定の1条2項によれば，加盟国は相互承認原則に基づいて欧州逮捕状を執行しなければなりません。しかし，欧州逮捕状の執行に関連して公正な裁判を受ける基本権に問題がある場合，判例法により2段階の評価がなされる必要があります。第1段階の一般的評価として，欧州逮捕状を執行する司法機関は，逮捕状発付国での構造的または全般的な欠陥のために，とくに逮捕状発付国の裁判所の独立性の欠如や，法律により設置された裁判所という要件を充たしていないことと結びついて，公正な裁判を受ける基本権に対する違反の真正なリスクが存在するか否かについて一般的評価を行わなければなりません。

　また，第2段階の個別評価では，逮捕状を執行する司法機関は，第1段階の評価において見られる構造的または全般的な欠陥が，引渡対象者が逮捕状発付国に引き渡される場合に現実化する可能性があるか否か，および，事件の特定の状況において，引渡対象者が法律により事前に設置された裁判所において公正な裁判を受ける基本権を侵害される真正のリスクにさらされるか否かを評価しなければなりません。

　本件では，この2段階評価がどのように具体的に解釈適用される

のかが問題となりました。

　EU司法裁判所によれば，第1段階の一般的評価において，国家司法評議会のような，裁判官任命手続に関与する機関が立法権や行政権を代表するかまたはそれらにより選任される構成員が大部分を占めるという事実があるとしても，それだけでは引渡拒絶を正当化するには十分ではありません。しかし，そのような事実によって，他の関連要素および裁判官の選任がなされた際の状況と併せて，裁判官の独立性が疑われる場合には，引渡拒絶を正当化することがありえます。

　第2段階の個別評価では，引渡対象者が，逮捕状発付国の司法制度における構造的もしくは全般的な欠陥が自己の刑事事件の扱いに対して明確な影響を及ぼしたこと，または引渡しの場合にそのような影響を及ぼすおそれがあることを示す具体的な証拠を提出する必要があります。しかし，刑事手続に参加した1またはそれ以上の裁判官が国家司法評議会のような機関の申請により任命されたとしても，それだけでは引渡しを拒絶するのに十分ではありません。引渡対象者は，自己の刑事事件を審理した裁判官団に関して，当該裁判官団の指名手続および忌避の可能性などに関する情報を提示しなければなりません。

　この事件では，欧州逮捕状の執行において，公正な裁判を受ける基本権に関する加盟国間の相互信頼に疑念が生じ，相互承認原則が機能しなくなるような場合に，逮捕状を執行する司法機関はその義務を免れて引渡しを拒絶することが可能となる要件を示しました。それによれば，事件の特定の状況に応じて，引渡対象者の公正な裁判を受ける基本権が侵害されたと信じるに足る相当の理由が存在すること，または，引渡しがなされるならば公正な裁判を受ける基本権が侵害される真正のリスクが引渡対象者に発生することが認定される場合にはじめて，欧州逮捕状の執行を拒絶することが可能となります[21]。それはあくまで例外的な状況であ

21）　"Case-law by the Court of Justice of the EU on the European Arrest

ることがわかります。

6 まとめと次回予告編

今回は，EU の刑事司法協力が相互承認原則に基づいていることを，シェンゲン実施協定 54 条の一事不再理原則および欧州逮捕状枠組決定の相互承認原則を例に挙げて説明しました。いずれの場合も相互信頼が不可欠ですが，この 2 つの例における相互承認原則の作用は対照的です。

54 条のトランスナショナルな一事不再理原則は「確定判決」を相互承認する義務を課しています。この結果，A 国の判決が問題を最終的に解決したことを承認することにより，B 国は A 国ですでに判決を受けた行為を起訴することも罰することもできないという効果が発生します。そのため，A 国で判決を受けた者は安心して B 国に移動することができます。ここに，トランスナショナルな自由移動の権利を確保するという目的が見てとれます。それは国家権力を制限する方向に働きます。

他方，欧州逮捕状枠組決定の相互承認原則の下では，一定の犯罪について双方可罰性の検証を除外することにより，自由移動の権利を行使して他の加盟国へ逃亡した犯罪人の引渡しを可能とするという意味で，欧州逮捕状が自由移動を制限するために用いられています。それは国家権力が増大するという方向に働きます。引渡しを行う加盟国は，相手の加盟国が自国と同じように基本権を尊重するものと信頼しています。

このように，刑事司法協力における相互承認原則は，一方で国家権力を制限し，人の自由移動を促進すること，および，他方で国家権力を増大させ，人の自由移動を制限することの両方に使う

Warrant", Eurojust, December 2022, pp. 63–65, ⟨https://www.eurojust.europa.eu/sites/default/files/assets/2022-12-eurojust-eaw-cjeu-caselaw-report.pdf⟩.

ことができる手段となっています。

　さて次回は，域内市場と環境の関係について説明します。まず，特徴的な原則として，予防原則と環境統合原則を紹介します。

　次いで，各国の環境規制は物の自由移動を妨げる効果を持つことがありますが，EU司法裁判所は上記の予防原則などにより判例法のアプローチ（第5回をご覧下さい）を緩めて，環境保護に基づく正当化を広く認める傾向があることにふれ，その理由を考えます。

　さらに，競争法において環境保護はどのように考慮されるのかについても説明します。EU機能条約101条1項の要件に該当して競争制限的であるとされても，同条3項により適用除外を受けることが可能です（第6回をご覧下さい）。その場合に，環境統合原則がどのように働くのかを考えます。

第 11 回

域内市場と環境保護

1 はじめに

　EU は環境保護に熱心なことで知られています。気候変動，自然保護，水質保全，大気汚染，騒音，遺伝子組換え作物，危険物質など広範な分野で EU 立法が制定されています。今では，EU 加盟国の環境法の 70〜80％ が EU 立法に由来していると言われています[1]。

　しかし，ヨーロッパ諸国が 1957 年 EEC 条約を締結して単一市場をめざした頃，その基本条約に環境の文字は一字も入っていませんでした。変化が見られたのは 1972 年 6 月ストックホルムで開催された国連人間環境会議の後でした。同年 10 月のパリ首脳会議で「共同体環境政策（a Community environmental policy）」の重要性が強調され，翌 73 年に第 1 次環境行動計画が採択されています。

　それを受けて，域内市場の確立と機能のために各国法を調和する根拠規定である EEC 条約 100 条（現 EU 機能条約 115 条）を用いて，域内貿易と競争に有害な影響を与えるおそれのある各国ばらばらの環境立法を調和させる努力が始まりました（**第9回**でお

---

1)　Ludwig Krämer, "Regional Economic Integration Organizations" in Daniel Bodansky, Jutta Brunnée and Ellen Hey (eds.), *The Oxford Handbook of International Environmental Law*, Oxford University Press, 2007, pp. 853-876 at 860.

話ししたとおり，消費者保護立法でも同様のことが起きました）。この当時の EU 環境法は，経済統合と結びついており，その目的の範囲内で調和立法が行われるという意味で限界がありました[2]。

▶ ADBHU 事件（1985 年）

そのような EU 環境法の性格を変容させたのが，ADBHU 事件（1985 年）（Case 240/83, *ADBHU*, EU: C: 1985: 59）でした。

▨1985 年 ADBHU 事件判決▨

事件の概要

「廃棄油指令 75/439」[3]は，加盟国が廃棄油を可能ならばリサイクルにより安全に収集し処理するよう義務づけていました。フランスが廃棄油指令を国内法化した後，その国内法により廃棄油等の焼却が禁じられているにもかかわらず，「廃棄油焼却炉利益擁護協会（ADBHU）」という団体がそのような焼却を行うストーブや暖房器具の製造者，販売者と利用者の利益を擁護することを目的として活動しているため，フランスの検察はその団体の解散を国内裁判所に申し立てました。

これに対し，ADBHU は，廃棄油指令が廃棄油の自由な取引を妨げるという理由で，物の自由移動の原則に反していると反論しました。そこで国内裁判所は，廃棄油指令が無効かどうかについて EU 司法裁判所に先決付託しました。

問題の所在

廃棄油指令は，廃棄油の処理に責任を有する事業者が事前に許可を得なければならないと定めていましたが，その点が廃棄油の自由な取引を妨げ，物の自由移動に反するかどうかが争われました。

---

2) Elisa Morgera, "Environmental Law" in Catherine Barnard and Steve Peers (eds.), *European Union Law*, Oxford University Press, 2014, pp. 651-679 at 652-658.

3) Directive 75/439［1975］OJ L 194/23. この指令はその後，「廃棄物指令 2008/98」（Directive 2008/98［2008］OJ L 312/3）により廃止されています。

判　決

EU 司法裁判所は，廃棄油指令について，環境保護との関係でこのように述べます。

「その指令は，[EU] の本質的目標の1つである環境保護との関連において見なければならない。」（傍点筆者）

その結果，EU 司法裁判所は，廃棄油指令には物の自由移動を制限する効果があるが，物（廃棄油）の原産地による差別がなく，また，一般的利益である環境保護という目的により正当化される不可避の制限を超えるものではない，と判断しました。

この事件で EU 司法裁判所は，基本条約に環境規定がないにもかかわらず，環境保護が EU の本質的目標の1つであると指摘したことが注目されます。それに基づいて廃棄油指令が物の自由移動原則に反していないと結論しました。

▶ EU 基本条約の環境規定——EU 機能条約 191 条

この判決を受けて，単一欧州議定書による改正で基本条約としての EEC 条約に初めて，環境政策・立法のための明文規定が置かれました。その後の数次にわたる条約改正でも，環境関連規定が強化されました。現行の規定のうち，EU 機能条約 191 条を見てみましょう。

「1. 環境分野における連合の政策は，次の諸目的の追求に寄与する。
　・環境の質の維持，保護および改善
　・人間の健康の保護
　・天然資源の慎重かつ合理的な利用
　・地域または世界規模の環境問題に取り組むための国際次元の措置の促進，および，とくに気候変動との闘い
2. 環境分野における連合の政策は，連合のさまざまな地域における状況の多様性を考慮に入れ，高水準の保護をめざす。連合

は，予防原則，防止行動原則，環境への損害は発生源で優先的に是正されるべきであるとする原則，および，汚染者負担原則に基づく。……」

191条1項はEU環境政策の目的を定めています。そこには，環境や資源だけでなく，人間の健康も対象になっており，また，とくに気候変動に言及されています。

一方，同条2項はEU環境法の原則を定めています。簡単に言うと，次のとおりです。

・高水準の保護の原則：技術的に最高の環境水準をEUで即時に達成することではなく，各地域の事情が異なる点を考慮に入れ，継続的に改善することを意味します。

・予防原則：*3*で説明します。

・防止行動原則：早期の段階で環境保護の措置をとるべきであるとする原則です。

・発生源是正優先原則：環境に対する損害を発生源で防止すべきであるとする原則です。

・汚染者負担原則：環境汚染は汚染者がその処理費用を負担すべきであるとする原則です。

191条の目的や原則は抽象的に定められていますが，EU司法裁判所がEUの法令を審査する場合にどの程度基準となるのでしょうか。

Bettati事件（1998年）（Case C-341/95, *Bettati*, EU: C: 1998: 353）では，「オゾン層を減少させる物質に関する規則3093/94」[4]が，191条に照らして無効かどうかが争われました。EU司法裁判所は判決で次のように述べています。

「[EU機能条約191条] に定める諸目的および諸原則のうち，一定の

---

4) Regulation 3093/94 [1994] OJ L 333/1. この規則はその後，Regulation 2037/2000 [2000] OJ L 244/1 により全面改正されました。

> 目的および原則の間でバランスをとる必要があり，また，それらの基準の履行が複雑であるため，［EU司法裁判所］による審査は必然的に，［立法部としての］理事会がその規則を採択することにより［EU機能条約191条］を適用するための条件について明白に評価を誤ったかどうかという問題に限定されなければならない。」

　EU司法裁判所は，EU機能条約191条にある目的や原則に基づいてEU法令を審査することができます。しかし，EUの立法部に広範な裁量の余地があるため，「明白な評価の誤り」があった場合にはじめてEU法令の無効を宣言することができるにとどまります。

　さて以下では，一般的な規定として定められている「環境統合原則」とは何を意味するのか，また，EU環境法の諸原則のうち，最も論争を呼んでいる「予防原則」とはどのようなものなのか，についてお話ししましょう。その後には，物の自由移動と競争法においてそれらの原則がどのように位置づけられ，どのような影響を与えているのかを見てみましょう。

2　環境統合原則

　EU法の一般原則として，「環境統合原則（the priciple of environmental integration）」があります。それは，環境保護がEUのすべての政策にその策定と実施の両段階で「統合」されること，すなわち，環境とは無関係な政策であっても環境保護の観点が事前に組み込まれることを求めます。EUの環境保護以外の政策であっても，EUの環境政策目的（EU機能条約191条1項に列挙されている諸目的）を追求することや，EUの環境諸原則（同条2項で紹介した諸原則）に基づくことが必要とされます。このようにして，環境統合原則は，環境保護の進展が環境を無視する他の政策により損なわれるのを防ぐことを目的としています[5]。

環境統合原則を定める基本条約規定は，改正のたびに強化されてきました。その点を図表 11-1 でご覧下さい。

図表 11-1　環境統合原則と条約改正

条約改正	環境統合原則を定める規定と注釈
単一欧州議定書 (1986年署名, 87年発効)	「環境保護の必要性は，共同体の他の政策の構成要素である。」(EEC条約〔第Ⅶ篇環境〕130r条2項) ＊基本条約に初めて環境統合原則が規定されました。
マーストリヒト条約 (1992年署名, 93年発効)	「環境保護の必要性は，共同体の他の政策の策定および実施に統合されなければならない。」(EEC条約〔第ⅩⅥ篇環境〕130r条2項) ＊「策定および実施」，「されなければならない(must)」が追加されました。
アムステルダム条約 (1997年署名, 99年発効)	「環境保護の必要性は，とくに持続的発展を促進するため，3条〔欧州共同体の活動を列挙した規定〕に定める共同体の政策および活動の策定および実施に統合されなければならない。」(EC条約〔第1部諸原則〕6条) ＊「とくに持続的発展を促進するため」が追加されるとともに，EC条約の一般原則に格上げされました。
リスボン条約 (2007年署名, 09年発効)	「環境保護の必要性は，とくに持続的発展を促進するため，連合の政策および活動の策定および実施に統合されなければならない。」(EU機能条約〔第Ⅱ篇一般的適用規定〕11条) ＊共通外交・安全保障政策を含むEUのすべての政策分野に環境統合原則が拡張されました。

なお，EU 機能条約と同等の法的拘束力がある EU 基本権憲章にも環境統合原則が定められています。文言に若干の相違が見られますが，「環境の高水準の保護および環境の質の改善は，連合の政策に統合され，かつ，持続的発展の原則に従い確保されなけ

---

5)　Elisa Morgera, op. cit. *supra* note 2, p. 662, 663.

ればならない」（EU 基本権憲章 37 条）と規定されています。

　以下では，現行規定である EU 機能条約 11 条を念頭に置いて，環境統合原則が何を意味するのかを考えます。

　第 1 に，環境統合原則によって，具体的に何が「統合」されなければならないのでしょうか。これはそれ自体としては難しい問題ではありません。条文にある「環境保護の必要性」であり，すでに述べた EU 環境政策の諸目的（EU 機能条約 191 条 1 項），EU 環境法の諸原則（同条 2 項）などです[6]。

　第 2 に，環境統合原則とは，EU 環境政策が他の EU 政策より優先されるということを意味するのでしょうか。そうではないと考えられます。他の政策分野と抵触する場合に環境政策が優先されるということではありません。たとえば，先ほど紹介した ADBHU 事件（1985 年）のように，物の自由移動と環境保護が対立するような場合，環境統合原則それ自体が解決の基準を示すわけではなく，国籍や原産地に基づく差別の禁止，および，目的と手段の均衡を求める比例性原則に関する判例法に照らして解決されることになります[7]。

3　予防原則

　さて次に，「予防原則」について見ていきます。狂牛病（牛海綿状脳症〔BSE〕）という病気をご存じですか。牛の病気の 1 つで，BSE プリオンと呼ばれる病原体に牛が感染すると，牛の脳の組織がスポンジ状になり，異常行動などが起こり，死亡すると言われています。

　狂牛病は 1986 年に初めてイギリスで発見されました。狂牛病

---

6)　Jan H. Jans and Hans H. B. Vedder, *European Environmental Law: After Lisbon* (4th ed.), European Law Publishing, 2012, p. 23.

7)　*Ibid.*, p. 23, 24.

に感染した牛の脳や脊髄などを原料としたえさが，他の牛に与えられたことが原因となって，イギリスなどを中心に感染が広がりました。確認されたすべての狂牛病の 99.7％ がイギリスで発生していたため，EU はイギリス産牛肉の輸入禁止措置をとりました。イギリスは EU の措置の取消しを求めて EU 司法裁判所に提訴しました。これが，狂牛病事件（1998 年）（Case C-180/96, *United Kingdom v Commission*, EU: C: 1998: 192）です。

■1998 年狂牛病事件判決■

事件の概要

EU では 1996 年 3 月，「欧州連合科学検疫委員会」がはっきりとした因果関係が不明のまま，狂牛病が人体に感染するリスクを否定することができないとして，イギリス産牛肉の輸入禁止を勧告しました。それを受けてコミッションは，1996 年 3 月 27 日付決定（Decision 96/239［1996］OJ L 78/47）により，イギリス産牛肉を他の加盟国が輸入することを禁止しました。イギリスはそのコミッション決定の取消しを求めて EU 司法裁判所に提訴しました。

問題の所在

イギリスは，これまでに EU レベルで十分な措置がとられ，イギリス国内での狂牛病の発生が激減しているため，輸入を禁止するのは不適切かつ過剰であるとして比例性原則の違反を申し立てました。これに対し，コミッションは，輸入禁止が狂牛病の封じ込めを目的としており，一時的な緊急措置であるため，比例性原則には反しないと反論しました。

判　決

EU 司法裁判所は，コミッションの判断に軍配を挙げ，比例性原則の違反はないとしました。その際に次のように述べています。

「人間の健康に対するリスクが存在するかどうか，または，どの程度存在するのかに関して不確実性がある場合，［EU］諸機関は保護的

> 措置をとることができるのであり，それらのリスクが現実のものであり，重大なものであることが完全に明らかになるまで待つ必要はない。」

　判決では明示されていませんが，このように影響がまだ不明確な時点でも保護的な対策をとることが可能であるとする考え方を「予防原則（the precautionary principle）」と呼びます。

　「予防原則」の起源はドイツの環境法にあると言われています。それは今や，EU 法の一般原則として，EU や加盟国の機関に対し，経済的利益よりも環境，公衆衛生や安全の保護の必要性を優先させることにより，これらの利益に対する特定の潜在的リスクを事前に防ぐための適切な措置をとるよう要求します[8]。

　農薬の一種であるフェナリモルの使用を制限する「フェナリモルを活性物質として含める指令 2006/134」[9]が予防原則に照らして正当化されるかどうかが争われた Gowan 事件（2010 年）（Case C-77/09, *Gowan*, EU: C: 2010: 803）において，EU 司法裁判所は予防原則の意味をさらに明確化して次のように示し，その指令の効力を認めました。

> 「行われた研究の結果が不十分，不確定または不正確であるため，申し立てられているリスクが存在するかどうか，または，どの程度存在するのかに関して確実に決定することが不可能であると判明しているものの，そのリスクが現実のものとなるならば公衆衛生に見込まれる実害が持続する場合，制限的な措置が差別のないものであり，かつ客観的である限り，そのような措置の採択は予防原則により正当化される。」

　このように予防原則は，確実な証拠がなくとも，リスクが現実

---

8)　Koen Lenaerts and Piet Van Nuffel, *European Union Law* (3rd ed.), Sweet & Maxwell, London, 2011, p. 856, 857.

9)　Directive 2006/134 [2006] OJ L 349/32.

化した場合の被害が大きいと予想されるときには，関係者間に差別がなく，客観的な判断に基づくことを条件に，そのリスクの発生を抑える措置を事前にとってもよいことを意味します。

　さて，ここまで環境統合原則と予防原則に焦点を当ててEU環境法の特徴を説明しました。そこで次に，これらの原則が物の自由移動や競争法においてどのように反映されているのか見てみましょう。

4　物の自由移動と環境

　第5回で学んだカシス・ド・ディジョン事件判決で，加盟国のある措置が「数量制限と同等の効果を有する措置（同等効果措置）」（EU機能条約34条）であっても判例法上の理由である「不可避的要請」により（かつ比例性原則を充たすならば）正当化される可能性があることを学びました。それには環境保護も含まれます。

　ただし，その加盟国の措置が「非差別適用措置」（少なくとも法の上では差別がない措置）であることが必要です。これも**第5回**で勉強しましたが，デンマークではビールおよびソフトドリンクは，国産品か輸入品かにかかわらず，デポジット制を前提としたリサイクル可能な容器で販売しなければならないという規制を行っていましたが，それを正当化する理由として環境保護が認められました。

　しかし，非差別適用措置でない場合，直接的差別（法の上でも，その適用の結果でも，輸入品や他の加盟国国民に対して差別がある措置）となり，その正当化はEU機能条約36条に限定列挙された理由に限られます（**第5回**をご覧下さい）。しかし，そこに環境保護は含まれていません。つまり，環境保護を理由とする正当化は非差別適用措置がある場合に限られます。図表11-2をご覧下さい。

　加盟国が環境保護を理由として定める措置は，その性質上，直

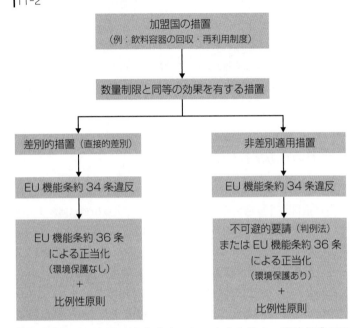

図表
11-2　物の自由移動と環境保護

接的差別になる傾向があります。このような場合，環境保護が目的であっても，物の自由移動に反するとして禁止されるのでしょうか。その点を廃棄物の規制に関する事件で見てみましょう。

▶ ワロン廃棄物規制事件

　ベルギーのワロン地域の法令が他の加盟国から来る廃棄物をワロン地域で廃棄することを禁じていたため，（同地域内で発生した廃棄物はよしとする点で）直接的差別に当たりました。そこで，コミッションがベルギーを相手取って，EU機能条約34条（同等効果措置の禁止）に違反するとして提訴しました，これがワロン廃棄物規制事件（1992年）（Case C-2/90, *Commission v Belgium* (*Walloon Waste*), EU: C: 1992: 310) です。

▧1992年ワロン廃棄物規制事件▧

事件の概要

　廃棄物は「物（goods）」として EU 機能条約 34 条が適用されます。ワロン地域の法令のうち，有害廃棄物に関する禁止については関連指令に反するとされました。そこで，有害廃棄物以外の廃棄物について，EU 機能条約 34 条に違反するかどうかが争われました。

問題の所在

　ベルギー政府はワロン法令による廃棄物輸送の制限が環境保護の不可避的要請により正当化されると主張しました。

　これに対し，コミッションは，ワロン法令が（ワロン地域で発生する廃棄物と同様に有害でない）他の加盟国で発生する廃棄物を差別しているため（直接的差別であるゆえに），不可避的要請に依拠することはできないと主張しました。

　ワロン法令は環境保護のためには適切な規制であるように思われますが，直接的差別なので本来ならば環境保護で正当化されないはずです。EU 司法裁判所は，その点をどう判断したのでしょうか。

判　決

　EU 司法裁判所は次のような判断を示しました。

　「不可避的要請は，確かに，国産品と輸入品の双方に差別なく適用される措置の場合にのみ考慮に入れることができる。しかしながら，問題となっている障壁が差別的かどうかを評価するに当たり，廃棄物に特有の性質に留意しなければならない。環境破壊は優先事項として発生源において是正されるべきであるという原則は，環境に関する[EU]の行動の基礎として[EU 機能条約 191 条 2 項]に定められているが，それには各々の地域，地方自治体または他の地方当局がそれぞれの廃棄物が収集され，処理され，および処分されるのを確保するために適切な処置をとることを伴う。したがって，可能な限り廃棄物の輸送を制限するために，それぞれの廃棄物はその発生場所にできる限り近接したところで処分されなければならない。」

これは，先に紹介した発生源是正優先原則（環境に対する損害を発生
源で防止すべきであるとする原則）に基づいて判断されていることを示し
ています。

このように述べた後，EU 司法裁判所は「異なる場所で発生す
る廃棄物の間の相違および廃棄物の発生場所との結びつきを考慮
するならば，係争点となっている措置を差別的とみなすことはで
きない」と結論づけました。その結果，直接的差別には当たらな

図表
11-3　　ワロン廃棄物規制事件

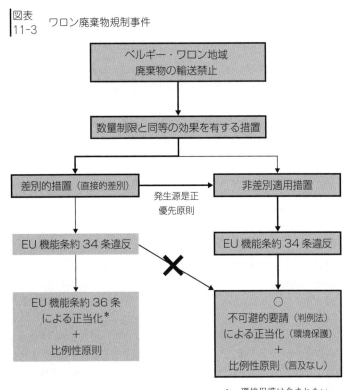

* 環境保護は含まれない。
* 太枠が判決の流れを示す。

（庄司克宏編著『EU 環境法』〔慶應義塾大学出版会・2009 年〕12 頁の図を修正）

いとされ，環境保護に関する不可避的要請に基づく正当化が認められたのです。判決の流れを図で示すと，図表11-3のようになります。

▶ ドイツ再生可能エネルギー事件

　ドイツでは再生可能なエネルギーによる発電（たとえば風力発電）を促進するため，電力供給事業者に対して，供給地域内またはその最も近辺で生産される再生可能なエネルギー源から発電される電力を購入すること，また，高圧送電線網に供給される再生可能なエネルギーによる電力に最低保証価格を支払うことが法律で義務づけられました。

　さらに，その後の改正により送電事業者は一定の場合に再生可能なエネルギーを購入する義務のために被る追加費用を電力供給事業者に請求することが認められました。

　この法律は，ドイツ国内の特定の再生可能なエネルギー源により生産される電力にのみ適用されました。そのため，他の加盟国で同様にして生産される電力に対して差別的（直接的差別）でした。この点が，ドイツ再生可能エネルギー事件（2001年）（Case C-379/98, *PreussenElektra*, EU: C: 2001: 160）で問題になりました。

▌2001年ドイツ再生可能エネルギー事件▐

事件の概要

　ドイツ国内の再生可能なエネルギー源により生産される電力にのみ適用される法律が，他の加盟国で同様にして生産される電力に対して直接的差別に当たりました。

問題の所在

　自由競争市場では得ることができず，かつ，他の加盟国で生産される電力に対する需要を減少させる条件に基づいて，ドイツの電力供給

業者等に対して，風力発電を含むドイツで再生可能なエネルギー源から生産される電力の購入を義務づけることがEU機能条約34条に反するかという問題が，ドイツ国内裁判所からEU司法裁判所に対し，先決付託されました。

判 決

　EU司法裁判所は，ドイツの法律が定める電力購入義務が少なくとも潜在的にEU域内貿易を妨げるものとしました。しかし，それにもかかわらず，EU機能条約34条に適合するかどうかを判断するために，問題となっている法律および電力市場の特徴に留意しなければならないとしました。ただし，その法律が直接的差別かどうかということについての検討は行われませんでした。

　次いで，EU司法裁判所は以下の点に言及しました。

　① 電力を生産するために再生可能なエネルギー源を使用することは，温室効果ガスの排出削減に寄与するため環境保護に役立つものであるということです。また，温室効果ガスの排出削減はEUおよび加盟国が国連気候変動枠組条約および京都議定書に基づく義務を履行する際に追求しようとしている優先的な政策目標の1つでもあります。

　② その政策においては，人間および動植物の健康および生命を保護することも意図されています。これは，EU機能条約36条（明文の適用除外）に列挙されている理由です。

　③ 環境統合原則がEU機能条約11条に規定されています。

　④ 電力の性質として，いったん送電システムに入るとその起源，とくにエネルギー源を見分けることが難しいということがあります。

　EU司法裁判所は，以上の点に基づいて，ドイツの法律がEU機能条約34条に反していないと判断しました。

　またしても，本来ならば直接的差別に当たるはずであるにもかかわらず，環境保護に基づく正当化が認められたのです。なお，注目すべき点として，この事件では環境統合原則が判断の根拠の1つとして示されています。以上の点につき，図表11-4をご覧下さい。

図表 11-4 ドイツ再生可能エネルギー事件

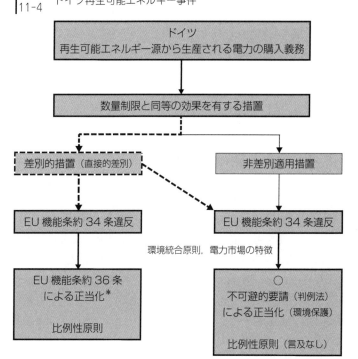

＊ 太枠が判決の流れを示す（右側が環境保護に基づく
正当化であり，左側は環境保護ではなく人間・動植物の
生命・健康に基づく正当化である）。点線は，明示的に
言及されていないことを示す。

（庄司克宏編著『EU 環境法』〔慶應義塾大学出版会・2009 年〕15 頁の図を修正）

　これらの事件は，物の自由移動において加盟国の措置が直接的
差別に当たるとしても，（直接的差別には適用されないはずの）不可
避的要請に含まれる環境保護を理由として正当化されることが示
されています。その際に根拠として使われているのが，発生源是
正優先原則，環境統合原則などの EU 環境法の諸原則（EU 機能条
約 11 条・191 条 2 項）です。これらにより，加盟国の環境保護の

ための措置は，いわば特別扱いされているのです。EU が環境という価値に高い優先順位を置いていることがわかります。では，競争法において環境はどのように位置づけられているのでしょうか。その点を EU 競争法と環境統合原則との関係から見てみましょう。

5 競争法と環境

第6回で見たように，EU 競争法のうち，EU 機能条約 101 条においては1項に反する事業者の協定などに対してコミッションが同条3項に基づき適用除外を付与することが可能です。環境統合原則はその際にどのように考慮されるのでしょうか。

それは，事業者の協定などが EU 競争法の目的である市場統合，経済的自由および消費者厚生（商品やサービスの価格低下や質の向上）を損なわない場合にのみ，適用除外の判断に際してコミッションに EU レベルの公益として環境統合原則を考慮に入れる義務があることを意味するにとどまります[10]。これは具体的にはどのような義務なのでしょうか。

▶ EU 機能条約 101 条3項に基づく適用除外

第6回で学んだとおり，101 条1項に違反する事業者間の協定が同条3項による適用除外を受けるためには，4つの要件をすべて充足しなければなりません。簡単に言うと，第1に客観的な効率性の利益，第2に競争制限の不可欠性，第3に消費者の利益の公正な配分，第4に本質的部分における競争の非排除です。

これらの要件は環境保護とどのような関係にあるのでしょうか。コミッションは，「［EU 機能条約 101 条3項］の適用に関する指

10) Giorgio Monti, "Article 81 EC and Public Policy", *Common Market Law Review*, Vol. 39, No. 5, 2002, pp. 1057-1099 at 1069-1071, 1077, 1078.

針」[11]の中で，101条3項と環境を含む非競争的利益との関係に関し，「[EU機能条約101条3項]の4つの要件に組み込むことができる限りにおいて，[環境統合原則を含む]他の条約規定により追求される目標[非競争的利益]を考慮に入れることができる」という立場をとっています。

　しかし一方で，コミッションは「指針」において，かなり広範な概念として「効率性」という語を使用しており，経済的な側面を有する非競争的利益が経済的価値に「翻訳」されることがあると指摘されています[12]。

　つまり，コミッションは4つの要件に組み込むことが可能な範囲で環境統合原則などを考慮に入れることができると限定しているものの，第1の要件にある「効率性」の意味を広く考えて環境保護を組み込んでいるようです。

　以下では，101条3項において経済的効率性に限定して考える立場を「効率性限定説」，それに限定しないで環境保護などの非競争的利益を含めて考える立場を「非競争的利益説」と呼ぶことにします。

▶ 効率性限定説と非競争的利益説

　効率性限定説は，101条3項が経済的効率性の改善をもたらす協定のみを許容すると考えます。すなわち，同項により可能なことは，1項にある協定などの競争制限的な効果を3項に基づく効率性の向上と比較衡量することにとどまります[13]。

---

11)　Guidelines on the application of Article 81 (3) of the Treaty [2004] OJ C 101/97.

12)　Ben Van Rompuy, *Economic Efficiency: The Sole Concern of Modern Antitrust Policy? Non-efficiency Considerations under Article 101 TFEU*, Kluwer Law International, 2012, pp. 260-262.

13)　Richard Whish and David Baily, *Competition Law* (7th ed.), Oxford University Press, 2012, p. 157.

これに対し，非競争的利益説は，競争制限的な協定などが適用除外を受けることを認めるか否かに際し，環境政策，産業振興政策，雇用政策，地域振興政策，文化政策など，経済的効率性以外の政策を考慮に入れることができると考えます[14]。

　この点に関し，EU司法裁判所の下級審である総合裁判所は，Métropole Télévision事件（1996年）[15]において次のように述べています。

> 「包括的な評価の文脈において，コミッションは，[EU機能条約101条3項]に基づく適用除外を付与するため，公益の追求と結びついた考慮に基づくことができる。」（傍点筆者）

　この「公益」とは何かについて，EU司法裁判所はたとえばMetro事件（1977年）[16]において次のように述べています。

> 問題となっている協定が「とくに市場の状況が好ましくないときに，一般的な生産条件を改善するゆえに，[101条3項]に従い考慮されうる目的の枠内に入る雇用の提供に関する安定化要因を構成する」

　このように，101条3項で考慮される「公益」の中に雇用の安定が含まれることが示されています。では，環境はどうでしょうか。第6回でも紹介しましたが，その点をコミッションのCECED事案（2000年）（CECED［2000］OJ L 187/47）から見てみましょう（EU司法裁判所では争われませんでした）。

■2000年CECED事案決定■

事件の概要

　EU各国の家電製品メーカーが加入する団体である「欧州家電工業

---

14)　*Ibid.*

15)　Case T-528, 542, 543 & 546/93, *Métropole Télévision v Commission*, EU: T: 1996: 99.

16)　Case 26/76, *Metro v Commission*, EU: C: 1977: 167.

会（CECED）」が，エネルギー効率の低い洗濯機を段階的に生産中止し，市場から撤退させることに合意しました。CECED は，それが競争制限的な協定とみなされることを心配して，コミッションに 101 条 3 項に基づく適用除外を申請しました（今では自己責任で判断しなければなりませんが，当時は事前申請が可能でした）。

　コミッションは，この合意（協定）の当事者が一部の洗濯機の製造や輸出を妨げ，消費者の選択を制限するので競争を制限していると認定しました。つまり，101 条 1 項に該当すると判断しました。

　そこで次に，この協定が同条 3 項による適用除外を受けられるのかが問題となりました。

コミッションの判断

　コミッションは，EU 機能条約の環境規定（191 条）に言及した後，次のような判断を示しました。

　「CECED の協定により社会にもたらされる利益は，エネルギー効率の高い洗濯機を購入する場合に費用が増大する分の 7 倍を超えるように思われる。社会に対するそのような環境上の成果は，個々の洗濯機購入者に利益がもたらされないとしても，消費者に利益の公正な配分を十分に与えるものとなろう。」

　そのうえでコミッションは，「その協定はユーザーに利益の公正な配分を与える一方，技術的および経済的進歩に著しく寄与するものと予想される」という結論を示しました。この結果，CECED の協定は 101 条 3 項に基づく適用除外を受けることができました。

　この事案で家電メーカー団体の合意（協定）は，省エネタイプではない洗濯機の製造中止により競争を制限する側面を含んでいました。しかし，省エネタイプの洗濯機の購入を促すことにより環境保全に役立つため，広い意味で経済的効率性を向上させるとみなされました。

　これらの判決や決定から，101 条 3 項に環境などの非競争的利

益を読み込む余地が認められていると解釈できるように思われます。

　なお，Stim 事件（2013 年）[17]において総合裁判所は，EU 機能条約 167 条 4 項（EU は，とくに文化の多様性の尊重と促進のため，基本条約の他の規定に基づく行動において文化的側面を考慮に入れる）を，101 条 3 項の適用に関する 4 つの要件（とくに制限の不可欠性）について検討する際に「留意する（bear in mind）必要があることを含意するにとどまる」と判示しています。環境統合原則はこの文化の規定よりも強い意味を持つと考えられますが，101 条 3 項の適用の際にどこまで環境が考慮されるのか明確ではありません。なお，コミッションは 2022 年 3 月，企業間の水平的な協力に関する 101 条 1 項および 3 項の運用指針を示す「水平的協力協定に関する指針」の改正案を公表しましたが，そこでは，気候変動対策などの持続可能性の目的を追求する企業間の「持続可能性協定」が 101 条 1 項の禁止に該当しない場合，また，禁止に該当しても 101 条 3 項に基づく適用除外の対象となる場合の指針を示しています。

6　まとめと次回予告編

　EU は気候変動を含むさまざまな環境問題を深刻に受けとめ，環境保護や気候保護に真剣に取り組んでいます。環境問題はトランスナショナルな課題であり，また，気候変動はグローバルな問題であるため，その解決には各国より EU が動く方が適しています。今回は，EU の基盤である域内市場において環境がどのように扱われているのかに注目しました。

　物の自由移動においては，環境という価値とぶつかる面がある

---

17)　Case T-451/08, *Stim v Commission*, EU: T: 2013: 189.

ため，EU司法裁判所が判例法の原則を環境については修正することにより環境保護を優先する姿勢を示しています。他方，競争法においては，環境問題が関わる度合いが限定的であるため，物の自由移動の場合より対応が緩やかなようです。

　さて，今回をもって，「**第3部　トランスナショナルな課題とEU法**」を終えます。次回以降では，いわば憲法の統治機構と基本的人権に当たる部分を扱います。すなわち，EU法制度がどのような意味でスプラナショナルに機能しているか，組織面から見ていきます。具体的には，EUを運営するのはどのような諸機関か，EU立法の手続にはどのような特徴があり，その問題点は何か，EUの行政はどのような仕組みで行われているのかについてお話しします。また，EUの司法制度を取り上げ，EU司法裁判所の組織，訴訟手続に加え，国内裁判所とどのような関係にあるのかを見ます。さらに，EU法では基本的人権がどのように保護されているのか，そこにはどのような問題があり，どんな対応がなされているのか説明します。

第4部	★ ★ ★ ★

EUの統治機構
——スプラナショナルな機能

第12回	EUの権限と諸機関
第13回	EU立法と民主主義の赤字
第14回	EU行政の仕組み
第15回	EUの司法制度

INSPIRING EUROPEAN UNION LAW

　第4部では，EUのトランスナショナルな側面を支えるために，EUの諸機関はどの程度スプラナショナルなのか，また，EUの立法・行政・司法はどのような意味でスプラナショナルに機能しているのか，さらに，スプラナショナルな側面の限界を示すものとして，加盟国との関係はどのようになっているのかについてもお話しします。

EU の権限と諸機関

1 はじめに

　EU の基本条約を見ると，EU はどのような仕事をするように
なっているのかがわかります。これまで見た限りでは，EU 法の
守備範囲として，物・人・サービス・資本の自由移動を意味する
域内市場，それを補完する競争法，1 つの市場に 1 つの通貨を提
供する経済通貨同盟，国境管理や警察・刑事司法協力などを行う
自由・安全・司法領域，また，環境規制があることを紹介してき
ました。これらはすべて，域内市場におけるトランスナショナル
な自由移動が起源となって発展してきた政策分野です。しかし，
EU の政策分野はまだまだあります。図表 12-1 をご覧下さい。
EU 基本条約の項目を参考に，対内的政策と対外的政策の各分野
を示しています。

　この表を見るかぎりでは，EU はすでに国家並みの仕事をして
いるように思われますが，実はそうではありません。それぞれの
政策分野での EU の権限には強弱があり，EU がスプラナショナ
ルな権限を持つことにより国家に取って代わっている政策分野は
それほど多くありません。

▶ 加盟国の権限と共通外交・安全保障政策

　まず，基本条約により EU に与えられていない権限は，加盟国
のものです。とくに留意しなければならない点として，次のこと

対内的政策
域内市場
自由・安全・司法領域
運輸
競争，税制，各国法の調和
経済通貨同盟
雇用
社会政策
教育，職業訓練，青少年，スポーツ
文化
公衆衛生
消費者保護
欧州横断ネットワーク（運輸，電気通信，エネルギー）
産業
経済的，社会的，領域的結束（格差是正）
研究・技術開発，宇宙
環境
エネルギー
観光
市民保護（天災，人災関連の防止・保護）
行政協力（情報交換，職員交流，研修など）

対外的政策
共通通商政策
開発協力
人道援助
共通外交・安全保障政策
その他対内的政策に伴う対外的政策

が示されています。

> 「[EU] は，国家の本質的機能，とくに国家の領域保全を守り，
> 公の秩序を維持し，および国家安全保障を確保するという機能を
> 尊重する。」(EU 条約 4 条 2 項)

　国防や治安は国家の本質的機能であるため，EU が代替することはできません。ただし，EU は，共通防衛政策を徐々に形成することを含め，共通外交・安全保障政策を策定し，実施する権限を与えられています。しかし，そのための手段を提供するのは加盟国であり，EU 軍が存在するわけではありません。

▶ EU の排他的権限

　他方，EU だけの排他的権限がいくつか存在します。排他的権限とは，最もスプラナショナルな性格が強く，EU のみが立法その他の法令を制定することができることを意味します。それは次の分野に限られます（EU 機能条約 3 条）。

> (1) 関税同盟
> (2) 域内市場の機能に必要な競争法の制定
> (3) ユーロ圏の金融政策
> (4) 海洋生物資源保護
> (5) 共通通商政策
> (6) 既存の EU 立法や権限に関わる国際協定の締結

▶ 共有権限

　EU と加盟国の共有権限も存在します。これは，EU も加盟国もともに，立法その他の法令を制定することができることを意味します。共有権限に含まれるのは，排他的権限と後で述べる補充的行動に該当しない分野です。その主要分野が，次のように例示されています（EU 機能条約 4 条）。

(1) 域内市場

(2) 一定の社会政策

(3) 経済的・社会的・領域的結束（格差是正）

(4) 農漁業

(5) 環境

(6) 消費者保護

(7) 運輸

(8) 欧州横断ネットワーク（運輸，電気通信，エネルギーのインフラ）

(9) エネルギー（市場機能，供給の確保など）

(10) 自由・安全・司法領域

(11) 公衆衛生に関わる安全（人の臓器・血液や医薬品など）

(12) 研究・技術開発，宇宙

(13) 開発協力，人道援助

　これらの分野（(12)(13)を除く）では，加盟国はEUが立法を制定するなどしてその権限を行使した限度で自らの権限を行使できなくなります。これは「先占（preemption）」の原則と呼ばれます。ここにスプラナショナルな権限の性格が現れています。ただし，排他的権限と異なり，EU諸機関が既存のEU立法を廃止した場合などEUが権限行使を止めることを決定したならば，その範囲で加盟国の権限が復活します。

▶ 補充的権限

　さらに，EUが加盟国の行動を支援し，調整し，または，補充するための行動を行う権限（以下，補充的権限）があります。次の分野です（EU機能条約6条）。

(1) 人間の健康の保護・改善

(2) 産業

(3) 文化

(4) 観光

(5) 教育・職業訓練・青少年・スポーツ

(6)　市民保護（天災・人災関連の防止・保護）

(7)　行政協力（情報交換，職員交流，研修など）

　これらの分野では，共有権限の分野とは異なり，EU は加盟国に取って代わることはできません。つまり，スプラナショナルな先占は生じません。また，EU は法令を制定することができますが，各国法を調和して EU で共通化することはできません。

　たとえば，文化政策分野で「創造的欧州プログラム規則 2021/818」[1]という立法が制定されていますが，ヨーロッパの文化・創作部門を支援するプログラムを導入するにとどまっており，EU 共通の文化政策を確立するものではありません。

▶ 経済・雇用政策

　先ほど述べた共通外交・安全保障政策とともに，経済・雇用政策は，排他的権限，共有権限，補充的権限のいずれにも属していません。加盟国は基本条約が定める枠内で経済・雇用政策の調整を行うにとどまります。たとえば，加盟国は EU 内で経済政策の調整を行い，閣僚レベルの政府代表で構成される理事会（後で説明します）は，経済政策のための広範な指針などの措置を採択します。また，雇用政策のための指針を定めます。経済政策や雇用政策を実施するのは EU ではなく，加盟国です。

　ここまで，加盟国と対比した場合に EU がどのような権限を持つのかについて見ました。EU のスプラナショナルな性格が現れるのは，主として排他的権限と，先占が発生する場合の共有権限の場合です。これらのさまざまな権限を EU レベルで行使するのは，EU 諸機関です。では，諸機関にはどのようなものがあるのでしょうか。それらはどのような個別の権限を持っているのでし

---

1)　Regulation 2021/818 [2021] OJ L 189/34.

ょうか。また，諸機関はそれぞれどのような権限関係にあるので
しょうか。以下では，これらの点についてお話しします。

2 EUの諸機関

EUの諸機関（the institutions）とは，基本条約により設置され
たものを指します。それは7つあり，EU条約13条1項に列挙
されています。図表 12-2 をご覧下さい。

図表
12-2　EU諸機関

機関名	英語表記	所在地
欧州議会	the European Parliament	本会議　ストラスブール（フランス） 委員会　ブリュッセル（ベルギー） 事務局　ルクセンブルク（ルクセンブルク）
欧州理事会	the European Council	ブリュッセル
理事会	the Council	ブリュッセル
欧州コミッション	the European Commission	ブリュッセル
EU司法裁判所	the Court of Justice of the EU	ルクセンブルク
欧州中央銀行	the European Central Bank	フランクフルト（ドイツ）
会計検査院	the Court of Auditors	ルクセンブルク

欧州理事会はEUの首脳会議であり，EUの政治的な基本方針
を決定します。独立の立場の欧州コミッション（以下，コミッショ
ン），閣僚レベルの理事会および直接選挙された欧州議会の3機
関により立法が行われます。なお，「欧州連合理事会（the Council

of the European Union)」という場合は，理事会を指します。ちなみに，「欧州審議会（the Council of Europe）」はEUの機関ではなく，別の地域的国際機構です（欧州評議会とも呼ばれます）。

EU司法裁判所はEU法の解釈適用を行う司法機関で，下級審の総合裁判所（the General Court）および上級審の司法裁判所（the Court of Justice）に分かれます（**第15回**をご覧下さい）。本書でEU司法裁判所という場合，主として上級審の司法裁判所を指しています。

欧州中央銀行（ECB）は，単一通貨ユーロの番人として金融政策を行うユーロシステムの中核に位置づけられています。また，その後には銀行監督の任務も追加されています（**第7回**をご覧下さい）。会計検査院は，EUのすべての歳入歳出の監査を行います。

EUの統治機構において，以上の諸機関がすべて常にスプラナショナルな機能を担っているわけではありません。そのような機能を果たすのは，コミッションによる立法提案権の独占，理事会における特定多数決制，EU司法裁判所の判例法，ECBによる金融政策などです。これらの機関は，理事会を除き，すべて国家から独立して機能します。

▶ 諮問機関，補助機関

以上の諸機関に加えて，経営者，労働者その他の代表で構成される経済社会委員会および地域・地方自治体の代表で構成される地域委員会が，諮問機関として立法の際に意見を表明することにより，欧州議会，理事会およびコミッションを補佐します。

また，インフラ，エネルギー供給や環境を改善するプロジェクトに低利融資を行う欧州投資銀行が設置されています。

さらに，EU行政の監視を行う欧州オンブズマン，加盟国間の警察協力を支援するユーロポール，加盟国間の検察協力を支援するユーロジャスト，EUの対外的代表であるEU外交・安全保障

政策上級代表を補佐する欧州対外行動庁，EU の防衛能力・装備を改善するための欧州防衛庁などが設置されています。

　以上はすべて，EU 基本条約により直接設置されるか，あるいは，基本条約に設置根拠が規定されている機関です。

　なお，金融支援のための危機管理枠組みである欧州安定メカニズムは，基本条約に設置根拠を持ちますが，EU 法ではなく国際法上の国際機構として設置されています（第 7 回をご覧下さい）。

　これらの他にも，欧州環境庁，欧州化学物質庁，欧州食品安全機関，EU 基本権庁，EU 知的財産権事務所（商標・意匠）など，特定の任務を果たすため EU 立法により設置され，法人格を有する補助機関が多数存在します。

▶ 多言語主義

　EU は多言語主義（multilingualism）を採用しています。多言語主義とは，第 1 に個人が複数の言語で意思疎通する能力を持つこと，第 2 に 1 つの地理的または政治的領域に複数の言語共同社会が共存すること，第 3 に複数の言語で組織を運営するという方針が選択されることを意味します。

　多言語主義は EU 諸機関の原則の 1 つとなっており，とくに第 3 の意味で使用されます。EU の公用語は 24 か国語です。EU を運営するため，EU 諸機関や補助機関では毎日さまざまな会合が開かれています。そのため，多数の通訳や翻訳者が必要とされます。

　多言語主義に対応するため，コミッションに通訳総局が置かれ，800 人の専任通訳と 1 日に 1200〜3200 人のフリーランス通訳が雇用されています（なお，翻訳総局も設置され，約 2500 人が雇用されています）。通訳サービスのために年間 1 億 2600 万ユーロが支出されています（2014 年）。

　多言語主義には，多大のコストを伴うとしても，多様な文化を

持つ人々が平和に共存するには不可欠であるという EU の知恵が現れていると言えます。

　以下では，EU 諸機関のうち，欧州理事会，コミッション，理事会，欧州議会についてその特徴や任務・権限について述べた後，機関間バランスという原則について説明します。

3 欧州理事会

　欧州理事会の構成員は，加盟国首脳（国家元首または政府の長），常任議長およびコミッション委員長です。年 4 回（3 月，6 月，10 月，12 月）会合しますが，EU 内外で重大な問題が発生したとになどに対応を協議するため，臨時会合が開催されることもよくあります。たとえば，2023 年 2 月 9 日には，ロシアの侵攻を受けるウクライナへの支援継続などを話し合うために，ゼレンスキー（Volodymyr Zelenskyy）ウクライナ大統領を招いて臨時会合が開催されました。写真 12-1 をご覧下さい。その時の欧州理事会のメンバーです。

▶ 常任議長

　欧州理事会が選出する常任議長は任期 2 年半（再任可）ですが，国家の職務を引き受けてはならないため，現職の加盟国首脳が兼職することはできません。

　常任議長は，欧州理事会の議事進行と作業の促進を図るとともに，欧州理事会内における結束とコンセンサスを容易にすべく努めることなどを職務とします。また，「共通外交・安全保障政策（the Common Foreign and Security Policy: CFSP）」事項において，首脳レベルの対外的代表を務めます。

写真
12-1　欧州理事会

© European Union, 2023

▶ EU の最高意思決定機関

　欧州理事会は EU の最高意思決定機関として，EU の発展に必要な原動力を与え，一般的な政治的方針および優先順位を定めます。また，EU の重要な組織・人事上の決定を行います。しかし，立法権限はありません。

　欧州理事会は原則としてコンセンサスにより決定を行います。欧州理事会の議事録は，「議長総括」という形で公表されます。

4　コミッション

　コミッションは，スプラナショナルな機能を担う存在として，通常の国家には存在しない独特の機関であり，独立の立場で EU の政策立案と執行の両面を担います。それは，（専門的能力ではなく）一般的能力を基準として選定され，かつ，独立性に疑いのない委員で構成されます（委員長 1 人，EU 外務・安全保障上級代表を含む副委員長数人）。各加盟国の国民から 1 人任命され，任期は 5 年です。

　このコミッションを補佐するため，各委員の下にいくつかの総局（たとえば，競争政策を担当する競争総局）および他の部局（たとえば法務部）が置かれています。

▶ 独立性の義務があること

スプラナショナルな機能を担うコミッションの委員は独立性を確保する法的な義務があり，EU の一般的利益のため完全に独立して職務を遂行しなければなりません。それは，各国政府および団体からの政治的独立性を意味します。すなわち，職務の遂行にあたり，いかなる政府またはその他の機関の指示も，求め，または，受けてはなりません。しかし最近では，加盟国政府が自国出身のコミッション委員を「自国代表」とみなす傾向があると言われています。

▶ 合議体であること

コミッションの意思決定は原則としてその構成員の単純多数決に基づきます。他方で，コミッションは「合議体（a collegiate body）」として活動します。それは，集団的審議により決定が行われること，また，すべての委員が採択されたあらゆる決定に対して政治的な共同責任を負うことを意味します。そのため，コミッションは構成員の間で広範なコンセンサスを追求しようとします。

▶ 立法提案権の独占

コミッションは，実質的に EU の権限のすべての分野において立法提案権を独占しています。ここにコミッションのスプラナショナルな機能が最も反映されています。すなわち，EU の立法は，一部の例外除き，コミッションの提案に基づいてのみ採択されます。また，EU 予算案についても，コミッションのみが提出する権限を持っています。

例外として共通外交・安全保障政策（CFSP）では立法は行われませんが，コミッションには政策発議権がなく，加盟国および EU 外務・安全保障上級代表が政策発議権を持ちます。また，警

察・刑事司法協力では，コミッションによる立法提案のほかに，全加盟国の4分の1による発議も可能です。

　なお，理事会，加盟国および欧州議会は，コミッションに対して法案の提出を要請することができる場合があります。ただし，それはコミッションを法的に拘束するものではありません。また，EU市民の発議権が認められており，それには全加盟国の少なくとも4分の1からの100万人以上の市民の署名が必要です。

▶ 立法・政策の実施とEU法適用の監督

　コミッションは欧州議会と理事会のコントロールの下に委任立法を行うことができます。また，コミッションはEU立法を実施するための「一律の条件が必要とされる場合」（EU機能条約291条2項），加盟国のコントロールの下に，そのために必要な措置を採択する権限を付与されます（**第14回**をご覧下さい）。

　他方，コミッションは，EU基本条約およびそれらに従って諸機関が採択した立法・政策の適用を確保するとともに，EU司法裁判所のコントロールの下にEU法の適用を監督する任務があります。たとえば，コミッションは，加盟国の義務不履行を理由としてEU司法裁判所に提訴することができます（**第15回**をご覧下さい）。しかし，共通外交・安全保障政策（CFSP）では政府間的（intergovernmental）な性格が強く，理事会が中心となって活動します。このようにCFSPにおいてはスプラナショナルな協力が行われるわけではないため，コミッションの役割は限定的です。

▶ 対外的代表

　コミッションは，対外的にEUを代表します。しかし，共通外交・安全保障政策（CFSP）においては，EU外務・安全保障上級代表がEUを代表します。上級代表はコミッションの副委員長であると同時に，外務理事会の議長でもあります。ただし，CFSP

における首脳級の対外的代表は，欧州理事会の常任議長が務めます。上級代表を補佐するため，欧州対外関係庁（EEAS）が設置されています。

EU が第三国や国際機構と国際協定（条約）を締結する場合，理事会がその署名および締結を行いますが，国際協定の交渉を行う任務・権限を担うのはコミッションです。交渉内容が EU の権限と加盟国の権限にまたがる「混合協定（mixed agreements）」の場合，コミッションおよび理事会（または加盟国の代表）を含む交渉団が担当します。ただし，CFSP 分野の条約の場合は，EU 外務・安全保障上級代表が交渉を担当します。

▶ コミッションの任命

コミッションの任命手続は，第1にコミッション委員長候補者の選出，第2に他の委員候補の指名，第3に全体としての任命という3段階に分かれます。図表 12-3 をご覧下さい。

この任命手続では，各国首脳で構成される欧州理事会と直接選挙された代表で構成される欧州議会とが，ほぼ対等の関係でコミッションを任命します。

▶ 総辞職

コミッションは合議体であるため，一体として欧州議会に責任を負います。欧州議会が投票数の3分の2の多数かつ構成員の過半数により総辞職動議を可決した場合，コミッションは総辞職します（EU 外務・安全保障上級代表はコミッション内の職務を辞することになりますが，上級代表の罷免は欧州理事会がコミッション委員長の同意の下に行うため，上級代表としての職務は継続されます）。

過去に 12 回ほど総辞職動議が提出されたことがありますが，成立したことは一度もありません。ただし，1999 年 3 月 16 日，サンテール（Jacques Santer）氏を委員長とするコミッションが数

任命手続	
第1段階	①　欧州理事会は，欧州議会での選挙結果を踏まえ，協議を行った後，委員長候補者を欧州議会に提案する*。 ②　欧州議会は，委員長候補者を選出する。否決された場合は，欧州理事会が同じ手続により1か月以内に新たな候補者を提案する。
第2段階	理事会は，加盟国の提示に基づき，委員長指名者との共通の合意により，委員として任命する意向である者のリストを採択する。
第3段階	①　委員長，（副委員長たる）EU外務・安全保障上級代表および他の委員は一体として，欧州議会の同意に服する。 ②　欧州議会の同意に基づき，欧州理事会はコミッションの任命を行う。ただし，EU外務・安全保障上級代表を兼任する副委員長は，コミッション委員長との合意により欧州理事会が任命する。

＊　2014年には慣行上，欧州議会の各政党グループが選挙で比例名簿の筆頭候補とする者のうち，選挙で勝利した筆頭候補が委員長候補者となりました。しかし2019年には欧州理事会が委員長候補者を決めました。

人の委員の不正行為のために自発的に総辞職することを余儀なくされたことがあります。

　なお，委員長には他の委員の罷免権があります（ただし，EU外務・安全保障上級代表を兼任する副委員長の場合は，コミッション委員長の要請により欧州理事会が決定します）。

5　理事会

　理事会は「各加盟国の閣僚級の代表」（EU機能条約16条2項）

で構成され，加盟国の国益調整の場である一方，EU の機関として立法および政策決定を行う中心的機関です。また，共通外交・安全保障政策（CFSP）およびその他の政策決定や政策調整の機能を担います。

　理事会は単一の機関ですが，外務理事会，経済・財政理事会や農業理事会などのように分野ごとに 10 種類の編成で会合します。

　そのため，加盟国の外務大臣や欧州問題担当大臣で構成される総務理事会が全体の調整や欧州理事会会合の準備を行います。3 か国が 18 か月間担当する議長団を形成し，その下で 6 か月交代の輪番制に基づく理事会議長国が理事会全体の運営において主要な役割を担います。

　理事会の下には大使級で構成される常駐代表委員会が置かれ，さらにその下に 150 以上の作業部会や委員会が設置されています。

▶ 特定多数決

　理事会は特定多数決で表決を行うのが原則です。ここにもスプラナショナルな機能が現れています。安全保障，治安，税制など加盟国にとって機微な事項では，全会一致による議決が行われますが，棄権は議決の成立を妨げません。

　特定多数決とは，構成員の過半数の賛成で決まる単純多数決とは異なり，国の規模や大国小国間のバランスなどを加味して割り振られる国別持票や人口票の形で投じられる賛成票の合計数が総票数の一定割合（成立下限票数）を超える場合に決定が成立する意思決定方法をいいます。これに対し，反対票を投じる国の合計票数が特定多数決の成立下限票数に達するのを阻止することができる票数である場合，これをブロッキング・マイノリティと呼びます。

　ただし実際には，たとえ特定多数決事項であっても，審議を重ねてコンセンサスを達成することが理事会の慣行となっています。

現行の特定多数決は，国票と人口票による二重多数決制を採用しています。

> 加盟国数の 55%（15 か国）以上＋EU 人口の 65% 以上

国票では大国小国は平等ですが，人口票では大国が圧倒的に有利となります。人口票におけるブロッキング・マイノリティは 35% 超です。しかし，ドイツ，フランス，イタリアの大国 3 か国だけで EU 全人口（約 4 億 5000 万人）の 35% を優に超えるため，小国に配慮して国票のブロッキング・マイノリティは 4 か国以上に設定されています。

6　欧州議会

日本のように議院内閣制をとる国では，議会において多数を占める政党が政府を形成しますが，EU ではそうではありません。欧州議会は当初，独立性を付与されるコミッションに対してはこれを民主的に統制する機関として，また，加盟国政府代表から成る理事会に対しては勧告を行う機関として想定されていました。

しかし今では，欧州議会は広範な立法参加権や予算権限を手にするに至っています。ただし，欧州議会は単独で立法府を構成しているわけではなく，EU で立法部という場合，欧州議会と理事会の 2 つを指すのが普通です。

▶ 直接選挙

欧州議会は，直接選挙により選出された EU 市民の代表で構成され，任期は 5 年です。

欧州議会選挙規程[2]（1976 年 9 月 20 日付理事会決定[3]附属）には，

---

2)　Council Decision 2018/994 amending the Act concerning the election of the members of the European Parliament by direct universal suffrage, an-

欧州議会選挙が各加盟国で比例代表制に基づくこと，政党が議席を配分されるために必要な得票数の割合を総投票数の5%を上限として設定できること，欧州議会議員は個人の判断で投票を行い，他者からの指示や拘束的委任を受けてはならないこと，兼職兼業の禁止，1人1票の原則などが規定されています。しかし，それ以外の選挙手続は各国法により規律されることになっています。

　欧州議会の総議席数は（議長を含めて）705が上限とされ，96（ドイツ）から6（マルタ，ルクセンブルク，キプロス，エストニア）の間で国別議席数が人口に比例して配分されています。

▶ 本会議と委員会

　欧州議会の本会議は原則としてストラスブールで（8月を除き）毎月開催されます（通常会期）。また，例外的にブリュッセルで年に6回，各2日間で開催されます（特別会期）。写真12-2は本会議の様子を示しています。

　また，議会内委員会（常任委員会，特別委員会）はブリュッセルで開催されます。常任委員会は，人権委員会，安全保障・防衛委員会，国際通商委員会，予算委員会，経済・金融委員会，雇用・社会問題委員会など，全部で23あります。

▶ 政党グループ

　欧州議会議員は国籍ではなく，トランスナショナルな政党グループ別に所属して活動します。複数の政党グループに所属することはできません。政党グループを形成するためには，全加盟国のうち少なくとも4分の1の国から25人以上の議員が必要とされ

---

　　　nexed to Council Decision 76/787 [2018] OJ L 178/1.

　3)　Decision 76/787 of the representatives of the Member States meeting in the council relating to the Act concerning the election of the representatives of the Assembly by direct universal suffrage [1976] OJ L 278/1.

写真　欧州議会本会議（2023年1月，通常会期，
12-2　ストラスブール）

© European Union, 2023

ます。なお，無所属の議員も存在します。

　基本的にキリスト教民主主義系の「欧州人民党グループ
（EPP）」と社会民主主義系の「欧州議会社会民主進歩同盟グルー
プ（S&D）」による二大政党グループが形成されています。

▶ 任務・権限と表決手続

　欧州議会の任務・権限については，基本条約に次のように規定
されています。

> 「欧州議会は，理事会と共同で，立法的および予算的機能を遂
> 行する。欧州議会は，〔EU条約およびEU機能条約〕に定める条件
> に従い，政治的コントロールおよび協議の機能を遂行する。欧州
> 議会は，コミッション委員長を選出する。」（EU条約14条1項）

　欧州議会の実際の任務・権限は大別して，立法過程への参加，
予算権限，対外関係および他の機関に対する民主的コントロール
の4つに分かれます。

　欧州議会は原則として，投票総数の過半数により議決を行いま

す。定足数は，構成員の3分の1です。このほかに，重要な議案の場合には構成員の過半数による議決や，投票総数の3分の2の多数を必要とする議決などがあります。

7 機関間バランス

ここまでEU諸機関のそれぞれの特徴や任務・権限について学びました。コミッション，理事会，欧州議会の関係をまとめると，図表12-4のようになります。

図表
12-4　コミッション，理事会，欧州議会の関係

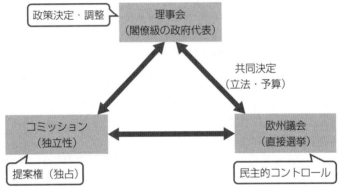

（庄司克宏著『新EU法　基礎篇』〔岩波書店・2013年〕47頁を基に作成）

これらの諸機関の間には「機関間バランス（institutional balance）」という原則が存在します。それは，EU諸機関の各々が，基本条約に定められた権限の配分に従って行動しなければならないことを意味します。この原則の根拠となるEU条約13条2項には，次のように述べられています。

> 「各機関は，〔EU条約およびEU機能条約〕により付与された権限の限界内で，かつ，それらに定められた手続，条件および目的に従い，行動する。」

この原則は，言い換えれば，「諸機関の各々が他の機関の権限を適正に尊重して自己の権限を行使しなければならない」[4]ことを意味します。

　機関間バランスが重要な役割を果たした有名な判決が，いわゆるチェルノブイリ事件（1990年）（Case C-70/88, *European Parliament v Council* [1990] ECR I-2041, EU: C: 1991: 373）で下されました。それを次に紹介しましょう。

▶ チェルノブイリ事件（1990年）

　この事件で欧州議会は，理事会が単独で採択する立法手続により制定した立法の取消しを求めて EU 司法裁判所に訴えを提起しました。ところが，当時の基本条約が定める取消訴訟では欧州議会に原告適格が認められていませんでした。

　　■1990年チェルノブイリ事件判決■

　　事件の概要

　1986年4月26日，当時ソ連で発生したチェルノブイリ原子力発電所事故の影響に対処するため，理事会はコミッションの提案に基づき，欧州原子力共同体（Euratom）条約31条を法的根拠として1987年12月22日，「核事故または他のすべての放射性物質緊急事態による食品および飼料の放射能汚染許容上限を定める規則3954/87」[5]を採択しました。

　しかし，欧州議会はこの規則制定のための法的根拠を Euratom 条約31条とすることに異議を唱えました。その条文によれば，欧州議会には法的拘束力のない意見を表明することしかできなかったからです（第13回で説明しますが，このような立法手続を諮問手続と呼びます）。

　これでは欧州議会の立場を法案に反映させることはできないため，規則3954/87を取り消し，改めて欧州経済共同体（EEC）条約

---

4)　Case C-133/06, *European Parliament v Council*, EU: C: 2008: 257, para. 57.

5)　Regulation 3954/87 [1987] OJ L 371/11.

100a条（現EU機能条約114条）を法的根拠とするよう要求しました。その条文では欧州議会に法案修正提案権があったからです。

欧州議会は，取消訴訟（第15回をご覧下さい）を定めるEEC条約173条（現EU機能条約263条）に基づき，規則3954/87の取消しを求めてEU司法裁判所に訴えを提起しました。しかし，当時の173条では欧州議会に原告適格がありませんでした。それにもかかわらず，欧州議会が立法に参加する権限を守るために本件訴えが受理可能であるかどうかが争われました。

判 決

EU司法裁判所は，欧州議会の「特権（prerogatives）」にはEEC条約100a条などに基づく立法参加権が含まれること，また，その特権が取消訴訟以外の訴訟手続では擁護できないことを認め，次のように判断しました。

「［欧州議会］の特権は，［基本条約］により創設された機関間バランスの要素の1つである。［基本条約］は異なる［EU］諸機関の間に権限を配分するシステムを設けており，各機関に対して［EU］の制度的構造および［EU］に託された任務達成のための特有の役割を配分している。……

［欧州］議会に取消訴訟を提起する権利を与える規定が［基本条約］に存在しないために手続的な格差が起こりうるが，だからといって［基本条約］に定められた機関間バランスの維持と遵守が意味する基本的利益をおろそかにすることはできない。」

その結果，基本条約が欧州議会に取消訴訟の原告適格を与えていないにもかかわらず，「機関間バランス」を根拠として自己の特権を擁護する場合には原告適格が認められることとなり，本件訴えは受理されました。

なお，本件訴訟の本案において，欧州議会は結局敗訴することとなり，規則3954/87の取消し自体は認められませんでした。

▶ 機関間バランスと権力分立

　機関間バランスは，権力分立（三権分立）と同じ概念なのでしょうか。『法律用語辞典』〔有斐閣・第5版・2020年〕によれば，権力分立が次のように定義されています。

> 「権力の濫用を防ぎ，人民の自由を確保するため，国家権力を区分して，それらを異なった機関に分担させ，それらの機関相互間で抑制と均衡の作用を営ませようとする思想又は制度。……普通は立法，司法，行政に分けられるから，三権分立ともいう。」

　この定義にあるように，権力分立は公権力を三権に分割することにより個人の自由を確保することを目的としています。これに対し，機関間バランスはEU内でさまざまな利益が代表されるようにするため，それらの利益を代表する諸機関の間で公権力を分割することを意図しています[6]。それ自体は個人の保護を目的としているわけではありません。このような意味で両者の概念は異なります。

　これは，EUという「政体（a polity）」に権力分立が存在しないということを意味するものではありませんが，立法，司法，行政という三権分立が明確には存在しません。すなわち，司法権（第15回で扱います）は別として，EUでは立法部と行政部の区別が曖昧で混在しています。

　たとえば，欧州議会は単独では立法権を持っていません。立法権は，場合に応じて欧州議会と理事会が共同で行使するか，または，理事会が単独で行使します。また，立法提案権は原則として，政策執行も担うコミッションだけに属します。

　とはいえ，厳密な意味で三権分立ではないにしても，機関間バランスの原則と相まってEU諸機関の間に独特の権力分立が存在

---

6)　Merijn Chamon, "The Institutional Balance, an Ill-Fated Principle of EU Law?", *European Public Law*, Vol. 21, No. 2, 2015, pp. 371-391 at 374.

すると言うことができます。EU では，とくに EU 司法裁判所が司法コントロールを通じて重要な役割を果たしています。

8　まとめと次回予告編

　EU の最高意思決定機関である首脳レベルの欧州理事会が定める基本方針の下，独立のコミッション，閣僚レベルの理事会および議員が直接選挙される欧州議会が，EU の立法や政策決定でそれぞれの任務を果たすことにより，EU がスプラナショナルな機能を伴いながら運営されています。

　EU レベルでは，スプラナショナルな利益，トランスナショナルな利益，加盟国の国益が複合的に存在し，それぞれコミッション，欧州議会，欧州理事会・理事会により代表されています。それぞれの利益を正当に守るため，機関間バランスが原則化されているのです。

　次回は，コミッション，理事会，欧州議会が共同してどのような形でスプラナショナルな立法が行われているのか，そこにはどのような問題があるのか，どのように解決されているのか，について学ぶことにします。

第13回

EU立法と民主主義の赤字

1 はじめに

スプラナショナル・コンプロマイズということについて，**第1回**でお話ししたのを憶えていますか。それは，国家は主権の委譲を行うが経済統合を限定的な領域にとどめる一方，統合による経済的利益を加盟国に配分することにより市民からの支持を確保するという暗黙の合意が当初のヨーロッパ統合には存在したことを指します。

このスプラナショナル・コンプロマイズには，民主主義について重要な前提がありました。それは，民主的なインプットすなわち民意は加盟国政府を通じてヨーロッパ統合に反映されるという前提でした。そのような前提は，実際に，市場統合を目的に成立した欧州経済共同体（EEC）条約（1957年署名，58年発効）に一般的に存在しました。

▶ 諮問手続

EEC条約に定められた当時の立法手続は，「諮問手続」でした。次頁の図表 13-1 をご覧下さい。

諮問手続においては，コミッションが理事会と欧州議会に法案を送付し，理事会は欧州議会に諮問した後，法案を採択します[1]。

---

1) Tiago Sérgio Cabral, "A short guide to the legislative procedure in the European Union", *UNIO* (*EU Law Journal*), Vol. 6, No. 1, 2020, pp. 161-180

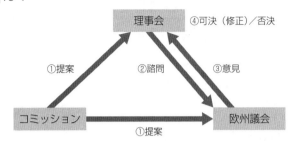

理事会　④可決（修正）／否決

①提案　　②諮問　　③意見

コミッション　　　　欧州議会
①提案

（庄司克宏著『新 EU 法　基礎篇』〔岩波書店・2013 年〕92 頁を基に作成）

欧州議会が諮問を受けて表明する意見に法的拘束力はありません。
この手続では，各国政府の閣僚で構成される理事会が立法部とし
て位置づけられています。しかも，理事会の決定は当時，全会一
致によることが普通でした（たとえば，各国法の調和を行うための
EEC 条約 100 条）。欧州議会は当時，「総会（l'Assemblée）」と呼ば
れ，各国議会が任命する議員の代表で構成されていました。この
ように EU レベルの立法手続は，理事会において各国政府がコン
トロール可能な形で設計されていたのです。

　その後，第2回と第3回で学んだように，新たな要素として，
1960 年代前半に EU 法の優越性と直接効果が EU 司法裁判所に
より判例法として確立し，立法ではなく基本条約の解釈により市
場統合が促進されました。しかしその一方で，1966 年のルクセ
ンブルクの妥協（第1回をご覧下さい）により理事会の特定多数決
制への移行が事実上の全会一致制という形で封じ込められました。
これにより，逆説的ですが，少なくとも立法面ではスプラナショ
ナル・コンプロマイズが維持されたのです。しかし，事実上の全
会一致制により立法が阻止され，市場統合が停滞するという代償

at 174.

を伴いました。

しかし，1987年に発効した単一欧州議定書によりEEC条約
100a条が導入され，各国法の調和が特定多数決により可能とな
りました（当時は現在のような二重多数決制〔**第12回**〕ではなく，各
国がおおまかに人口に比例した持ち票を与えられ，賛成票が全体の約4
分の3に達すれば決定が成立するという方式でした）。結果としてその
後，ルクセンブルクの妥協は事実上棚上げされ，「安楽死」させ
られました。これにより域内市場を完成させるための立法が促進
され，市場統合が前進します。

他方で，立法部としての理事会が全会一致ではなく，特定多数
決で決定を行うならば，投票で敗れた加盟国の民意がEU立法に
反映されないことを意味します。しかも，EU立法は加盟国の憲
法にさえ優越します。これは，当初のスプラナショナル・コンプ
ロマイズの前提を崩すものとなりました。しかし，EUがスプラ
ナショナルな機能を続けるには何らかの形で民主的正当性が必要
です。そのため，加盟国単位ではなくEUレベルで民意を反映さ
せるという選択がなされました。それは，欧州議会の権限の拡
張・強化という形で進められました。

以下では，まず，欧州議会の強化が，なぜ，また，どのような
形で進められたのかを説明し，次に現在のEUにおける主な立法
手続である通常立法手続がどのようなものであるかを紹介します。
最後に，欧州議会の強化にもかかわらず，なぜEUが「民主主義
の赤字」という批判を受けるのかを説明し，EUはその問題をど
のように解決しようとしているのかについて見ることにします。

2 欧州議会の強化

1979年6月，欧州議会の直接選挙が初めて実施され，欧州議会の民主的正当性が強化されました。また，EU司法裁判所はRoquette事件（1980年）（Case 138/79, *Roquette v Council*, EU: C: 1980: 249）において，民主主義の見地から諮問手続においても欧州議会の重要性を確立します。

■1980年Roquette事件判決■

事実の概要

共通農業政策の分野において，イソグルコース（でんぷん質の穀物からとれる砂糖の代用物）の生産割当てを定める規則1111/77[2]が砂糖との関係で不利で差別的であるという理由で，1978年10月EU司法裁判所により取り消されたため，理事会は差別状態を解消するためその規則を改正する新たな立法を諮問手続により急いで行う必要に迫られました。

1979年3月，コミッションがそのための改正提案を提出するとともに，理事会は欧州議会に対して同年4月の会期中に意見を表明するよう要請しました。しかし，欧州議会は同年5月になっても意見をまとめるための合意に至ることができないまま，同年6月に初めての直接選挙が実施されました。新たな欧州議会の初の会期は同年7月に設定されました。

このような中，理事会は同年6月，欧州議会の意見を受理しないまま，規則1111/77を改正する新たな規則1293/79[3]を採択しました。

これに対し，同年8月，フランスのイソグルコース製造会社が自社に対する生産割当てを不服として，規則1293/79の取消しを求める訴えをEU司法裁判所に提起しました。

---

2) Regulation 1111/77 [1977] OJ L 134/4.
3) Regulation 1293/79 [1979] OJ L 162/10.

　原告会社は，理事会が欧州議会の意見を受理しないまま規則
1293/79を制定したことが，取消訴訟に関するEEC条約173条
（現EU機能条約263条）に定める「重大な手続要件の違反」に当たる
と主張しました。そこで，諮問手続において理事会が欧州議会の意見
を受理しないで採択した立法は無効であるか否かが争われました。

　EU司法裁判所は次のような判断を示しました。

　「［諮問手続における］諮問は，［欧州］議会が［EU］の立法プロセスに
おいて実際上の役割を果たすことを可能とする手段である。そのよう
な権限は，［基本条約］が意図する機関間バランスの本質的要素を意味
する。それは，限定的であるとはいえ，国民が代表制議会を介して権
力の行使に参加するという基本的な民主主義原則を［EU］レベルで
反映するものである。」

　このようにして機関間バランスに加え，民主主義原則の違反を理由
に，理事会が欧州議会の意見を受理しないまま立法を採択するならば
無効となることが示されました。

　この判決は，欧州議会の直接選挙と相まって，EUレベルの立
法手続に欧州議会が参加することの民主主義的な重要性を強調す
るものとなりました。

▶ 協力手続と共同決定手続の導入

　そこで，先ほど述べた単一欧州議定書は，理事会での特定多数
決分野を拡張する一方で，「協力手続」の導入により欧州議会の
立法参加権を強化しました。協力手続は各国法の調和に関する
EEC条約100a条などで採用されました。それは，第1に欧州議
会に法案修正提案権を付与するとともに，第2に理事会が特定多
数決で採択した立場を欧州議会により否決された場合，それを覆
すには全会一致による議決が必要とされました。その達成は実際

には困難であるため，欧州議会に事実上の拒否権が与えられたことを意味しました。

　次いで，1993年に発効したマーストリヒト条約により「共同決定手続」が導入され，欧州議会は正式に理事会と対等な立場で立法に参加する権利を獲得しました。この手続の下で，欧州議会は法案修正提案権と拒否権を与えられ，理事会とともにEU立法部を構成することとなったのです。その後の条約改正で共同決定手続の範囲が拡張され，現在では主要な立法手続として「通常立法手続」と呼ばれています（協力手続は廃止されました）。これに対して，従来の諮問手続や，欧州議会に法案拒否権のみが与えられる「同意手続」は，「特別立法手続」として適用範囲が限定されています。それでも欧州議会は，慣行として理事会との非公式協議などを通じ，自己の同意を与えるのに必要な修正を提案することがあります[4]。

3　通常立法手続

　通常立法手続（EU機能条約294条）は，コミッションが法案を提出した後，欧州議会と理事会が法案をめぐってやりとりする段階を3つ設定しており，3読会制と呼ばれます。最後の段階（第3読会）まで進む必要はなく，第1読会や第2読会での法案採択が可能です。通常立法手続の流れは，以下のとおりです。

▶ 第1読会

　まず，①コミッションの提案に対し，欧州議会は②自己の立場を採択し，それを理事会に送付します。この段階で，欧州議会には3つの選択肢があります。第1に法案を全体として拒否する，

---

4)　Tiago Sérgio Cabral, op. cit. *supra* note 1, p. 172.

第2に無修正で承認する，第3に修正付きで承認する，のいずれ
かです。

　次に，理事会は，②欧州議会の立場（無修正または修正付きの承
認）に対し，特定多数決により次のいずれかの決定を行います
（法案を全体として拒否することも可能です）。

　③(a)　欧州議会の立場を承認する。この場合，欧州議会の立場
に沿った内容で法案が採択されます。

　③(b)　欧州議会の立場を承認しない。この場合，理事会は第1
読会における④自己の立場を採択し，それを欧州議会に送付しま
す。

　なお，第1読会には期限が設定されていません。

　以上の第1読会について，図表 13-2 をご覧下さい。

図表
13-2　通常立法手続(1)──第1読会

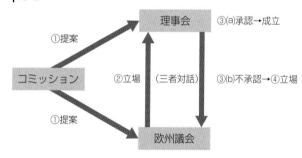

▶ 第2読会

　まず，欧州議会は，④理事会の立場が送付されてから3か月以
内に，次のいずれかの決定を行います。

　⑤(a)　理事会の立場（④）を承認するか，または，期限内に決
定を行わない場合，法案は理事会の立場（④）に沿った内容で採
択されたものとみなされます。

　⑤(b)　構成員の過半数により理事会の立場（④）を否決する場

合，法案は採択されなかったものとみなされます。

⑤(c)　構成員の過半数により理事会の立場（④）に対する修正を提案する場合，同修正案は理事会およびコミッションに送付されます。コミッションは修正案に関して自己の意見を表明します。

次に，理事会は，欧州議会の修正案（⑤(c)）を受領してから3か月以内に特定多数決により，次のいずれかの決定を行います（なお，コミッションが否定的意見を表明した修正案については，理事会は全会一致により決定を行います）。

⑥(a)　欧州議会の修正案をすべて承認する。この場合，法案はその修正のとおりに採択されたものとみなされます。

⑥(b)　欧州議会の修正案を承認しない。この場合，理事会議長は，欧州議会議長と合意のうえ，6週間以内に調停委員会を招集します。

調停委員会は，理事会構成員（またはその代表）および同数の欧州議会議員の代表で構成されます。調停委員会は，その招集から6週間以内に，第2読会における欧州議会（⑤(c)）および理事会（⑥(b)）の各立場を基礎に，共同案を作成し，合意を達成する任務があります。

コミッションは調停委員会の議事に参加し，欧州議会（⑤(c)）および理事会（⑥(b)）の各立場の調整を図るために率先して必要とされるあらゆる働きかけを行います。

しかし，調停委員会がその招集から6週間以内に共同案を承認しない場合（⑦(a)），法案は採択されなかったものとみなされます。

以上の第2読会について，図表13-3をご覧下さい（三者対話については後述します）。

▶ 第3読会
調停委員会が6週間以内に共同案を承認する場合（⑦(b)），

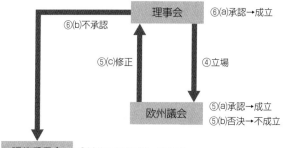

図表 13-3　通常立法手続(2)——第2読会

⑧(a)　欧州議会および理事会は，共同案の承認（⑦(b)）より各々6週間以内に，共同案に従って法案を採択します。欧州議会は投票数の過半数により，また，理事会は特定多数決により，決定を行います。

⑧(b)　両機関による採択がない場合，法案は採択されなかったものとみなされます。

以上の第3読会について，図表13-4をご覧下さい。

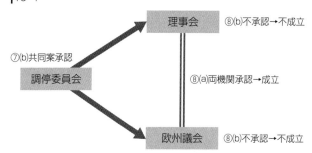

図表 13-4　通常立法手続(3)——第3読会

▶ 三者対話

通常立法手続の各読会において，最も採択件数が多く，所要時

法案（計401）	第1読会	第2読会	第3読会
割合	89%	10%	1%
平均所要時間	18か月	39か月	―

(*Handbook on the Ordinary Legislative Procedure*, the Legislative
Affairs Unit (LEGI), European Parliament, 2020, p. 50, 51.)

間が短いのは第1読会です。欧州議会の統計によれば，2014年
から2019年では第1読会における法案採択の割合は全体の89%
を占め，平均所要時間も18か月で第2読会に比べて約半分とな
っています。図表13-5をご覧下さい。

　その背景にあるのが，「三者対話（a trialogue）」[5]による法案採
択の促進です。三者対話とは，通常立法手続の第1読会の実行に
おいて，理事会，欧州議会およびコミッションの各代表が非公式
の交渉を行うことを意味します。その結果として合意に達するな
らば，一方で欧州議会の担当委員会および本会議により修正なし
の承認がなされます。なお，欧州議会の第2読会における否決お
よび修正には構成員の過半数が必要とされますが，第1読会では
投票数の過半数で足ります。また，他方で（理事会の下部機関であ
り，各国大使で構成される）常駐代表委員会の合意および理事会の
審議なしの承認がなされます[6]。

　このようにしてコミッション提案が迅速に立法化されます。し
かし，「三者対話」は非公式に行われるため，透明性に欠けると
いう批判が加えられていました。この点について総合裁判所は，
この段階であっても透明性原則に従い，原則として個別の申請に

---

5) Joint declaration on practical arrangements for the codecision procedure
(article 251 of the EC Treaty) [2007] OJ C 145/5, points 7-9.

6) *Codecision and Conciliation: A Guide to How the Parliament Co-legis-
lates under Ordinary Legislative Procedure*, European Parliament, 2014,
pp. 18-22.

より公開されなければならないと判示しました（Case T-540/15, *De Capitani v European Parliament*, ECLI: EU: T: 2018: 167, 上訴される ことなく判決確定）。

4 民主主義の赤字

以上のように民主主義は，EU が依拠する「規範的価値」の1 つであり（EU 条約2条），「連合の機能は代表制民主主義に基づ く」とされています（EU 条約10条1項）。

また，「市民は欧州議会において連合レベルで直接に代表され る」一方，「加盟国は欧州理事会において国家または政府首脳に より，および，理事会において自国政府により代表され，自らは 国内議会または自国市民に民主的説明責任を負う」とされていま す（EU 条約10条2項）。これらは，先ほど紹介した通常立法手続 に反映されていると言えます。

さらに，代表制民主主義を補完するものとして，「参加民主主 義」が採用されています。それは，「すべての市民は連合の民主 的営みに参加する権利を有する」こと，また，「決定は可能な限 り市民に対して公開かつ近接して行われる」ことに反映されてい ます（EU 条約10条3項）。そのため，EU 諸機関は市民団体やそ の他の団体との間で「公開，透明かつ定期の対話を維持する」こ とにしています（EU 条約11条2項）。さらに，EU 市民は集団と して一定の条件を充たすならば，コミッションに対し，立法提案 を行うよう要請することができます（EU 条約11条4項）。

このように，EU はさまざまな集団やルートを通じて民主主義 を確保することに心を砕いていることがわかります。

▶「民主主義の赤字」とはなにか

EU は民主主義原則に基づき行動しているにもかかわらず，

「民主主義の赤字（a "democratic deficit"）」が EU の最も深刻な問題の1つであるとされています。各加盟国国民からは，直接選挙により選ばれた代表が欧州議会に送り込まれて EU 立法を理事会と共同で担っているにもかかわらず，「自分たちから遠く離れたブリュッセルで知らないうちに自分たちに関わる問題が決定されている」と感じられるのです。このような無力感は，欧州議会の投票率の低下傾向に反映されています。次頁の図表 13-6 をご覧下さい。

　法制度的に見ると，この問題は，加盟国が主権の一部を EU に委譲することにより国内議会が失った立法権限を，EU の理事会において各国行政府の閣僚レベルの代表が共同行使しているということにあります。すでに見たとおり，EU のすべての立法・政策決定において通常立法手続（欧州議会と理事会の共同決定）が採用されているわけではないことや，通常立法手続においてさえ欧州議会の権限はいわば「半分」しかないことになります。以上の点について，図表 13-7 をご覧下さい。

　さらに，同質的なデモス（国民）が存在しないところに民主主義は成立しないとする立場から，真の意味で EU 規模の選挙民および政党が存在せず，したがって欧州議会の意思が必ずしも EU における民意を反映しているとは言えないことなどが指摘されます[7]。

　では，EU が民主主義の確保に一所懸命努力しているにもかかわらず，必ずしもそれに成功していない状況を，どのように克服すればよいのでしょうか。

---

7)　Dieter Grimm, "Does Europe Need a Constitution?", *European Law Journal*, Vol. 1, No. 3, 1995, pp. 282-302.

図表
13-6　欧州議会選挙と投票率

選挙年	加盟国数	投票率%
1979	9	61.99
1984	10	58.98
1989	12	58.41
1994	12	56.67
1999	15	49.51
2004	25	45.47
2009	27	42.97
2014	28	42.61
2019	28	50.66

(European Parliament, Results of the 2019 European elections, Turnout)

図表
13-7　民主主義の赤字の構造

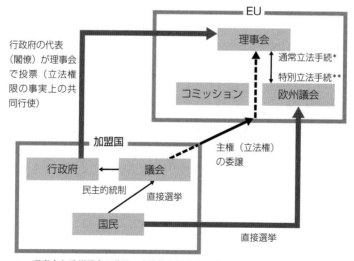

＊　理事会と欧州議会が共同で立法権を行使する手続。

＊＊　理事会が主として立法権を行使する手続（欧州議会には意見表明の権利または拒否権がある）。

5 処方箋としての補完性原則

繰り返しになりますが，EU の当初の正当性は，**第1回**でお話ししたとおり，スプラナショナル・コンプロマイズにありました。それは，国家は主権の委譲を行うが経済統合を限定的な領域にとどめる一方，統合による経済的利益を加盟国に配分することにより市民からの支持を確保するという暗黙の合意があることを意味するとともに，民主主義的なインプットすなわち民意は加盟国政府を通じてヨーロッパ統合に反映されるという前提でした。

この前提から見ると，民主主義の赤字という問題は，民意が加盟国政府を通じて EU にインプットされていないことを意味しますが，この問題を欧州議会の強化を通じて EU レベルの民主主義を向上させることで解決するには限界があることもわかりました。そうであるならば，次善の策として，ヨーロッパ統合において民主主義的に許容できる範囲をいわば機能的に限定することにより EU の正当性を確保するというルートを考えることができます。それは，補完性原則（以下をご覧ください）に依拠することを意味します。

▶ 補完性原則

EU の権限の有無は，個別授権原則により決まります（EU 条約5条1項）。それは，EU が基本条約に定められた諸目的を達成するために加盟国により付与された権限の限界内でのみ行動することを意味します（EU 条約5条2項）。EU が行動するためには基本条約に法的根拠が定められている必要があるのです。

次いで，EU に権限が存在する場合，EU が実際にその権限を行使すべきかどうかを決定する際の基準となるのが，補完性原則です。EU 機能条約5条3項には，補完性原則について次のように規定されています。

> 「補完性原則に従い，連合は，排他的権限に属しない分野にお
> いて，提案されている行動の目的が加盟国により中央レベルまた
> は地域および地方レベルのいずれかにおいて十分に達成される
> ことができないが，提案されている行動の規模または効果のゆえに
> 連合レベルでよりよく達成されることができる場合にのみ，かつ，
> その限りにおいて行動する。」

　この規定によれば，補完性原則は EU と加盟国の権限がともに
存在する場合（共有権限）を想定しているため，EU の排他的権
限の分野では適用されません。ただし，すでに見たとおり，排他
的権限の範囲は限定されています。

　また，EU が行動する場合の基準として，次の2点が示されて
います。EU が行動するには①と②の両方を充たす必要がありま
す。

　①　加盟国によっては（中央政府か地方自治体かにかかわらず）十
分に達成できないという基準，すなわち，追求される目的の達成
に EU の行動を必要とするかどうか。

　②　規模または効果の点で EU レベルの方がよりよく達成でき
るという基準，すなわち，EU の行動の必要性が存在するという
主張に対して合理的な正当化がなされるかどうか。

　EU レベルで行動する必要性が個別に示されない限り，個々の
加盟国またはそれよりも下位の州や他の地方自治体が行動するこ
とが選択されます。そのようにして補完性原則は，EU による権
限の行使に限界を設定する基準となります。これにより，民主主
義の基準からは個々の加盟国国民と隔離している EU が，政策の
結果を出すという効率性の観点から望ましい場合にのみ行動する
ことで正当性を確保することができます。

▶ Vodafone 事件（2010年）

　Vodafone 事件（2010年）（Case C-58/08, *Vodafone*, EU: C: 2010: 321）

において，ローミング・サービスを規制する EU 立法が補完性原則に照らして正当化できるかどうかが争われました。

　ローミング（roaming）とは，「他の通信事業者の設備を利用して自社のサービスエリア外でも同等のサービスを受けられるようにすること」（『広辞苑』〔岩波書店・第 7 版・2018 年〕）ですが，とくに普段使っているスマートフォンや携帯電話を国外で使用したいときに利用されます。

> ▨▨2010 年 Vodafone 事件判決▨
>
> **事件の概要**
>
> 　EU 域内のローミング・サービス料金は高止まりする傾向があったため，携帯電話の越境使用の料金引下げを狙って「[EU] 内の移動電話公共ネットワークに関するローミング規則」8) が 3 年間の時限立法として制定されました。
>
> **問題の所在**
>
> 　EU レベルで通信事業者間のローミングの卸売料金および事業者と消費者の間の小売料金に上限が設定されたことが補完性原則に反するか否かが問題となりました。ローミング小売は国内における通信事業者と消費者の間の取引であるため，とくにこの面が補完性原則の観点から EU が規制すべきかどうかが争われました。
>
> **判　決**
>
> 　EU 司法裁判所は，ローミング・サービスの卸売料金と小売料金にはかなりの相互依存関係があるため，小売料金の規制も含めたアプローチに基づく効果により，ローミング規則が追求する目的は EU レベルで最もよく達成することができるとして，補完性原則に違反はないとしました。

　EU 司法裁判所の法廷で裁判官に判決の勧告を行うアヴォカ・

---

8)　Regulation 717/2007 [2007] OJ L 171/32.

ジェネラルの本件意見によれば，卸売料金だけでなく小売料金についても各国法の調和を行うための決定的な根拠は，規制対象となる経済活動の越境的性格にあります。たとえ小売料金のレベルにおいて EU の行動を必要とする十分に顕著な問題が存在しないとしても，ローミングという経済活動の越境的性格のゆえに，EU は加盟国よりもその問題に取り組む意思を有し，かつ，域内市場のために意図されている行動のすべてのコストと利益のバランスをとるうえで有利な立場にあると言えます。このような理由で，ローミング規則は補完性原則に反しないと理由付けられています。

▶ 国内議会による補完性監視手続

EU が補完性原則を遵守しているかどうかを監視するには，EU 立法の法案の段階でその点の審査を行うことが適切です。また，EU が補完性原則に反して立法を制定した場合に想定される最大の被害者は各加盟国の国内議会であると言えます。

このことから，基本条約は国内議会に対して「補完性監視手続」により EU の立法が提案の段階で補完性原則に反していないかどうかを監視する任務を付与しました。補完性監視手続には，警告を意味する「イエローカード」と（退場すなわち法案の撤回を即座に意味する「レッドカード」まで行かないが，廃案にできる可能性があるという意味で）「オレンジカード」の 2 種類の手続が存在します。イエローカードは通常立法手続および特別立法手続で使用されます。また，オレンジカードは（国内議会からの異議申立て数が各国内議会総票数の 2 分の 1 を超える）通常立法手続で使用されます。

各手続を図解すると，図表 13-8 のようになります。また，2 つの手続を比較しながら示すと，図表 13-9 のとおりです。

なお，補完性原則に関する年次報告書（2021 年）9）によれば，

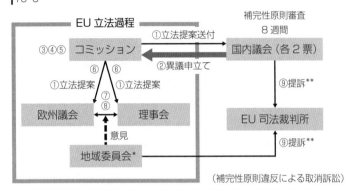

図表 13-8 国内議会の補完性監視手続

* 地域委員会は，地域・地方自治体の代表で構成される諮問委員会です。
** 提訴とは，補完性原則違反を申し立てる取消訴訟です。

（庄司克宏著『新 EU 法 基礎篇』〔岩波書店・2013 年〕86 頁を基に作成）

2021 年に国内議会から 16 の理由付意見が送付されました。イエローカードが発動されたのは 2010〜2020 年において 3 件にとどまりました。そのうち 2 件ではコミッション提案は撤回されず，また，残りの 1 件は単に政治的支持の不足が理由で撤回されました。また，同期間に最も多く理由付意見を送付したのはスウェーデン議会で，計 68 件でした[10]。なお，オレンジカードが発動されたことはありません。

6 まとめと次回予告編

今回は，主に EU の立法手続を中心に扱い，とくに通常立法手続を詳細に説明しました。EU は国家ではなく，固有の国民も存

9) Annual Report 2021 on Subsidiarity and Proportionality, COM (2022) 366 final, p. 13.

10) Diane Fromage, *Controlling Subsidiarity in Today's EU: the Role of the European Parliament and the National Parliaments*, Policy Department for Citizens' Rights and Constitutional Affairs, European Parliament, p. 10, 45.

イエローカード	オレンジカード
特別立法手続，通常立法手続	通常立法手続
①　コミッションは立法提案を理事会および欧州議会に送付するのと同時に国内議会（二院制の場合は上下両院）すべてにも送付します。	
②　国内議会は，立法提案が補完性原則に適合していないと考える場合，8週間以内に理由付意見を，欧州議会議長，理事会議長およびコミッション委員長に送付します。	
③(a)　補完性原則に違反するとの理由付意見が各国議会総票数（一院制議会の場合は2票，また，二院制議会の場合は上下両院が各1票を持つ）の合計の少なくとも3分の1（警察・刑事司法協力などに関する立法提案の場合は少なくとも4分の1）に達する場合，コミッションはその立法提案の再検討を行わなければなりません。	③(b)　補完性原則に違反するとの理由付意見が各国議会総票数（同左）の少なくとも過半数に達する場合，コミッションは立法提案の再検討を行わなければなりません。
④　コミッションは，その立法提案を維持する，修正する，または撤回する，のいずれかを選択することができます。	
⑤(a)　コミッションは，立法提案を維持すると決定する場合はその理由を示さなければなりません。	⑤(b)　コミッションは，立法提案の維持を選択する場合，なぜその立法提案が補完性原則に適合していると考えるかについて正当化しなければなりません。
⑥(a)　なし	⑥(b)　国内議会の各理由付意見およびコミッションの正当化意見は，EU立法部である理事会および欧州議会に提出されます。
⑦(a)　なし	⑦(b)　理事会および欧州議会は通常立法手続の第1読会を終える前に，それらの意見を考慮に入れて，立法提案が補完性原則に適合しているかどうかを検討します。
⑧(a)　なし	⑧(b)　理事会構成員の55%以上の多数または欧州議会の投票数の過半数により，立法提案が補完性原則に適合していないとの見解に達する場合，その立法提案は廃案となります。
⑨　異議申立てにもかかわらず，法案が可決された場合，国内議会は自国政府を通じて，また，EUの諮問機関である地域委員会はその立法に関与したとき，EU司法裁判所に補完性原則違反を理由に取消訴訟を提起することができます。	

在しないので，国家と同じ基準で民主主義を要求することには少々無理があるのかもしれません。民主主義の赤字は，EU 自体というよりははむしろ，EU を構成している加盟国に向けられているような気もします。

　次善の策は，補完性原則により EU の仕事が適正な範囲を超えないように抑制することです。問題点は，補完性原則という物差しが実際の場面で客観的に使うことができるものかどうかということです。各国議会に補完性監視の役割を与えたこと自体には，補完性原則の趣旨から言って正当な理由がありますが，現実には政治的な判断にならざるを得ないと思われます。この面で試行錯誤が続くのでしょう。

　さて，次回は EU 行政を扱います。EU 立法を実施する責任は，EU と加盟国でどのように分担されているのでしょうか。また，EU が担当する場合，諸機関が補助機関を設立してそこに委任することはどのようにして可能となるのでしょうか。そういった問題を考えます。

第14回

EU 行政の仕組み

1 はじめに

　前回は EU の主要な立法手続である通常立法手続について詳し
く学びました。それにより EU がいかに民主主義に気を遣ってい
るかをかいま見ることができました。しかし，それにもかかわら
ず，EU には民主主義の赤字という批判がつきまといます。これ
について，EU は別ルートで対処することにしました。それは，
加盟国議会が EU 立法の最初の段階で補完性原則に照らして法案
を審査するという方法です。それは一応機能しているように見え
ます。

　ところで，EU では立法が制定された後，それに基づいてどの
ように行政（立法の実施）が行われているのでしょうか。ちなみ
に，日本の人口は約 1 億 2400 万人（2023 年 3 月）で，国家公務員
は約 59 万人います。これに対し，EU 域内の総人口は約 4 億 5000
万人で，EU（コミッション，欧州議会，理事会）の職員は約 6 万人
います。これらの数字を比較するならば，EU 行政は EU 職員だ
けで行われているのではないだろうということが予想できます。

▶ 間接行政の原則

　実は，EU 行政を主に担っているのは，加盟国です。加盟国の
行政機関が EU の（直接適用されるため，そのまま自動的に国内法の
一部となる）EU 規則を国内で適用し，また，各国議会が EU 指令

を国内法化する作業を行い，それが行政機関により執行されます。このような方法を間接行政と言います。

　EU 司法裁判所は，Deutsche Milchkontor v Germany 事件（1983 年）（Cases 205-215/82, *Deutsche Milchkontor v Germany*, EU: C: 1983: 233）で，間接行政において EU 規則と国内法令手続がどのような関係にあるのかを示しました。

▨1983 年 Deutsche Milchkontor v Germany 事件判決▨

事件の概要

　脱脂粉乳を原料に合成飼料を製造する企業 A が，牛乳産品に関する EU 規則に従い，ドイツ政府から補助金を受けていました。しかし，脱脂粉乳を製造する企業 B から原料の脱脂粉乳を購入したところ，実際には脱脂粉乳ではない偽装産品が含まれていました。

　そのため，ドイツ政府は同じ EU 規則に基づき，補助金の支給を打ち切るとともに，同国の行政手続法に従い，それまでに支給した補助金の返還を企業 A に求めました。これに対し，企業 A は返還請求の決定の取消しを求めて国内行政裁判所に訴えを提起しました。行政裁判所は，EU 規則が定める補助金の返還とそのための国内法令手続はどのような関係にあるのかについて，EU 司法裁判所に先決付託しました。

問題の所在

　EU 立法としての規則は直接適用されるため，指令が国内法化されるのを前提としているのとは異なり，国内法が介在する余地はないように思われます。しかし，本件 EU 規則によれば，加盟国は国内法令に従って，不当に支払われた補助金を返還させるために必要な措置をとらなければない，とされていました。

　そこで，EU 規則に定められた返還の請求がどの程度まで国内法令手続により規律されるのか，また，EU 法による制約は存在するのか，という点について，EU 司法裁判所の判断が求められました。

判　決

　EU司法裁判所は，まず，EU規則が国内領域で実施されるよう確保するのは加盟国であること，また，EU法がその点に関連する共通規範を定めていない範囲において，EU規則を実施する国内機関は自国の国内法に従って行動することを指摘します。

　次いで，現状のEU法には，本件に関連して国内機関の監督権限の行使について定める規定が存在しないことが示されます。そのような場合，EU法の下で不当に支払われた補助金の返還をめぐる争いは，本件EU規則ではなく，原則として国内法に服します。

　ただし，EU法による制約が2つ存在します。第1に国内法を適用することが（本件EU規則を含め）EU法の適用を歪めないこと，また，第2に国内法のみが関わる類似の事件に適用される手続との間で差別的な取扱いがないようにすることです。

　本件では，加盟国がEU法を国内で実施する場合，EU法が定めていない範囲で国内法に依拠するという原則が示されています。このような間接行政の原則は，EU機能条約291条1項に定められています。

> 「加盟国は連合の法的拘束力を有する行為を実施するために必要なすべての国内法上の措置をとる。」

　この規定により，加盟国はEU法令を実施するため自己の権限を使用する義務の下にあります。言い換えれば，加盟国はEU法令の執行権限を一般的に有しているのです。これは，EU法の間接実施が原則であることを意味します。

　なお，EU機能条約197条には，EUと加盟国の間の行政協力に関する規定が置かれています。それによれば，「加盟国による連合法の実効的な実施は，連合の適正な機能のために不可欠であり，共通利益事項とみなされる」ため，「連合は，連合法を実施する行政的能力を改善する加盟国の努力を支援することができ

る」とされています。EU はそのために必要な措置を定めること
ができますが，この分野で加盟国法令の調和を行うことはできま
せん。

　では，EU が直接行政を担当することはあるのでしょうか。そ
れには，どのような限界が存在するのでしょうか。次にそれらの
点について考えてみましょう。

2　EU による直接行政

　EU による直接行政について，EU 機能条約 291 条 2 項は次の
ように規定しています。

> 「連合の法的拘束力を有する行為を実施するための一律の条件
> が必要とされる場合，それらの行為は実施権限をコミッションに，
> または，適切に正当化される特定の場合ならびに欧州連合条約
> 24 条および 26 条に規定される場合［共通外交・安全保障政策
> （CFSP）の実施に関する規定］においては，理事会に付与する。」

　この規定は，EU 内で一律の条件が必要とされる場合の，EU
の一般的執行権限を定めています。EU の直接行政を担うのは，
原則としてコミッションです。

　EU の一般的執行権限に対して限界を設定するのは，前回お話
しした補完性原則です。たとえば EU 競争法分野における立法は，
EU の排他的権限なので，補完性原則は定義により適用されませ
ん。しかし，EU 競争法を適用して遵守確保することは，EU と
加盟国の共有権限事項なので，補完性原則が適用されます。それ
は何を意味するのでしょうか。また，EU の直接行政とどのよう
な関係にあるのでしょうか。

▶ EU 競争法と直接行政

　第6回で学んだように，EU 基本条約には，競争法の主な規定
として，複数の企業による競争制限的な行為を禁止する規定
（EU 機能条約 101 条），および，企業が支配的地位を持つ場合にそ
れを濫用することを禁止する規定（EU 機能条約 102 条）が存在し
ます。これらの規定を適用するため，EU 機能条約 103 条（競争
法に関する EU 立法を行うための根拠規定）に基づき，「[EU 機能条約
101 条および 102 条]に定める競争法規範の実施に関する規則
1/2003」[1]が制定されています。

　(1)　**コミッションと加盟国競争当局**　　EU 立法である規則 1/2003
の実施のため，その 33 条ではコミッションがこの規則の適用の
ために適切な措置を採択する権限が与えられています。コミッシ
ョンはこの権限を行使して，コミッションの調査の対象となる事
業者の聴聞の権利などについて細則を定める「[EU 機能条約 101
条および 102 条]に基づくコミッションによる手続処理に関する
規則 773/2004」[2]を「実施規則」として制定しています。このよ
うな EU 立法に基づく実施法令の制定については，後で詳しくお
話しします。

　規則 1/2003 では，EU 機能条約 101 条および 102 条を適用す
る中心的役割はコミッションにある一方，補完性原則に基づいて
加盟国競争当局もその役割を分担します。そのため，コミッショ
ンだけでなく，加盟国の競争当局も 101 条および 102 条を適用す
る権限を持っています。EU 競争法の適用には，直接行政の側面
と間接行政の側面の両方があるわけです。これを，EU 競争法の
遵守確保（enforcement）における「並行的権限（parallel powers）」
と呼びます。

---

1)　Regulation 1/2003 [2003] OJ L 1/1. コミッションは現在，この規則の見
直し作業中にあります。

2)　Regulation 773/2004 [2004] OJ L 123/18.

(2) **コミッションによる直接行政**　では，EU の直接行政は，規則 1/2003 のどのような面に表れているのでしょうか。

　第 1 に，コミッションが自ら手続を開始するならば，加盟国競争当局は同一の事案において 101 条および 102 条を適用する権限を失います（規則 1/2003：11 条 6 項）。また，加盟国競争当局は「すでにコミッション決定の対象となっている協定，決定または行為について［EU 機能条約 101 条または 102 条］に基づき判断を示す場合，コミッションにより採択された決定に反する決定を行うことはできない」（規則 1/2003：16 条 2 項）ことになっています。このようにして，EU の単一市場の全域で EU 競争法が統一的に適用されることになります。

　たとえば，2011 年 12 月コミッションは欧米の大手出版 5 社とアップル社が結んだ電子書籍の販売に関する取決め（代理店契約）が EU 機能条約 101 条に反するかどうかの調査を，規則 1/2003 に依拠して開始しました。これに伴い，それまで並行して調査を行っていた当時のイギリス競争当局である公正取引庁（Office of Fair Trading: OFT）はコミッションの正式調査開始前に調査を停止しました。なお，この事案は関係各社が EU 競争法違反を回避するために将来の行動について拘束力ある約束を行う確約（commitments）をコミッションが受け容れる「確約決定」（規則 1/2003：9 条）により解決されました[3]。

▶ Toshiba 事件（2012 年）

　コミッションの調査手続が終了した後に，加盟国競争当局が EU 競争法ではなく，その国の国内競争法を適用することは可能でしょうか。この点について，コミッションとチェコ競争当局の

---

3)　Giorgio Monti, "Legislative and Executive Competences in Competition Law" in Loïc Azoulai (ed.), *The Question of Competence in the European Union*, Oxford University Press, 2014, pp. 101-124 at 118.

関係が問題となった Toshiba 事件（2012年）(Case C-17/10, *Toshiba Corporation*, EU: C: 2012: 72) を見てみましょう。

> ▨2012年 Toshiba 事件判決▨
>
> 事件の概要
>
> コミッションは1988年から2004年にまたがるガス絶縁開閉装置（変電所などを運転・保護するための巨大なスイッチの役割を果たす装置）のカルテルについて2006年4月に公式調査を開始しました。しかし，2004年5月に加盟したチェコを（調査対象期間が加盟前でEU競争法の適用がなかったっため）対象から外しました。2007年1月コミッションは，本件についてカルテルによるEU競争法違反を認定しました。
>
> 　一方，これと並行して，チェコ競争当局は2006年8月同じ事案について調査を開始し，2007年4月チェコ競争法違反を認定しました。
>
> 問題の所在
>
> 　東芝を含む事件の当事者は，コミッションが自ら手続を開始するならば加盟国競争当局は同一の事案において権限を失うにもかかわらず，チェコ競争当局が調査し決定を行ったことは，規則 1/2003 の 11条6項に違反すると主張しました。
>
> 判　決
>
> 　EU司法裁判所は，まず，規則 1/2003 の 11条6項などにより，コミッションが調査を開始するならば，加盟国競争当局はEU競争法だけでなく国内競争法を適用することもできなくなると指摘します。
>
> 　しかし，次のような判断を示します。
>
> 「規則 1/2003 は，しかしながら，コミッションによる手続の開始により，競争法事案に関する国内法を適用する国内競争当局の権限が永続的かつ確定的に取り除かれるということを示してはいない。
>
> ……コミッションにより開始された手続が終結されたならば，国内競争当局の権限は回復される。

確立された判例法に従い，競争に関する EU 法および国内法は並行して適用される。ヨーロッパレベルおよび国内レベルにおける競争法規範は，異なる視角から競争に対する制限を見るのであり，また，その適用範囲も一致しない。」

　それゆえ，コミッションが調査を終結した後に，加盟国競争当局が国内競争法により決定を採択することは，規則 1/2003 の 11 条 6 項により当然には禁止されないことになります。そのような場合に，コミッションと国内競争当局の間で一貫性に欠ける決定が行われる可能性は，先ほど述べた規則 1/2003 の 16 条 2 項（国内競争当局はコミッションにより採択された決定に反する決定を行うことができない）により回避されます。

　しかし，一事不再理原則（ある事件について裁判が確定した場合に，同一事件について再び実体審理をすることは許されないという原則）に触れる可能性がないとは言えません。この点については，加盟国競争当局は最終決定を行う 30 日前までに，コミッション（および他の加盟国競争当局）に事件の関連情報を通知する義務があるため（規則 1/2003：11 条 4 項），これにより一事不再理原則に反する決定を事前に回避することができるようになっています。

▶ Tele2 Polska 事件（2011 年）

　さらに，EU の直接行政の側面が規則 1/2003 にどのように反映されているかについて，もう 1 点お話ししましょう。

　規則 1/2003 の 5 条には，「加盟国競争当局は，個々の事件において［EU 機能条約 101 条および 102 条］を適用する権限を有する」と規定されています。これは，加盟国競争当局が 101 条や 102 条の違反はないという決定を行うこともできるという意味にとってよいのでしょうか。

　Tele2 Polska 事件（2011 年）（Case C-375/09, *Tele2 Polska*, EU: C: 2011: 270）において司法裁判所は，その点の判断を示しました。

■2011年 Tele2 Polska 事件判決■

事件の概要

　ポーランドの競争当局は，電気通信会社である Tele2 Polska 社を国内競争法および EU 機能条約 102 条違反の疑いで調査を開始したところ，同社には市場における支配的地位はあったがその濫用はなかったと認定しました。競争当局は，国内競争法の違反がなかったと決定する一方，EU 機能条約 102 条については，手続が理由を欠いているため終了するとしました。

　Tele2 Polska 社は国内裁判所で，競争当局の EU 機能条約 102 条に関して（違反なしの決定ではなく）単に手続を終了するとした決定を取り消すよう求めて争いました。第 1 審で競争当局の決定が取り消された後，第 2 審は競争当局が EU 機能条約 102 条違反が存在しなかったとする決定を行うべきであったと述べて，1 審の判決を支持しました。しかし，競争当局は 102 条違反はなかったとする決定を行う権限を認められていないとして，最高裁判所に上告しました。最高裁判所はその点について EU 司法裁判所に先決付託しました。

問題の所在

　規則 1/2003 の 5 条に基づき加盟国競争当局が EU 競争法を適用する権限には，国内競争当局が EU 機能条約 102 条の適用について審査した後に支配的地位の濫用がなかったという見解を持つ場合，102 条の違反が存在しないという決定を行う権限が含まれるかどうかが争点となりました。

判　決

　EU 司法裁判所は次のように述べました。

　「EU 機能条約 102 条の違反は存在しないとする決定を行う権限を国内競争当局に付与するならば，規則［1/2003］により確立された協力システムが疑問視され，コミッションの権限は損なわれるだろう。

　本案に関するそのような『ネガティブ』な決定は，……EU 機能条約 101 条および 102 条の統一的適用を損なうおそれがある。その

ような決定がなされるならば，コミッションはその後に，問題となっ
ている行為が欧州連合法のそれらの規定に違反すると認定することが
できなくなるからである。」(傍点筆者)
　このような理由から，EU 機能条約 102 条の違反はなかったと認
定する決定を行うことができるのは，コミッションだけであるという
ことになりました。

　加盟国競争当局が EU 競争法の違反はないとする決定をした後
に，コミッションが同一の事案で EU 競争法違反を認定して制裁
金を科すようなことがあれば，一事不再理の原則に反するかもし
れません。いずれにせよ，EU 司法裁判所は，101 条および 102
条の統一的適用を確保する見地から，コミッションのみがそれら
の規定の違反は存在しないと決定することができると判断しまし
た。これは，規則 1/2003 の 10 条とも合致します。それによれば，
「[EU] 公益が要求する場合」に限り，コミッションのみが，EU
機能条約 101 条および 102 条が特定の協定や行為に適用されない
ことを確認する決定を行うことができます。

　以上のとおり，コミッションの調査手続が終了した後ならば，
加盟国競争当局が EU 競争法ではなく，その国の国内競争法を適
用することは可能です（Toshiba 事件）。しかし，加盟国競争当局
には（国内競争法ではなく）EU 競争法の違反がなかったと認定す
る権限はなく，それができるのはコミッションのみです（Tele2
Polska 事件）。

　コミッションと加盟国競争当局による EU 競争法の適用の関係
から明らかなように，EU の法令を一律の条件で実施する必要が
ある場合，EU 機関であるコミッションのみが直接行政を行うこ
とがわかります。

3 委任立法と実施法令

コミッションは直接行政として EU 立法の実施権限を行使する場合に，実施法令として「実施規則」「実施指令」「実施決定」を採択することがあります（実施という用語により，立法手続による規則，指令，決定ではないことを示しています）。これらの実施法令には EU 立法の実施のための一律の条件を確保する機能があります。

ここで注意すべき点として，コミッションが欧州議会と理事会のコントロールの下に（つまり委任を受けて），EU 立法を内容的に補充または修正する立法（委任立法）として「委任規則」「委任指令」「委任決定」が存在します（EU 機能条約 290 条）。委任立法とは，EU 立法のうち技術的な事項を定める附属書のような「非本質的要素」を補足または修正するものであって，かつ，一般的適用性を持つ（つまり，実質的に立法に当たる）ものをいいます（EU 機能条約 290 条）。

委任立法について定める EU 機能条約 290 条には，どのような意味が込められているのでしょうか。それは，通常立法手続で制定された EU 立法の技術的事項を改正するために，再び通常立法手続を使用するのは非効率的であることから，効率性を確保するため，立法部である欧州議会および理事会がコントロールを維持しつつ，技術的事項に関する立法権をコミッションに自発的に委任する，ということです。

これは，EU の直接行政を定める 291 条 2 項が，EU 立法の統一的適用を確保するためにコミッションに実施法令を定める権限を付与することにより，行政権を義務的に委任しているのとは対照的です[4]。実施法令の場合には，加盟国によるコントロールの

──

4) Robert Schütze, "'Delegated' Legislation in the (new) European Union: A Constitutional Analysis", *The Modern Law Review*, Vol. 74, No. 5, 2011, pp. 661–693 at 690.

ため，後述するようにコミトロジー制度が置かれています。

委任立法と実施法令の違いについて，図表 14-1 をご覧下さい。

　　EU 立法，委任立法，実施法令

```
┌─────────────────────────────────┐
│          EU 立法                 │
│      規則，指令，決定            │
├─────────────────────────────────┤
│  通常立法手続などにより制定される │
└─────────────────────────────────┘
```

実施法令 実施規則，実施指令，実施決定	委任立法 委任規則，委任指令，委任決定
EU 立法の実施のための 一律の条件を確保する	EU 立法を技術的に 補充または修正する
コミッションが制定する	コミッションが制定する
加盟国のコントロール （コミトロジー）	欧州議会と理事会のコントロール

▶ 臓器移植指令の場合

EU 立法における委任立法と実施法令の例として，移植医療に関して臓器売買の禁止や臓器の追跡調査体制などを定める「臓器移植指令 2010/53」[5] を見てみましょう。

まず，委任立法です。この指令には，臓器および提供者の特徴づけに関する附属書の補足または修正のためにコミッションが委任立法を行うことができると規定されています。ただし，欧州議会および理事会は委任取消しまたは異議表明（委任立法が効力を発生しない）を行うことができます。これまでのところ，委任立法

5）　Directive 2010/53 [2010] OJ L 207/14. 神馬幸一「臓器移植医療に関する
　　EU 指令の概要」静岡大学法政研究 15 巻 1 号（2010 年）74〜160 頁。

は行われていません。

　次に，実施法令です。この指令には，臓器および提供者の特徴づけに関する情報や，臓器の追跡可能性を確保するために必要な情報を伝達するための手続などについて，指令を統一的に実施するための細則をコミッションが定めると規定されています。そのために，この後お話しするコミトロジー規則に基づき，臓器移植委員会が設置されます。この委員会では，コミトロジー諮問手続（後述）が使われました。これらの規定に基づき，臓器移植委員会の意見を受け取った後，コミッションにより「加盟国間において移植目的で人間臓器を交換するための情報手続を定めるコミッション実施指令 2012/25」[6]が制定されています。

4　加盟国によるコントロール──コミトロジー

　コミッションがEU立法を一律の条件に基づき実施する法令（実施法令）を定める場合，加盟国によるコントロールがなされます。このための手続はコミトロジー（Comitology）と呼ばれ，EU機能条約291条3項に次のように規定されています。

> 「[EU機能条約291条]2項の目的のため，欧州議会および理事会は，通常立法手続に従って決定を行い，規則により，加盟国がコミッションの実施権限の行使をコントロールする方式に関する一般的ルールおよび原則をあらかじめ定める。」

　この条文に従ってコミッションが実施法令を定める権限の行使を加盟国がコントロールするため，「加盟国によるコミッションの実施権限の行使のコントロール方式に関する一般的ルールおよび原則を定める規則 182/2011」[7]（以下，コミトロジー規則）が制定

6）　Commission Implementing Directive 2012/25 [2012] OJ L 275/27.

7）　Regulation 182/2011 [2011] OJ L 55/13. コミッションは，2017年にこの規則の改正案（COM（2017）85 final）を公表しています。

されています。

▶ コミトロジー規則

　コミトロジー規則は，コミッションが実施法令を定める権限の行使を（他の EU 機関ではなく）加盟国が監視する仕組みを設けています。それは，加盟国による間接行政の原則の例外として，コミッションによる直接行政が認められているからです。なお，基本となる EU 立法が通常立法手続に基づき制定された場合に限り，欧州議会と理事会もコミッションの実施法令草案を監視することができます。

　コミトロジー規則によれば，コミッションの代表が投票権なしで議長を務め，加盟国の代表で構成される「委員会（a committee)」（以下，コミトロジー委員会）に実施法令の草案が提出されます。基本となる EU 立法のために要求される実施法令の性格や影響度に応じて，「諮問手続（the advisory procedure)」（以下，コミトロジー諮問手続）または「審査手続（the examination procedure)」（以下，コミトロジー審査手続）のいずれかが使用されます。

　コミトロジー審査手続に付されないものはコミトロジー諮問手続に服します。コミトロジー審査手続が使用されるのは，主に第1に（EU 立法と同じように）一般的適用範囲を有する実施法令，第2にその他の実施法令であって，実質的な財源を必要とするプログラム，共通農業政策および共通漁業政策，環境，安全および安心，人間・動植物の健康・安全の保護，共通通商政策，税制に関する場合です。審査手続が使用されて否定的意見が表明される場合，「上訴委員会（the appeal committee)」（以下，コミトロジー上訴委員会）に付託することが可能です。

　以上の手続では，それぞれ次のようにして決定が行われます。

　(1)　**コミトロジー諮問手続**　　コミトロジー諮問手続では，投票が行われる場合，構成員の単純多数決で意見が表明されます（コ

ンセンサスによる場合には投票は行われません)。その意見には法的拘束力はありません。コミッションは，コミトロジー委員会の審議の結論および意見を最大限考慮に入れて，実施法令の草案に関する決定を行います。この手続の例として，EU 競争法の手続を定める規則 1/2003 の 14 条により，コミトロジー諮問手続のために，各国競争当局の代表で構成される「制限的行為および支配的地位に関する諮問委員会 (an Advisory Committee on Restrictive Practices and Dominant Positions)」が競争法におけるコミトロジー委員会として設置されています。

　(2)　**コミトロジー審査手続**　コミトロジー審査手続では，特定多数決（**第 12 回**をご覧下さい）により決定がなされます。コミトロジー委員会が実施法令草案に肯定的な意見を表明する場合，コミッションはその草案を採択します。しかし，否定的な意見の場合，コミッションは採択しないで，修正案を出すか，またはコミトロジー上訴委員会に付託します。コミトロジー審査手続で委員会の意見が表明されない場合は，（一定の例外を除き）コミッションは実施法令草案を採択するか，または修正案を提出することができます。

　(3)　**コミトロジー上訴委員会**　コミトロジー上訴委員会は，他のコミトロジー委員会と同様に，コミッションの代表が投票権なしで議長を務め，加盟国の代表で構成されます。また，コミトロジー審査手続と同じく，特定多数決により意見を表明します。コミトロジー上訴委員会が実施法令草案に肯定的意見を表明する場合，コミッションはその草案を採択します。意見が表明されない場合，コミッションは実施法令草案を採択することができます。否定的意見の場合は採択されません。

5 補助機関への権限委任

EU は立法により，さまざまな補助機関を設置しています。たとえば，EU 基本権庁（the European Union Agency for Fundamental Rights: FRA）がウィーン（オーストリア）に設立されています[8]。この補助機関は，個人からの申立てを審理することではなく，基本権分野で EU 諸機関や加盟国を支援することなどを任務としています。

すでに述べたとおり，「連合の法的拘束力を有する行為を実施するための一律の条件が必要とされる場合」，その実施は EU 立法に基づき原則としてコミッションに委任されます（EU 機能条約 291 条 2 項）。その際，コミッションは実施権限をさらに補助機関に再委任することができるのでしょうか。

▶ Meroni 事件（1958 年）

EU 司法裁判所は，Meroni 事件（1958 年）（Case 9/56, *Meroni*, EU: C: 1958: 7）において，どのような条件が揃えば，コミッションから他の機関・団体への一定の任務およびそのための権限の（再）委任が可能であるかについて判断を示しました。

▓1958 年 Meroni 事件判決▓

事件の概要

欧州石炭鉄鋼共同体（the European Coal and Steel Community: ECSC）の最高機関（la Haute Autorité, 現在のコミッションに当たる）の決定 22/54[9]により，ECSC 内の鉄くず価格が第三国から輸入される高価格帯の鉄くずの水準にならないようにするために価格を平準化する制度を定めました。

---

8) Regulation 168/2007 [2007] OJ L 53/1, amended by Regulation 2022/555 [2022] OJ L 108/1.
9) Décision 22/54 [1954] OJ 4/286.

最高機関は決定 14/55[10] により，その制度の実施をベルギー私法に基づき設立された団体に委任しました。

Meroni 社はその団体に一定金額を支払う義務がありましたが，それに従いませんでした。そのため，最高機関は Meroni 社に対し，その金額を団体に支払うよう命じる 1956 年 10 月 24 日付決定を行いました。Meroni 社はそれを不服として ECSC 司法裁判所（現 EU 司法裁判所）にその決定の取消しを求めました。

問題の所在

1956 年 10 月 24 日付決定の根拠となった最高機関の決定 14/55 による団体への権限委任が適法であったかどうか，どのような条件を充たせば，権限を委任することが可能か，が争われました。

判　決

ECSC 司法裁判所は，その権限委任にはそれらの団体に対する司法審査が欠如していること，また，最高機関が恣意的に自己の権限より広範な権限を委任するおそれがあることを理由に，本件の決定 14/55 による権限委任を違法とし，1956 年 10 月 24 日付決定を取り消しました。

その際，権限の委任に関して，次のような基準が示されました。

① 他の機関・団体への権限委任は，委任を行う機関に基本条約により割り当てられた任務の遂行に必要なものでなければならない。

② 委任を行う機関は自己が保有するのとは異なる権限を他の機関・団体に付与することはできない。

③ 他の機関・団体に付与される権限の行使は，委任を行う機関が直接行使する場合に服するのと同じ条件に服さなければならない。

④ 権限の委任は推定されることはできず，明示的に与えられなければならない。

⑤ 委任される権限は明確に定義された執行権限のみを含み，その使用は委任を行う機関の監督に全面的に服さなければならない。広範な裁量権を伴う権限の委任は認められない。

---

10)　Décision 14/55 [1955] OJ 8/685.

⑥　広範な裁量権を伴う権限の委任は「[EU] の機関構造に特有の権限バランス」（第12回で学んだ機関間バランスを意味します）を損なう。

　本件で示された権限委任の基準は，Meroni 原則（the Meroni doctrine）と呼ばれます。Meroni 原則に従うならば，委任の対象となる権限が政策決定すなわち広範な裁量権の行使を含む場合，基本条約はそのような権限が補助機関に委任されるのを認めていません。

▶ Meroni 原則の誤謬

　その後，Meroni 原則は，広範な裁量権を伴う権限は EU 立法部によりコミッションにのみ委任されることができ，それからさらに下位に（再）委任することはできないと政治的に解釈されてきました。これを「Meroni 原則の誤謬」と呼ぶことにします。たとえば，コミッションは，補助機関と Meroni 原則の関係について 2008 年政策文書「欧州補助機関の前途」の中で次のように述べています。

> 　「現行の［EU］法秩序には，規制的補助機関（regulatory agencies）の自律的な権限に対して明確かつ厳格な限界が存在する。補助機関に，一般的規制措置を採択する権限を付与することはできない。補助機関は，確定された技術的専門知識が要求される特定の分野において，明確かつ精確に定められた条件の下で，かつ真正な裁量的権限なしに，個別の決定を行うことに限定される。さらに，［基本］条約がコミッションに明示的に付与した責任（たとえば，［EU］法の守護者として行動すること）に影響を及ぼしうる権限を補助機関に委託することはできない。」[11]

　このように，Meroni 原則の誤謬により，コミッションから補助機関への権限委任は非常に制限されてきました。しかしその一方で，基本条約改正による EU の権限拡大や EU 立法の増大によ

---

11)　European agencies - The way forward, COM（2008）135 final, p. 5.

り，専門的・技術的知見に基づき，裁量権を伴う判断を必要とする補助機関に対する需要も広がりました。そのため，2010年コミッション文書では次のように述べられています。

> 「[EU司法裁判所] により確立された "Meroni" 判例法によれば，[補助機関] は，実際の経済政策の執行に相当する，[基本] 条約に定められた様々な目的の調整において困難な選択を必要とする決定を行う権限の委任を受けることはできない。他方，明確に定義された執行権限は，[EU] 法規定の適用を決定するためにそれらを解釈する必要を伴う権限，および，これらのルールを適用する際に一定の評価の余地を残す権限を含めて，[補助機関] に委任することができる。」[12]

このようにして，現実の必要に合わせてMeroni原則（の誤謬）の弾力的な運用がなされるようになりました。たとえば，欧州化学庁（the European Chemicals Agency），欧州連合知的財産権事務所（the European Union Intellectual Property Office），共同体植物品種事務所（the Community Plant Variety Office），欧州航空安全庁（the European Aviation Safety Agency）のような補助機関には，一定分野において自然人または法人に対し法的拘束力を有する措置を採択する権限が付与されています。

▶ 誤謬の是正

その後，ESMA事件（2014年）（Case C-270/12, *UK v European Parliament and Council*, EU: C: 2014: 18）において，Meroni原則の誤謬がEU司法裁判所により正されました。それはどのように是正されたのでしょうか。

---

12) Commission staff working document - Accompanying document: impact assessment, SEC（2010）678, p. 13.

▨2014 年 ESMA 事件判決▨

事件の概要

「空売り[13]および一定側面のクレジット・デフォルト・スワップ[14]
に関する規則 236/2012」[15]28 条が、EU 内の証券市場の監督を行
う補助機関である欧州証券市場庁（ESMA）に対して「金融市場の秩
序ある機能および全一性または連合における金融システムの全部もし
くは一部の安定性に対する脅威があり、かつ越境的影響が存在する」
場合に加盟国金融市場において自然人および法人に法的拘束力を有す
る行為により介入する一定の権限を付与していました。

イギリスは、EU 立法部である欧州議会および理事会を相手取り、
規則 236/2012 の 28 条の取消しを求めて EU 司法裁判所に訴えを
提起しました。

問題の所在

規則 236/2012 の 28 条は Meroni 原則に反するかどうかが争点
となりました。

判　決

司法裁判所は、まず、Meroni 原則の要点を次のように示します。
「権限の委任より生じる帰結は、権限委任が明確に定められた執行
権限を含み、その行使がそれゆえ委任を行う機関により決定された客
観的基準に照らして厳格な審査に服することができるものであるか、
または、権限委任が『広範な裁量の余地を含意する裁量権』を伴い、

---

13)　『広辞苑』（岩波書店・第 7 版・2018 年）によれば、「証券取引・商品取
　　引などで、所有していない株や商品を、買い戻しによる差益を目的として売
　　ること。株価下落による損失を回避する目的で行われることもある」。

14)　野村證券の証券用語解説集によれば「クレジット・デリバティブの一種
　　で、企業の債務不履行にともなうリスクを対象にした金融派生商品。対象と
　　なる企業が破綻し金融債権や社債などの支払いができなくなった場合、CDS
　　［credit default swap］の買い手は金利や元本に相当する支払いを受け取る
　　という仕組み」（https://www.nomura.co.jp/terms/english/c/cds.html）。

15)　Regulation 236/2012 on short selling and certain aspects of credit de-
　　fault swaps ［2012］ OJ L 86/1.

『その使用により実際の経済政策の執行を可能とする』ものであるかに応じて，非常に異なる。」

次いで司法裁判所は，Meroni 事件における機関が私法により規律される団体であったのに対し，ESMA が EU 立法部により設立された EU 法上の存在であること，また，Meroni 事件において委任された権限が「広範な裁量権を含意する一定程度の行動の自由」を伴ったのに対し，本件規則 236/2012 の 28 条に基づく ESMA の権限行使はその裁量権を制限する様々な条件および基準により範囲を画定されていることに言及し，両者を区別しています。

そのうえで，28 条に基づく ESMA の権限が明確に画定され，かつ，権限委任を行う機関により定められた目的に照らして司法審査に服することから，ESMA の権限が Meroni 原則に適合するものであると判断しています。

この判決により，これまでの Meroni 原則の誤謬が是正されました。すなわち，①補助機関が EU 立法部により設立された補助機関であり，かつ，②委任された権限の行使が「裁量権を制限する様々な条件および基準により範囲を画定されている」ならば，コミッション以外の補助機関に対して，一般的適用性を有する措置の採択を含む裁量権を直接付与することは可能である，ということが明らかとなりました。

なお，本件では，以上の点に関連して，規則 236/2012 の 28 条が，先ほどお話しした EU 機能条約 290 条および 291 条に違反しないかどうかという点についても，EU 司法裁判所の判断が示されました。委任立法（290 条）および実施法令（291 条 2 項）とも，基本条約により権限を付与されているのは，原則としてコミッションだけです。では，EU 立法部はそのような権限を補助機関に直接委任することができるのでしょうか。

この点につき，EU 立法に基づく補助機関に権限を付与することができるとする明文規定は基本条約に存在しませんが，そのような可能性が存在することを前提とする条文がいくつか存在しま

す。

　たとえば，EU 機能条約 263 条の取消訴訟では，補助機関の行
為が司法審査の対象とされています。また，267 条の先決付託手
続により国内裁判所は補助機関の行為の効力および解釈につき司
法裁判所に先決判決を求めて付託することができます（これらの
訴訟手続については第 15 回をご覧下さい）。

　その結果，EU 司法裁判所は，EU 立法部が ESMA のような補
助機関に規則 236/2012 の 28 条に基づく広範な裁量権を伴う権限
を，範囲を画定して直接委任することが可能であると判断しまし
た。

6　まとめと次回予告編

　EU の行政は，加盟国による間接行政を原則とし，一律の条件
が必要な場合にはコミッションによる直接行政が行われます。補
完性原則を適用するならば，間接行政が基本ですが，EU 立法を
統一的に適用するという要請から直接行政の範囲が大きくなって
いることも事実です。そのため，コミトロジー規則によりコミッ
ションの直接行政に対して加盟国のコントロールが及んでいます。

　また，直接行政においてコミッションに権限が委任されるだけ
でなく，EU 立法部により補助機関に委任されることもなされる
ようになっています。Meroni 原則が適正に働くよう確保する必
要性はますます増大していますが，その点の監視は EU 司法裁判
所に任されています。以上の点をまとめると，次頁の図表 14-2
のようになります。

　さて，次回はいよいよ最終回となりますが，EU 司法裁判所に
焦点を当てます。EU の司法制度にはどのような特徴があるのか，
また，加盟国裁判所（とくに憲法裁判所や最高裁判所）とはどのよ
うな関係にあるのか，さらに，EU 法の下で基本的人権はどのよ

うに保護されるのか，についてお話しします。

図表
14-2　間接行政，直接行政，補助機関

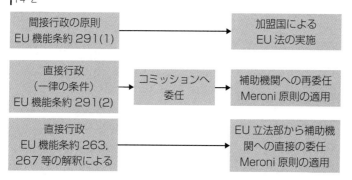

第15回

EUの司法制度

1 はじめに

　すでにEUの立法と行政について学んだので，最後にEUの司法についてお話しします。EUの司法の中心地は小国ルクセンブルクです。ルクセンブルク市の郊外にEU司法裁判所の建物があります。

　これまで「EU司法裁判所 (the Court of Justice of the European Union)」という用語を使ってきましたが，これは総称です。実際には，上級審としての「司法裁判所 (the Court of Justice)」，および，下級審としての「総合裁判所 (the General Court)」で構成されています（これまで，主に司法裁判所の意味でEU司法裁判所と呼んできました）。この後にお話しするように，EU司法裁判所には一審制の側面と二審制の側面があります。まず，それぞれの裁判所の構成と裁判官の任命について，図表15-1をご覧下さい。

▶ 直接訴訟と先決付託手続

　EU司法裁判所の訴訟手続は，直接訴訟と先決付託手続という2つに分かれます。直接訴訟とは，司法裁判所または総合裁判所に直接訴えが提起され，審理が行われる手続をいいます。これには，コミッション（または加盟国）が加盟国を基本条約上の義務に違反した場合に提訴する「義務不履行訴訟」，基本条約に照らしてEUの措置を審査する「取消訴訟（適法性審査）」，EU諸機関

EU司法 裁判所	司法裁判所	総合裁判所
構　成	①1加盟国より1人の裁判官で構成される（計27人）。 ②裁判官と同等の資格を有するアヴォカジェネラル（l'avocat général）が11人存在する。司法裁判所の判決の前に判決の勧告（拘束力はないが高い権威を有する）を単独で行う。 ③全員法廷（コミッション委員の解任や，例外的に重要な事件の場合），大法廷（15人で構成される。とくに複雑または重大な事件の場合など），小法廷（5人または3人で構成される）から成る。	①1加盟国より少なくとも1人の裁判官で構成される。事件数の増大のため，2019年9月以降，1加盟国より2人に増員されている（計57人）。 ②アヴォカジェネラルは置かれていない。例外的に裁判官がその役割を果たす場合がある。 ③全員法廷（事件が重大または複雑な法律問題を提起する場合），大法廷（15人で構成される），小法廷（5人，3人または1人で構成される。事件の80%超は3人で扱われる。一定の軽微な事件の場合，1人のみで構成される）から成る。
任　命	①資格審査委員会への諮問の後，加盟国政府の「共通の合意」により任命される。 ②任期6年，再任可。	①資格審査委員会への諮問の後，加盟国政府の「共通の合意」により任命される。 ②任期6年，再任可。

が行動する義務に反してそれを怠る場合に提起される「不作為訴訟」，EUの機関や職員が個人に損害を発生させた場合に提起される「損害賠償請求訴訟」，EUが締結する国際協定が基本条約に適合しているかどうかを事前に審査する「条約適合性審査」などがあります。

　他方，先決付託手続は，国内裁判所が司法裁判所に質問をするための制度です。司法裁判所のみが回答を与える権限を持ちます。それは，国内裁判所における訴訟でEU法上の問題が提起され，その問題が判決の前に解決される必要がある場合に利用されます。

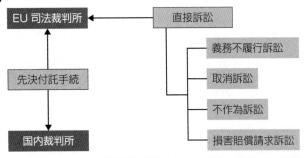

図表
15-2　主な訴訟手続の類型

（庄司克宏著『新EU法　基礎篇』〔岩波書店・2013年〕138頁を基に作成）

国内裁判所はいったん審理を停止して，その問題を司法裁判所に先決付託し，司法裁判所から先決判決という形式で回答を得ることができます。国内裁判所は，この先決判決を係争中の事件に適用して判決を下します。この手続については，後で詳しく紹介します。

　以上の点について，図表15-2をご覧下さい。

▶ 一審制の側面と二審制の側面

　個人が提起する訴訟（たとえば，競争法の分野で企業がコミッションの決定の取消しを求める場合）については二審制が採用されています。総合裁判所が第1審として管轄します。総合裁判所の判決は，法律問題についてのみ司法裁判所への上訴が可能です（二審制）。

　しかし，加盟国およびEU諸機関が当事者となる訴訟は（一部の例外を除き）司法裁判所が第1審かつ終審として管轄します（一審制）。

　以上の点について，図表15-3をご覧下さい。

図表 15-3　EU 司法裁判所における二審制の側面

司法裁判所　←　加盟国や諸機関が当事者（一審制）

上訴（二審制）

個人の訴訟　→　総合裁判所

（庄司克宏著『新 EU 法　基礎篇』〔岩波書店・2013 年〕137 頁を基に作成）

2　取消訴訟──EU 司法裁判所における直接訴訟

EU の直接訴訟のうち，取消訴訟について紹介しましょう。取消訴訟について規定しているのは，EU 機能条約 263 条です。

▶ 取消訴訟の特徴

取消訴訟の特徴は次のとおりです。

①　取消訴訟を提起できる者として，EU 諸機関や加盟国だけでなく，個人（自然人または法人）にも原告適格が与えられています。

②　取消訴訟で司法審査の対象となる「行為」（法令・措置）には，**第 13 回**でお話しした EU 立法（規則や指令など）に加え，それ以外にも，**第 14 回**で紹介した EU の直接行政の際に制定される実施法令（たとえばコミッションの実施規則）や，理事会の決議（法的拘束力がある場合），欧州中央銀行の決定など，さまざまな EU 機関の措置が含まれます。

③　取消しの理由となるのは，EU 機関の「行為」が採択されるときに，その権限が実際には欠如していたこと，重大な手続的要件の違反があったこと，基本条約やその適用に関連する法令の違反があったこと，または，権限の濫用があったことです。

④　提訴期限は「行為」がなされたときから 2 か月です。

⑤　取消訴訟において EU 機関の「行為」の取消しが判決され

るならば，その「行為」は当事者だけでなくすべての者に対し，採択時にさかのぼって無効となります。

▶ 個人が原告となる場合

　ここでは，企業が原告として取消訴訟を提起する場合を中心に説明します。個人が EU 司法裁判所に訴訟を提起する場合は，すでにお話ししたとおり，二審制がとられます。まず総合裁判所に訴え，敗訴した場合は法律問題（総合裁判所の権限欠如，手続違反や法令の違反）についてのみ司法裁判所に上訴することができます。個人が取消訴訟を提起する典型例は，競争法違反を行った企業に制裁金を科すコミッションの決定に対して，その企業が決定の取消しを求めて訴える場合です。

▶ YKK 事件（2014 年）

　日本企業が取消訴訟を提起した事例として，YKK 事件（2014年）(Case C-408/12 P, *YKK Corporation v Commission*, EU: C: 2014: 2153) を紹介します。

▨2014 年 YKK 事件判決▨

事件の概要

　YKK グループ（YKK 社とそのヨーロッパ子会社）と他の企業が，ファスナーに関する価格設定や情報交換を行った数件のカルテルについて，EU 機能条約 101 条（複数の事業者による競争制限的行為の禁止）に違反したとして，コミッションは 2007 年 9 月 YKK グループへの約 1億 5000 万ユーロを含む合計約 3 億 300 万ユーロの制裁金を科す決定を行いました。

問題の所在

　YKK グループは EU 機能条約 263 条に基づき，制裁金算定の誤りを理由としてその減額を総合裁判所に求める訴え（取消訴訟）を提起

しました。しかし，YKK グループは自己の主張が受け容れられなかったため，司法裁判所に上訴しました。

　コミッションは，制裁金の上限を前年度売上高の 10% と定める規定（規則 1/2003：23 条 2 項）に基づいて制裁金を算定しましたが，上限額の基礎となる前年度売上高を画定する際に YKK グループのヨーロッパ子会社が YKK 社に合併される前に単独で行ったカルテルもその対象に含めました。司法裁判所は，この子会社が単独で行ったカルテルについても YKK グループの責任としたことにより，制裁金額を過剰に算定したと判断しました。

　その結果，コミッション決定を支持した点で総合裁判所の解釈に誤りがあったとされました。これにより，司法裁判所は総合裁判所判決のその部分を破棄し，コミッション決定の該当部分を取り消しました。

　ところで，ルクセンブルクにある EU 司法裁判所だけで人口約 4 億 5000 万人に達する EU の司法をすべて担うことは可能なのでしょうか。どう考えても無理なように思われます。その疑問を解決する鍵は，先決付託手続にあります。

　そこで，以下では先決付託手続について紹介し，司法裁判所と国内裁判所がどのように協力して EU 法の統一的な適用を確保しているのかについてお話しします。

3　司法裁判所と加盟国裁判所の関係──先決付託手続

　EU 司法裁判所だけで EU の司法を担当しているのかという，先ほどの疑問について早速考えてみましょう。ヒントとして，とくに第 14 回で学んだことを思い出して下さい。

　第 14 回で紹介した EU の直接行政の際に制定される実施法令が EU 立法に適合しているかどうかが問題となる場合，EU 司法裁判所における取消訴訟で争われます。

しかし，EU の行政は加盟国による間接行政が原則です。加盟国が EU 規則を国内適用する措置をとったり，EU 指令を国内法化したりするような場合に，それらの国内法令・措置が EU 規則や指令に反しないかどうかが問題となるならば，どこで争えばよいのでしょうか。そのようなときには，国内裁判所で争うことが予定されています。

たとえば，EU 競争法の遵守確保もコミッションと加盟国競争当局による分権的システムです。コミッションが企業を EU 競争法違反とし，制裁金を科す決定を採択した場合，その企業がその決定を不服とするならば，その取消しを EU 司法裁判所（まずは総合裁判所）に求めます。しかし，加盟国競争当局が企業の EU 競争法違反を認定し，制裁金を科す決定を行った場合，その企業は国内裁判所に訴えを提起して，その取消しを求めます。

▶ 国内裁判所と EU 法

EU 司法裁判所で直接訴訟の対象となる問題を除き，EU 法上の問題はすべて国内裁判所で扱われます。つまり，EU 法の問題を扱うとき，国内裁判所は「EU 裁判所（an EU court）」になるのです。これが可能となるのは，**第2回**でお話ししたように，EU 法に直接効果（および EU 法の優越性に伴う他の効果。**第3回**をご覧ください）があるからです。それは，国内裁判所で個人が国内法とは無関係に直接 EU 法を使って権利を導き出すことができることを意味します。これは，EU 法上の権利を行使したいと思う加盟国国民にとっても，ルクセンブルクではなく自国内にある近くの地方裁判所に行けばすむので，安上がりで便利です。このように，EU の司法は分権的システムに基づいています。

この点を，EU 司法裁判所の直接訴訟の1つである義務不履行訴訟と比較してみましょう。この訴訟手続では，コミッションが加盟国を基本条約上の義務違反で司法裁判所に提訴します。たと

えば，加盟国が期限内に的確に EU 指令を国内法化しなかった場合に使用されます。司法裁判所がこの場合に強制手段として利用できるのは，加盟国に制裁金を科すことです。加盟国の義務違反により EU 指令に基づく個人の権利が侵害されたとしても，それが直接救済されるわけではありません。

　しかし，EU 指令の規定に直接効果がある場合，個人は国内裁判所で EU 指令上の権利を加盟国政府に対して主張し，その権利を直接実現することができます。また，それを通じて EU 指令の国内法化を促すと当時に，たとえば損害賠償を受けることも可能となります。

▶ EU 司法裁判所はヨーロッパ最高裁判所？

　EU 司法裁判所は，ヨーロッパのマスコミ報道でしばしば「ヨーロッパの最高裁判所（Europe's top court）」と形容されることがあります。司法裁判所は EU 域内における最高裁判所であると言えるのでしょうか。答はノーです。国内裁判所の判決について EU 司法裁判所へ上訴する制度は存在しません。EU 法の問題に関する国内裁判所，とくに最高裁判所の判決は，EU 司法裁判所が関与しないまま確定すれば最終的なものとなります。

　しかし，それでは各国の裁判所が同じ EU 法を勝手に解釈適用することになります。EU の基本条約や立法が同一であるとしても，その解釈がばらばらでは，単一市場でのルールの統一が図れません。

　では，EU 司法裁判所は，どのように EU 全域で EU 法の統一的適用を確保しているのでしょうか。EU がモデルとしたのは，ドイツやイタリアの憲法裁判所でした。それらの国の裁判官は憲法問題に直面する場合，憲法裁判所の判断を仰ぐことができます。そのようにして，その国の憲法の解釈が統一されます。このような関係を EU における司法裁判所と国内裁判所の間に導入したの

が，先決付託手続でした[1]。

▶ EU 機能条約 267 条

EU 機能条約 267 条には，「先決付託（le renvoi préjudiciel）」に基づく「先決判決（l'arrêt préjudiciel）」について次のように規定されています。

> 「欧州連合司法裁判所は，次の事項につき先決判決を下す権限を有する。
> a）〔EU 条約および EU 機能条約〕の解釈
> b）連合の諸機関〔または補助機関〕の行為の効力および解釈
> かかる問題が加盟国の裁判所において提起された場合，その裁判所は，その問題に関する決定が自らの判決を行うために必要であるとみなすとき，欧州連合司法裁判所にその問題につき判決を行うよう求めることができる。
> かかる問題が加盟国の裁判所で係争中の事件において提起されたが，同裁判所の決定が国内法上上訴に服さない場合，その裁判所は当該問題を欧州連合司法裁判所に付託しなければならない。」

この手続の下で国内裁判所から照会（先決付託）された問題について EU 司法裁判所（この場合は司法裁判所）が回答を示す先決判決により，EU 全域で EU 法の統一的解釈が示され，それに基づき統一的適用が確保されるという仕組みになっています。

▶ 先決判決の特徴

先決判決は個別の事件に関する具体的なものではなく，抽象的な形で与えられます。そのため，国内裁判所は EU 法上の類似の問題に直面する場合，司法裁判所の先決判決を応用（適用）することができるのです[2]。

---

1) Sir David Edward（山内洋嗣訳）「EU における欧州司法裁判所の役割」慶應法学 6 号（2006 年）（321-332 頁）327，328 頁。
2) 同上。

司法裁判所は「国内裁判所に係争中の特定の訴訟において［基本］条約の解釈を与える場合，［基本］条約の文言および精神から［EU］規範の意味を導き出すことに限定し，そのように解釈される規範を特定の事件に適用することは国内裁判所に委ねられている」[3]のです。「［基本］条約」の部分は，規則や指令を含む EU 法一般に当てはまります。

一例として，Léger 事件（2015 年）（C-528/13, *Léger*, EU: C: 2015: 288）を見てみましょう。

▨2015 年 Léger 事件判決▨

事件の概要

献血者の選別基準を定めるフランスの 2009 年 1 月 12 日付政令の附属書Ⅱには，「過去に他の男性と性的関係を持ったことがある男性は，性的行為により感染する病原体に冒されているリスクがあるため，永続的に献血を行うことができないこと（禁忌 contraindication)」を定めていました。

Léger 氏（男性）がフランスで献血をしようとしたところ，担当の医師から，同政令の附属書Ⅱに基づき，Léger 氏が過去に他の男性と性的関係を持ったことがあるという理由で献血を拒否されました。

これに対し，Léger 氏は，附属書Ⅱが，「血液および血液成分のための一定の技術的要件に関する指令 2002/98 を実施するコミッション指令 2004/33」[4]の附属書Ⅲのポイント 2.1 に反していると主張して，ストラスブール行政裁判所に献血拒否の決定を不服とする訴えを提起しました。行政裁判所はこの指令の解釈について EU 司法裁判所に先決付託しました。

問題の所在

指令 2004/33 附属書Ⅲのポイント 2.1 の解釈が問題となりました。その規定は，「血液により感染する可能性のある重い感染症に罹

---

3) Cases 28-30/62, *Da Costa*, EU: C: 1963: 6, at 38.
4) Commission Directive 2004/33 [2004] OJ L 91/25.

る高度のリスクをもたらす性的行動」を，献血が永続的に先送り（de-ferral）される基準としていました。

この基準には，加盟国が「過去に他の男性と性的関係を持ったことがある男性の献血を永続的に不可とすること（禁忌）」が含まれるのでしょうか。含まれるならば，フランスの政令は指令 2004/33 に違反していないことになります。しかし，含まれないならば，フランスの政令は指令 2004/33 に違反していることになります。

判　決

司法裁判所は，本件争点に対する一般的回答として，指令 2004/33 附属書Ⅲのポイント 2.1 の解釈を示しました。

性的行動を献血が永続的に先送りされる基準とすることには，加盟国がその国の一般的な状況に照らして，過去に他の男性と性的関係を持ったことがある男性が永続的に献血を行うことができないこと（禁忌）を定めるような状況が含まれます。ただし，それは次の2つの条件を充たす場合です。

①　現状の医学的，科学的および疫学的な知識およびデータに基づき，そのような性的行動が，それを行う者に重い感染症に罹る高度のリスクをもたらすことが立証されていることです。

②　比例性原則に適正に配慮して，そのような感染症を発見するための実効的な技術が存在しないか，または，そのような技術が存在しない場合において，受血者に高度の健康保護を確保するための方法として，永続的な献血の禁忌よりも負担を伴わない方法が存在しないことが立証されていることです。

これら2つの条件を充たすならば，フランスの政令は指令 2004/33 に違反していないことになります。

ストラスブール行政裁判所は，EU 指令の解釈として，以上の先決判決を受け取った後，それを Léger 氏の状況に当てはめることにより判決を下すことになります。

国内裁判所は（一定の例外を除き）裁量により，司法裁判所に先決付託することなく自ら EU 法上の問題を解釈し，それを事件に

適用することが可能です。しかし，国内裁判所は必ずしも EU 法について熟知しているわけではないため，司法裁判所へ先決付託して EU 法の解釈を先決判決として受け取り，それを当該事件に適用します。

このように，先決付託手続における司法裁判所と国内裁判所の関係は，「全加盟国にわたる［EU］法の適正な適用および統一的な解釈のために，国内裁判所および司法裁判所の間における義務の分担を伴う協力に基づいている」[5]と言えます。そのため，司法裁判所および国内裁判所はともに，「［EU］法秩序および［EU］司法制度の守護者」[6]なのです。

▶ 裁量による付託と義務的付託

EU 法上の問題は，当事者または国内裁判所自体により提起されます。このような場合，司法裁判所への先決付託は常に国内裁判所の裁量に委ねられるのでしょうか。あるいは，義務として先決付託しなければならない場合があるのでしょうか。もう一度，EU 機能条約 267 条の関連部分を見て比較してみましょう。

① 「かかる問題が加盟国の裁判所において提起された場合，その裁判所は，その問題に関する決定が自らの判決を行うために必要であるとみなすとき，欧州連合司法裁判所にその問題につき判決を行うよう求めることができる。」(2段)

② 「かかる問題が加盟国の裁判所で係争中の事件において提起されたが，同裁判所の決定が国内法上上訴に服さない場合，その裁判所は当該問題を欧州連合司法判所に付託しなければならない。」(3段)

①の裁判所は，一般的には下級審裁判所であり，その場合には先決付託は裁量によります。他方，②の裁判所は，最終審裁判所

---

5)　Case 244/80, *Foglia v Novello* (*No. 2*), EU: C: 1981: 302, para. 14.

6)　Opinion 1/09, *Draft Agreement creating a Unified Patent Litigation System*, EU: C: 2011: 123, para. 66.

（通常は最高裁判所や憲法裁判所）であり，その場合には重要な事件であることが多いため，先決付託は義務として行わなければなりません。

　しかし，次の2つの点で注意を要します。

　第1に，国内裁判所にはEU諸機関の「行為」（法令・措置）を勝手に無効と宣言する権限はありません[7]。それは，EU法の統一的適用と法的安定性を確保するためです。EU機関の「行為」を最終的に無効と宣言する排他的管轄が与えられているのは，EU司法裁判所のみです。その点は，先ほど紹介した取消訴訟（EU機能条約263条）に見ることができます。このため，国内裁判所は，下級審か最終審かにかかわらず，EU機関の「行為」の無効が疑われる場合，司法裁判所に先決付託しなければなりません。

　第2に，当該事件における最終審裁判所であっても，すべての事件においてEU法の解釈に関する先決付託を行わなければならないというわけではありません。その点について，CILFIT事件（1982年）（Case 283/81, *CILFIT*, EU: C: 1982: 335）を見てみましょう。

▇1982年CILFIT事件判決▇

事件の概要

　イタリア破毀院（最高裁判所に相当）において，輸入課徴金に関連する事件で，羊毛がEU規則の範囲内の「動物産品」に当たる否かが争われた際，同国保健省が「事実状況は他のすべての解釈がなされ得る可能性を排除するほど明白である」ので司法裁判所に先決付託する必要はないと主張しました。

問題の所在

　最終審裁判所であっても，司法裁判所に先決付託しなくともよい場合があるか，あるとすれば，どのような場合か，ということが争点となり，EU司法裁判所に先決付託されました。

---

7)　Case 314/85, *Foto-Frost*, EU: C: 1987: 452, para. 15.

判 決

　最終審裁判所であっても，司法裁判所に先決付託しなくともよい場合があることが示されました。それは，次のような場合です。

　① 提起されている問題が事件の解決に関連性を有しない場合。

　② 争点となっているEU法規定がすでに司法裁判所により解釈され，先例がある場合。

　③ EU法の「正確な適用が，提起されている問題がどのように解決されるべきかに関し，合理的疑義の余地を残さないほど明白である」場合。

　ただし，③の場合には次の3点に留意する必要があります。

　第1にEU立法が数か国語で起草されており，また，異なる言語バージョンがすべて等しく正文であるため，EU法規定の解釈には異なる言語で比較することが必要なときがあるということです。

　第2にEU立法の異なる言語バージョンの間に齟齬がないときでも，EU法に固有の専門用語が使用され，また，EU法と国内法では法概念が必ずしも同一の意味を有するわけではないことです。

　第3にEU法のすべての規定は，その目的およびその規定が適用される日時における進展状況を考慮に入れて，その文脈に基づき，また，EU法規定全体に照らして解釈されなければならないということです。

　このようにして，EU法の解釈に関わる場合には，最終審裁判所であっても，司法裁判所への付託義務が生じないことがあります。しかし，この点はEU法の効力（そのEU法規定が無効かどうか）に関しては適用されません。その場合には，常に付託義務が生じます。最終審裁判所に付託義務があるにもかかわらず，故意に付託しない場合，それにより個人に損害が発生するならば，その加盟国には国家賠償責任が発生します。

▶ 先決判決の効果

　先決判決は，拘束力のない勧告的意見ではありません。それは

国内裁判所に対して拘束力を持ちます。先決判決の国内裁判所に対する効果は，EU 法の解釈に関する場合と EU 法の効力に関する場合に分けて示すと，次のようになります。

　まず，EU 法の解釈に関する先決判決の場合，第 1 に，先決付託を行った国内裁判所は司法裁判所が示す解釈に適合して EU 法を適用する義務を負います。第 2 に，他の国内裁判所は（同じ加盟国の裁判所だけでなく，他の加盟国の裁判所も），司法裁判所の先決判決を類似の事件における有権的解釈として扱うことができます（先決付託を行った裁判所と同じ質問をすれば，司法裁判所から同じ回答が返ってくると考えられるためです）。

　次に，EU 法の効力（無効）に関する先決判決の場合，司法裁判所は EU 法の無効を宣言することができますが，その場合には先決付託を行った国内裁判所を拘束します。また，他のすべての国内裁判所も（同じ加盟国の裁判所だけでなく，他の加盟国の裁判所も）当該 EU 法を無効とみなします。

　以下では，最後に，EU 司法裁判所において個人の基本的人権（以下，基本権）はどのように保護されているのかについて見ることにします。

4　EU 司法裁判所と基本権保護

　第 2 回と**第 3 回**でお話ししたとおり，Van Gend en Loos 事件（1963 年）および Costa v ENEL 事件（1964 年）において，EU 司法裁判所が EU 法の直接効果および国内法に対する優越性の原則を確立したことにより，EU には国内法秩序とは別個の独自の法秩序が判例法上成立しました。しかし，当時の基本条約には基本権規定がなかったため，EU 司法裁判所は EU レベルにおいて基本権をどのように保護すべきかという問題に直面することになりました。

この問題では，まず EU 司法裁判所が判例法で徐々に対応していきました。その順序を図表 15-4 で示しています。

　EU 司法裁判所の判例法による基本権保護の発展

法の一般原則→加盟国に共通の憲法的伝統→国際人権条約→欧州人権条約
　1969 年　　　　　　　1970 年　　　　　　1974 年　　　　1975 年

①　Stauder 事件（1969 年）において EU 司法裁判所は，基本権が「[EU] 法の一般原則に含まれ，かつ，当裁判所により保護される」ことを判示しました[8]。EU 法の一般原則には憲法的地位が判例法上与えられているため，それに含まれる基本権も憲法的地位が付与されていることになります。

②　法の一般原則というだけでは，何を意味するのかよくわかりません。それで基本権の内容を具現するため，**第 3 回**で紹介した国際商事会社事件（1970 年）において EU 法の優越性が加盟国憲法にも及ぶことが示された際に，「[EU] 法に固有の [加盟国憲法に] 類似する保障」として「基本権の尊重は司法裁判所により保護される法の一般原則の不可欠の一部を成す」とともに，「かかる権利の保護は，加盟国に共通の憲法的伝統により示唆を受ける一方，[EU] の構造および目的の枠内で確保されなければならない」[9]とされました。

③　EU 司法裁判所は，判例法に基づく基本権保護の法的安定性をさらに補強するため，Nold 事件（1974 年）において「加盟国が協力して作成し，または署名国となっている人権保護のための国際条約は，[EU] 法の枠内で従われるべき指針を示すことができる」[10]としました。このようにして，加盟国が参加する成文の国際人権条約が指針とされました。

---

8)　Case 29/69, *Stauder*, EU: C: 1969: 57, para. 7.

9)　Case 11/70, *Internationale Handelsgesellschaft*, EU: C: 1970: 114, para. 4.

10)　Case 4/73, *Nold*, EU: C: 1974: 51, para. 13.

④　Rutili 事件（1975 年）では，国際人権条約上の指針としてはじめて欧州人権条約の規定が明示的に引用されました[11]。このようにして，国際人権条約[12]の中で（EU 加盟国がすべて加入している）欧州人権条約は「特別な重要性」を帯びるようになりました[13]。また，EU 司法裁判所はＰｖＳ事件（1996 年）において（欧州人権条約によりストラスブールに設立された）欧州人権裁判所の判例法に直接言及したのを契機として[14]，その後も同判例法を引用するようになりました。

　　しかし，以上の判例法の発展は順調だったわけではありません。基本権保護の水準をめぐって，一方においてドイツ連邦憲法裁判所から，また，他方において欧州人権裁判所から厳しい条件が付けられました。

▶「同等の保護」理論(1)――ドイツ連邦憲法裁判所

　　先ほどみた国際商事会社事件で，先決付託したドイツの行政裁判所は EU 司法裁判所の先決判決を不服とし，EU に「成文憲法がないかぎり，国内の基本原則が遵守されなければならない」として，同じ事件をドイツ連邦憲法裁判所に付託しました。

　　第 3 回でお話ししたように，ドイツ連邦憲法裁判所は，1974年 Solange Ⅰ判決で，EU には立法権を有し，直接選挙された議会が（当時）存在せず，かつ，そのような議会により制定された成文の基本権目録が欠如していることを指摘し，EU 司法裁判所の判例法のみでは基本権の保護として足りないと批判しました[15]。

　　しかしその後，これも第 3 回で説明しましたが，EU 司法裁判

---

11)　Case 36/75, *Rutili*, EU: C: 1975: 137, para. 32.

12)　EU 司法裁判所が判決の中で引用した国際人権条約として，欧州社会憲章，自由権規約，児童の権利条約，国際労働機関の関連条約などがあります。

13)　Cases 46/87 and 227/88, *Hoechst*, EU: C: 1989: 337, para. 13.

14)　Case C-13/94, *P v S*, EU: C: 1996: 170, para. 16.

15)　Case 2 BvL 52/71 [1974] 2 CMLR, p. 540 at 551.

所の判例法の発展と蓄積を見て，ドイツ連邦憲法裁判所は 1986
年 Solange II 判決で判例変更します。EU 司法裁判所の判例法に
よる基本権保護を高く評価し，ドイツ憲法の下で保護される基本
権が EU レベルにおいても保護されていると判断しました。ただ
し，ドイツ憲法による基本権保護と実質的に同等とみなされる基
本権の保護が EU レベルでも一般的に確保されることが新たに条
件とされました[16]。

　このようにして，「同等の保護」理論が提示されました。ドイ
ツ連邦憲法裁判所は，ドイツ憲法における基本権保護と同等の水
準を一般的に維持し，または超えることを条件として，EU 司法
裁判所による基本権保護を承認しています。そのため，個別の事
件でたまたま基本権違反があるだけでは，「同等の保護」に反し
ません。しかし，もし「同等の保護」の条件が全般的，根本的に
達成されていないと判断すれば，ドイツ連邦憲法裁判所はドイツ
憲法に基づいて EU レベルの基本権保護に異議を申し立てるかも
しれません。

▶「同等の保護」理論(2)——欧州人権裁判所

　以上で説明したとおり，EU における基本権保護をどのように
整えるかという問題の発端には，EU 法の国内法に対する優越性
と加盟国憲法の基本権規定の関係をどのように調整すればよいか
という争点が存在しました。

　実はこの問題にはさらにもう 1 つの側面がありました。EU の
全加盟国が欧州人権条約（1950 年 11 月 4 日署名開放，1953 年 9 月 3
日発効）の締約国である一方，EU 自体は現在までのところそれ
に加入していません（基本条約で加入を義務づけられていますが，ま
だ実現していません）。それにもかかわらず，EU または加盟国が

---

16)　Case 2 BvL 197/83 [1987] 3 CMLR, p. 225 at 259-265.

EUの行為に対して欧州人権条約上の責任を負うか否かという争点が存在したのです。

　欧州人権委員会（当時）[17]により確立された判例法によれば，EC（当時）は欧州人権条約の締約当事者ではないため，ECを相手方とする申立ては「人に関する理由で（*ratione personae*）」受理不能とされます[18]。この点は現在のEUにも当てはまります。しかしその後，次のような「同等の保護」理論が確立されました。

　　「国際機構への権限委譲は，当該機構内において基本権が同等の保護を受ける限り，［欧州人権条約］に反することはない。」[19]

　この理論によれば，欧州人権裁判所が欧州人権条約を通じて提供するのと「同等の保護」がEUにある場合，加盟国はEUの行為について欧州人権条約上の責任を負わないですみます。しかし，「同等の保護」がない場合，EUの行為につき加盟国の責任が問われることになります。これは，具体的には何を意味するのでしょうか。欧州人権裁判所のBosphorus v Ireland事件（2005年）（Application No. 45036/98, *Bosphorus v Ireland*, Judgment of 30 June 2005 (2006) 42 E. H. R. R. 1.）を見てみましょう。

■2005年 Bosphorus v Ireland事件判決■

事件の概要

　アイルランド政府が，旧ユーゴ制裁のための国連安全保障理事会決

----

17)　当初は，欧州人権委員会（欧州人権裁判所の審理に先立って，個人の申立ての受理可能性に関する決定および和解斡旋を行う）と欧州人権裁判所という二層構造でした。しかし1998年11月1日より，欧州人権条約第11議定書に基づき，欧州人権委員会が廃止されて，単一構造の欧州人権裁判所（個人の申立ての受理可能性に関する決定および和解斡旋も行う）が設置されています。

18)　Application No. 8030/77, *CFDT v the European Communities and their Member States*, Decision of 10 July 1978.

19)　Application No. 13258/87, *M. v Germany*, Decision of 9 February 1990, D. R., Vol. 64, 1990, p. 138 at 145, 146.

議を履行する目的で制定された EU 規則に基づき，トルコの Bosphorus 航空会社（原告会社）が旧ユーゴ航空会社（JAT）からリースした航空機をダブリン空港で差し押さえました。

原告会社はその差押えを不服としてアイルランド国内裁判所で争いました。アイルランド最高裁判所が本件に EU 規則が適用されるかどうかについて先決付託したところ，EU 司法裁判所はそれを肯定する先決判決[20]を示しました。そこで，最高裁判所は先決判決に基づいて判決を行い，本件の航空機差押えは適法とされました。

問題の所在

原告会社はアイルランドを相手取り，航空機の差押えが欧州人権条約第1議定書1条（財産権の平和的享有の権利）に違反しているとして欧州人権裁判所に申し立てました。

判　決

欧州人権裁判所は，「同等の保護」理論に依拠して，次のような判断を示しました。

「当裁判所の見解では，そのような法的義務に従ってとられた国家の行動は，提供される実体的保障およびその遵守を監督する仕組みの双方に関して，関連組織が［欧州人権］条約が規定するのと少なくとも同等とみなされうる仕方で基本権を保護しているとみなされる限り，正当化される。……しかし，同等性についてのいかなるそのような認定も最終的なものではなく，基本権保護において関連する変化に照らして審査に服する。」

次いで，基本権の実体的および手続的保障の両面で欧州人権条約が付与するのと「同等の保護」が EU に存在するとされる場合，「国家は当該組織への加盟から生じる法的義務を単に実施しているにすぎないとき，［欧州人権］条約の要求から逸脱していないという推定が存在する」ことが示されました。

しかし，「同等の保護」の推定が破られる場合があることも指摘されました。すなわち，「特定の事件の状況により［欧州人権］条約上の

---

20)　Case C-84/95, *Bosphorus v Minister for Transport, Energy and Communications*, EU: C: 1996: 312.

権利の保護に明白な瑕疵がある（manifestly deficient）と考えられる場合，いかなるそのような推定も破られる」ことになります。

　本件においてアイルランド政府が原告会社の航空機を差し押さえたことは，直接適用される EU 規則の義務に従った結果なので，同国に裁量の余地はなかったとされました。そのため，①本件に関連して「同等の保護」の推定が EU に存在したのか，また，②その推定は「明白な瑕疵」により破られたかどうかが，次に検討されました。

　①については，基本権保護に関する EU 司法裁判所の判例法，基本条約規定，EU 基本権憲章（当時は政治的宣言）などにより基本権の実体的保障が存在すること，また，EU 司法裁判所における直接訴訟制度および先決付託手続に基づく国内裁判所との関係により手続的にも基本権が保障されていることが一般的に確認されました。その結果，欧州人権裁判所は「同等の保護」の推定が生じるとしました。

　②について欧州人権裁判所は，権利侵害の性格，制裁枠組み，および差押えにより追求された一般利益，ならびに EU 司法裁判所の先決判決を考慮するならば，「［欧州人権］条約上の権利の遵守をコントロールする仕組みに機能不全はなかった」と判断しました。

　以上の結果，本件において欧州人権条約の違反はなかったと判決されました。

　本件判決をはじめとする欧州人権裁判所の判例法に照らすならば，EU 法に関する欧州人権裁判所の管轄について次のようにまとめることができます。

　①　EU 諸機関の行為が（欧州人権条約締約国である）加盟国の行為が介在しない形で欧州人権条約に違反する場合，加盟国の責任を問うことができないため，「人に関する理由で（ratione personae）」受理不能とされます[21]。

　②　EU 法を実施する加盟国の行為であって，その際に加盟国に裁量権がない場合（加盟国はそのまま適用する義務があるため），「同等の保護」理論が適用される結果，「明白な瑕疵」がない限り

---

21)　Requête no. 73274/01, *Connolly c. 15 Etats Membres de l'Union Européenne*, Décision du 9 Décembre 2008.

欧州人権条約に適合しているとの推定が働きます。他方,「明白な瑕疵」があるときは加盟国の責任が問われます（Bosphorus v Ireland 事件）。

③　EU 法を実施する加盟国の行為であって,その際に加盟国に裁量権がある場合（加盟国はそのまま適用することを回避できるため），加盟国の責任として審査されます[22]。

④　EU 基本条約などは,加盟国の合意によるものであり,EU 司法裁判所が適法性を審査する権限を持たないため,加盟国の責任として審査されます[23]。

以上のように,加盟国の裁量の余地の程度が「同等の保護」理論の適用の可否を決めることになります。

▶「同等の保護」の水準

EU 司法裁判所の判例法に基づく基本権保護に対してドイツ連邦憲法裁判所および欧州人権裁判所からそれぞれ要求された「同等の保護」には,どのような違いがあるのでしょうか。ドイツ連邦憲法裁判所の「同等の保護」理論は,ドイツ憲法と実質的に同等とみなされる基本権保護が一般的に確保されることを要求する点で,保護水準は高いのですが,個々の事件で介入する可能性は高くありません。

これに対し,欧州人権裁判所の「同等の保護」理論では,「同等の保護」の推定が EU に与えられる一方,その推定が「明白な瑕疵」により破られるかどうかがその都度審査されるという点で介入の可能性が高いものとなっています。これは,欧州人権条約が基本権保護のための最低限の保護基準を示しているという性格

----

22)　Application No. 30696/09, *MSS v Belgium and Greece*, Judgment of 21 January 2011 (2011) 53 E. H. R. R. 2.

23)　Application No. 24833/94, *Matthews v UK*, Judgmant of 18 February 1999 (1999) 28 E. H. R. R. 361.

に由来するものです。

▶ EU 条約 6 条による成文法的解決

現行の EU 条約 6 条は，これまでの判例法のみに依存するアプローチとは異なり，EU における基本権保護の問題に対して成文法的解決を与えるものとなっています。それには次のように規定されています。

> 「1．連合は，……欧州連合基本権憲章に列挙された権利，自由および原則を承認する。基本権憲章は〔EU 条約および EU 機能条約〕と同一の法的価値を有する。……
>
> 2．連合は，〔欧州人権条約〕に加入する。……
>
> 3．〔欧州人権条約〕により保障され，および加盟国に共通の憲法的伝統に由来する基本権は，一般原則として連合法の一部を成す。」

この規定は，EU 基本権憲章，EU としての欧州人権条約加入および法の一般原則という三重の保護制度を示しています。

① 全 54 条から成る EU 基本権憲章は，成文の基本権目録として，基本条約と同じレベルの拘束力を与えられています。それは，基本権の可視化による保護の強化などに言及する前文，人間の尊厳をはじめとする「第Ⅰ篇 尊厳」，個人情報保護を含む「第Ⅱ篇 自由」，高齢者の権利を含む「第Ⅲ篇 平等」，社会経済的権利や環境権を定める「第Ⅳ篇 連帯」，EU 市民権に関する「第Ⅴ篇 市民の権利」，実効的救済や公正な裁判を受ける権利などを規定する「第Ⅵ篇 司法」，「第Ⅶ篇 憲章の解釈および適用を規律する一般規定」で構成されています。憲章には解釈の指針となる「基本権憲章註釈集」[24]が附属されています。

② EU 法と欧州人権条約の関係を，国内法と欧州人権条約の

---

24) Explanations relating to the Charter of Fundamental Rights [2007] OJ C 303/17.

ような関係として明確化し，欧州人権裁判所の監督の下に置くため，EU として欧州人権条約に加入することが予定されています。すでに，そのための加入協定草案が作成されましたが，EU 司法裁判所が条約適合審査において，加入協定草案が EU 法の自律性に反するという理由で「待った」をかけている状況です[25]。この点が改められて，EU が欧州人権条約に加入したならば，先に述べた「同等の保護」理論はもはや不要となると考えられます。

③　法の一般原則としての基本権保護は，すでにお話しした EU 司法裁判所の判例法を明文化したものです。これにより，判例法として基本権に関する新たな発展を取り込むことが可能となります。

5　まとめ

最終回では，EU 司法制度についてお話ししました。それは，国内裁判所も EU 法を扱う裁判所であることを前提としており，EU 法の統一的解釈を確保するため，先決付託手続が存在します。他方で，EU の法令・措置について EU 司法裁判所で争うための直接訴訟も整備されています。

裁判所の重要な役割である基本権保護については，当初は EU 法に基本権目録がなかったため，判例法のみに依拠しました。これに対しては，ドイツ連邦憲法裁判所と欧州人権裁判所のそれぞれから「同等の保護」という条件が付けられました。しかし，現在では EU は成文の EU 基本権憲章を備えており，また，EU 自体が欧州人権条約に加入するならば欧州人権裁判所の監督に服することになります。

これまで 15 回に分けて EU 法を学びました。EU はスプラナ

---

25)　Opinion 2/13, *Accession of the European Union to ECHR*, EU: C: 2014: 2454.

ショナルな統治機構を整えることにより，徐々にトランスナショ
ナルな法空間を構築することに成功しました。トランスナショナ
ルな単一市場を実体的な基盤とする EU 法がその後の発展により，
とくに EU 司法裁判所のスプラナショナルな判例法を通じて，精
緻な法体系を形成してきたことがわかります。EU 法は，複数の
国家が平和的に統合する手段としてきわめて有効であると評価さ
れています。

第2版あとがき

　本書の初版が出版された 2015 年は，欧州が難民危機に直面した年であり，シリアなどから 100 万人を超える難民（庇護希望者）が欧州内に流入しました。しかしその後も，イギリス国民投票でのEU離脱派の勝利による Brexit の決定，ドイツなど多くの加盟国で反EUと移民・難民排斥を唱える欧州ポピュリズム政党の台頭，ハンガリーやポーランドの権威主義的政権による「法の支配」原則違反，COVID-19 パンデミック，ロシアのウクライナ侵攻など，欧州は依然として「パーマクライシス（permacrisis）」の渦中にあります。しかし，EU は加盟国が欧州の危機に対応する不可欠の手段として存続しています。

　これらの一連の欧州危機のうち，EU に特徴的なのが Brexit，欧州ポピュリズム，「法の支配」原則違反です。Brexit は欧州統合を拒否して「主権回復」を唱え，反EUを標榜する欧州ポピュリズムは依然として各国で影響力を維持し，ハンガリーやポーランドは司法権の独立を無視してEU法の優越を覆そうとしています。本書第2版では，基本的枠組みを維持しつつ，新たな判例や立法などを追加する一方，これらEUに特有の危機に対し，EU司法裁判所が判決を通じてどのように対応しているのかについて加筆しています。

　たとえば，Brexit で初めて使用されたEU脱退条項（EU条約50条）およびEU司法裁判所の解釈について解説を加えています。また，法の支配原則に違反するハンガリーとポーランドに対し，加盟国憲法の中核的部分を EU が尊重することを定める国民的一体性条項（EU条約4条2項）や欧州逮捕状枠組決定の解釈において，EU司法裁判所がどのようにして EU における法の支配を保

全しようとしているのかを説明しています。

　EU は幾多の危機を経験しながらも存続し，EU 法規制の波及力はこれまでよりも強大化して EU 域外に及び，日本にも到達しています。それは「ブリュッセル効果」理論として確立され，実証されています。そのため，日本にいる読者にとって EU 法を学ぶことはますます「付加価値」を与えてくれます。本書第 2 版により，読者が EU 法の知識をアップデートして「付加価値」として活用されることを願っています。

　末筆ながら，大学の授業の準備などで本書の改訂がなかなかできない中，第 2 版完成まで粘り強く見守って下さった有斐閣法律編集局学習書編集部の藤本依子部長に心より感謝申し上げます。

　2023 年 8 月

庄 司 克 宏

初版あとがき

　ヨーロッパ諸国は，第二次世界大戦を経験してやっと（?），少なくともヨーロッパ大陸では，流血の戦争ではなく交渉と合意によって平和な秩序を形成することを学びました。それを体現するのがEU法であると言えます。EUがスプラナショナルな枠組みで国家主権どうしの衝突を防止し，各国の利害を平和的に調整する一方で，物・人・サービス・資本の単一市場の形成を通じてヨーロッパ人の間にトランスナショナルな繁栄の絆を築いています。

　本書は，こうした背景を踏まえながら，EU法の重要性と可能性をわかりやすく説き起こすことを目的として書かれています。**第1部**でいきなり，ヨーロッパ統合，個人と国家主権の関係をテーマにEU法の直接効果と優越性のお話をしたのは，EUの究極の目標が平和と繁栄であり，そのための手段がEU法であることを，読者の皆さんにまず理解してもらうためでした。いきなり難しいテーマをわかりやすく説明しなければならなかったため，筆者としてもとくに苦労した部分です。

　わが国の大学で行われているEU法講義や市販のEU法教科書では，一般にEU法の直接効果と優越性のほか，立法や司法など，組織法・手続法にもっぱら焦点が当てられる傾向があるようです。それらは，もちろん重要で本書でもしっかりと解説しています。しかし，EU法のそれらの側面は，平和と繁栄の礎として単一市場（域内市場）を確立し維持するために整備されたのですから，域内市場法や競争法をはじめとするEU法の実体法の部分も併せて学ばなければ不十分ということになります。あるいは，国際法，国際経済法，競争法（独占禁止法），環境法などの講義や書籍の中でEU法も取り上げられることがありますが，それではEU法を断片的に知るにとどまり，体系的に理解することができません。

　そこで，本書は，読者が入門からEU法の全体像を体系的に理解することができるように，EU法と国内法の関係（**第1部**），域内市場法と経済通貨同盟（**第2部**），域内市場法が伝統的な国内法分野である民事法

（契約法）や刑事法などに波及している例（第3部），EU の統治機構（および基本的人権）（第4部）という構成をとっています。

　なお，本書にはウェブサポートとして，**第6回「トランスナショナルな自由競争——域内市場と EU 競争法」**の追加説明として「**合併規則**」を，また，**第7回「単一通貨ユーロの仕組み」**の追加説明として「**銀行同盟**」を有斐閣のウェブサイトに掲載する予定です。ぜひご覧下さい。

　EU 法は，複数の国家が国境を越えて緊密な協力を行うための「知恵」の宝庫と言えます。それ自体で研究対象として好奇心を刺激します。では，日本のビジネスマンや将来仕事に就く大学生にとって，EU 法を学ぶ価値はどこにあるのでしょうか。それは，EU 法の知識が「付加価値」になるということです。

　「**EU 法を学ぶ前に知っておきたいこと**」でお話ししたように，日系企業が，EU の規制への対応や競争法違反に対する制裁金などによりその事業活動に大きな影響を受けることがよくあることに加え，EU 法には「波及力」があるため，日本の官庁では新たな立法や法改正（たとえば個人情報保護法）を行う際，ほとんど常に参考とされています。このように，EU 法の知識は日系企業や官庁にとってもきわめて重要であり，EU 法に精通した日本人実務家への期待が高まっています。しかし，それにもかかわらず，そのような需要に十分応えることができていないため，わが国には「EU 法ギャップ」が存在しています。

　そのようなことはヨーロッパの現地の弁護士に任せておけばよいという人がいるかもしれません。確かに現地の弁護士の助言を得ることは必要かもしれませんが，それに加えて，EU 法の知識や情報を日本の企業（本社）でわかりやすく「翻訳」して説明し，どのように対処すればよいかを話せる人が実は必要なのです。このような理由で読者が EU 法の知識を「付加価値」として活用し，実務面で「EU 法ギャップ」を埋めるために本書がお役に立つよう願っています。

　本書を読んだ後，さらに EU 法について学びたいと思われる読者には次の2冊の基本書を読むことをお勧めします。その2冊では，関連する主な条文の邦訳と主要判例の抄訳・紹介も網羅的になされています。

　①　庄司克宏『新 EU 法　基礎篇』（岩波書店・2013 年）

　　　これは，EU 憲法の中核である統治機構と基本的人権を念頭に，

本書の**第1部**と**第4部**に対応する内容について詳細に説明しています。

② 庄司克宏『新EU法　政策篇』(岩波書店・2014年)

　　これは，EU実体法として域内市場法，自由・安全・司法領域，競争法，経済通貨同盟について詳しく解説しています。本書の**第2部**と**第3部**に対応しています。

　本書を執筆するきっかけとなったのは，2012年5月に有斐閣書籍編集第一部の鈴木淳也さんからお手紙を頂き，EU法の入門テキストの企画についてご相談を受けたことでした。すぐれた企画であると思い，すぐに承諾しました。ただし，当時は上記の①②を執筆している最中であったため，それらが完成した後に執筆作業に入ることを条件にお引き受けした次第です。それからしばらくして鈴木さんが異動されたので，その後は小林久恵さんにお世話になることとなりました。

　当初は，入門書なので簡単に書けると思い込んでいましたが，実際に書き始めるとわかりやすく説明することがどれほど大変かを痛感しました。しかし，小林さんのご親切なご助言と励ましにより，何とか書き終えることができた次第です。鈴木さんと小林さんのお二人に心より感謝申し上げます。

　2015年10月

庄　司　克　宏

主要法令索引

● EU 基本条約 ●

EU 条約

2 条 ……………………………………31
3 条 2 項……………………………167
3 条 3 項……………………………90
4 条 2 項………………………67, 258
6 条 ……………………………………344
13 条 2 項…………………………274
14 条 1 項…………………………273
50 条 ……………………………29, 30

EU 機能条約

3 条 ……………………………………258
4 条 ……………………………………258
5 条 3 項…………………………292
6 条 ……………………………………259
11 条 …………………………………238
20 条 1 項…………………………167
20 条 2 項…………………………168
21 条 1 項…………………………169
26 条 2 項…………………………77
34 条 …………………………………102
35 条 …………………………………102
36 条 …………………………………109

67 条 …………………………………209
72 条 …………………………………210
101 条 ………………………………122
102 条 ………………………………126
114 条 1 項………………………192
121 条 1 項………………………146
122 条 2 項………………………152
125 条 1 項………………………151
126 条 1 項………………………148
127 条 1 項………………………143
130 条 ………………………………144
136 条 3 項………………………153
169 条 ………………………………192
191 条 ………………………………234
263 条 ………………………………325
267 条 ………………………………330
267 条 2 項………………………333
267 条 3 項………………………333
282 条 1 項………………………142
291 条 1 項………………………301
291 条 2 項………………………302
291 条 3 項………………………311

● EU 立法 ●

規 則

合併規則 4064/1989……………………………………………………136
[EU 機能条約 101 条および 102 条]に定める競争法規範の実施に関する規則
　1/2003 …………………………………………………………………………303
[EU 機能条約 101 条及び 102 条]に基づくコミッションによる手続処理に関する
　規則 773/2004 …………………………………………………………………303

合併規則 139/2004 ……………………………………………………………136

契約上の義務に適用可能な法に関する規則 593/2008（ローマⅠ規則）……………196

化粧品に関する規則 1223/2009 ………………………………………………81

加盟国によるコミッションの実施権限の行使のコントロール方式に関する一般的
ルールおよび原則を定める規則 182/2011 …………………………………311

ユーロ圏財政監視規則 1173/2011………………………………………………156

欧州共通販売法（CESL）規則（案）COM（2011）635 final………………201, 204

EURODAC 規則 603/2013………………………………………………………183

第三国国民または無国籍者により加盟国の 1 つに提出された国際的保護の申請を
審査する責任を負う加盟国を決定するための基準およびメカニズムを確立する
規則 604/2013（ダブリンⅢ規則）………………………………………183

人の国境通過を規律する規範に関する［EU］コードを確立する規則 2016/399
（シェンゲン国境コード）………………………………………………178

一般データ保護規則 2016/679（GDPR）………………………………………177

創造的欧州プログラム規則 2021/818 ……………………………………………260

気候中立を達成するための枠組みを確立する 2021 年 6 月 30 日付欧州議会および
理事会 EU 規則 2021/1119 ……………………………………………5

指　令

訪問販売指令 1985/577 ……………………………………………………193

信義誠実の原則を規定し，消費者と販売者の権利義務に顕著な不均衡が生じない
ようにすることを目的とする指令 1993/13………………………………202

個人情報処理における個人の保護および個人情報の自由移動に関する指令 1995/
46 ……………………………………………………………175

遠隔地販売指令 1997/7 ………………………………………………………195

消費者が購入した物品の保証に関する指令 1999/44………………………………202

オンライン・サービス提供者の透明性と情報に関する要件，電子契約，仲介サー
ビス提供者の責任制限などに関する規範の調和する指令 2000/31………………202

高度資格雇用のための第三国国民の入国および居住の条件に関する指令 2001/
1883（ブルーカード指令）……………………………………………180

生命保険指令 2002/83………………………………………………………195

家族呼び寄せ（family reunification）の権利に関する指令 2003/86（家族呼び寄
せ指令）………………………………………………………………181

長期居住者たる第三国国民の地位に関する指令 2003/109（第三国国民長期居住指
令）………………………………………………………………181

市民権利指令 2004/38………………………………………………………169

不公正商慣行指令 2005/29………………………………………………………197

フェナリモルを活性物質として含める指令 2006/134 …………………………240

消費者信用指令 2008/48‥‥‥‥‥‥‥‥‥‥‥‥‥‥‥‥‥‥‥‥‥‥‥‥‥‥‥195

不法滞在する第三国国民を送還するための加盟国における共通基準および手続に
　関する指令 2008/115（不正規移民送還指令）‥‥‥‥‥‥‥‥‥‥‥‥‥‥‥181

玩具の安全に関する指令 2009/48 ‥‥‥‥‥‥‥‥‥‥‥‥‥‥‥‥‥‥‥‥‥87

臓器移植指令 2010/53‥‥‥‥‥‥‥‥‥‥‥‥‥‥‥‥‥‥‥‥‥‥‥‥‥‥‥310

刑事手続における通訳および翻訳の権利に関する指令 2010/64‥‥‥‥‥‥‥‥‥224

越境医療における患者の権利の適用に関する 2022 年 3 月 9 日付欧州理事会およ
　び理事会 EU 指令 2011/24‥‥‥‥‥‥‥‥‥‥‥‥‥‥‥‥‥‥‥‥‥‥‥‥5

消費者権利指令 2011/83‥‥‥‥‥‥‥‥‥‥‥‥‥‥‥‥‥‥‥‥‥‥‥‥‥197

第三国国民または無国籍者の国際的保護の受益者としての資格，難民または補充
　的保護適格者のための一律の地位，および，付与される保護の内容のための基
　準に関する指令 2011/95（資格指令）‥‥‥‥‥‥‥‥‥‥‥‥‥‥‥‥‥‥184

第三国国民が加盟国領域に居住しおよび就労するための単一許可の単一申請手続，
　ならびに加盟国に合法的に居住する第三国国民労働者のための共通の権利に関
　する指令 2011/98（単一許可指令）‥‥‥‥‥‥‥‥‥‥‥‥‥‥‥‥‥‥‥180

刑事手続における情報の権利に関する指令 2012/13‥‥‥‥‥‥‥‥‥‥‥‥‥‥225

加盟国間において移植目的で人間臓器を交換するための情報手続を定めるコミッ
　ション実施指令 2012/25‥‥‥‥‥‥‥‥‥‥‥‥‥‥‥‥‥‥‥‥‥‥‥‥311

国際的保護の付与および取消しのための共通手続に関する指令 2013/32（庇護手
　続指令）‥‥‥‥‥‥‥‥‥‥‥‥‥‥‥‥‥‥‥‥‥‥‥‥‥‥‥‥‥‥‥184

国際的保護申請者の受入基準を定める指令 2013/33（受入条件指令）‥‥‥‥‥183

欧州捜査命令に関する指令 2014/41‥‥‥‥‥‥‥‥‥‥‥‥‥‥‥‥‥‥‥‥212

デジタル・コンテンツ指令 2016/770 ‥‥‥‥‥‥‥‥‥‥‥‥‥‥‥‥‥‥‥204

物品売買指令 2019/771 ‥‥‥‥‥‥‥‥‥‥‥‥‥‥‥‥‥‥‥‥‥‥‥‥‥205

決　定

欧州逮捕状に関する枠組決定 2002/584（欧州逮捕状枠組決定）‥‥‥‥‥‥213, 220

マイクロソフト社に対する EC 条約 82 条［現 EU 機能条約 102 条］および EEA
　協定 54 条による手続に関する決定 2007/53 ‥‥‥‥‥‥‥‥‥‥‥‥‥‥‥‥6

拘禁刑等を科す刑事判決の相互承認に関する枠組決定 2008/909 ‥‥‥‥‥‥‥213

欧州対外行動庁の組織および機能を確立する決定 2010/427 ‥‥‥‥‥‥‥‥‥‥6

主要判例索引

＊本文中の脚注も参照。

3 Glocken 事件（1988 年）［Case 407/85］ ……………………………………101

ADBHU 事件（1985 年）［Case 240/83］……………………………………233

Advocaten voor de Wereld 事件（2007 年）［Case C-303/05］ ………………225

Alpine Investments 事件（1995 年）［Case C-384/93］………………………113

Bettati 事件（1998 年）［Case C-341/95］ …………………………………235

Bosphorus v Ireland 事件（2005 年）［Application No. 45036/98］……………340

Buet 事件（1989 年）［Case 382/87］ ………………………………………193

Cassis de Dijon 事件（1979 年）［Case 120/78］ …………………………82, 110

CECED 事案（2000 年）（CECED［2000］OJ L 187/47）……………………133

CILFIT 事件（1982 年）［Case 283/81］ ……………………………………334

Commission v Council 事件（2004 年）［Case C-27/04］ …………………148

Commission v ECB 事件（2003 年）［Case C-11/00］ ………………………145

Consten and Grundig 事件（1966 年）［Cases 56 & 58/64］………………118

Costa v ENEL 事件（1964 年）［Case 6/64］…………………………………52

Dassonville 事件（1974 年）［Case 8/74］ …………………………………103

De Capitani v European Parliament 事件（2018 年）［Case T-540/15］ …………289

Defrenne 事件（1976 年）［Case 43/75］ ………………………………………7

Deutsche Milchkontor v Germany 事件（1983 年）［Cases 205-215/82］…………300

ESMA 事件（2014 年）［Case C-270/12］ …………………………………317

European Parliament v Council 事件（チェルノブイリ事件）（1990 年）［Case C-70/88］ …………………………………………………………………275

Francovich 事件（1991 年）［Cases C-6 and 9/90］ ………………………59

Gaston Schul 事件（1982 年）［Case 15/81］…………………………………77

Gauweiler and Others v Deutscher Bundestag 事件判決［Case C-62/14］………159

GB-INNO-BM 事件（1990 年）［Case C-362/88］ …………………………188

GlaxoSmithKline 事件（2006 年）（総合裁判所）［Case T-168/01］ ………………133

GlaxoSmithKline 事件（2009 年）（司法裁判所）［C-501513515 & 519/06 P］……134

Google 事件（2014 年）［Case C-131/12］ …………………………………175

Gowan 事件（2010 年）［Case C-77/09］……………………………………240

Gözütok and Brügge 事件（2003 年）［Cases C-187/01］……………………216

Grzelczyk 事件（2001 年）［Case C-184/99］ ………………………………170

HeinrichWeiss and Others 事件（2018 年）［Case C-493/17］………………161

Hungary v European Parliament and Council 事件（2022 年）［Case C-156/21］

··71

Internationale Handelsgesellschaft 事件（国際商事会社事件）（1970 年）［Case 11/70］···61

Keck 事件（1993 年）［Case C-267 & 268/91］··································106

Léger 事件（2015 年）［C-528/13］···331

Marleasing 事件（1990 年）［Case C-106/89］··································56

Melloni 事件（2013 年）［Case C-399/11］·····································223

Meroni 事件（1958 年）［Case 9/56］··314

Metro 事件（1977 年）［Case 26/76］··250

Métropole Télévision 事件（1996 年）［Case T-528542543 & 546/93］···············250

Michaniki 事件（2008 年）［Case C-213/07］···································70

Mickelson 事件（2009 年）［Case C-142/05］···································99

N. S. 事件（2011 年）［Case C-411 & 493/10］·································185

Openbaar Ministerie 事件（2022 年）［Case C-562/21］·························227

Oosthoek's Uitgeversmaatschappij 事件（1982 年）［Case 286/81］···············190

PreussenElektra 事件（ドイツ再生可能エネルギー事件）（2001 年）［Case C-379/98］···245

Pringle 事件（2012 年）［Case C-370/12］······································154

Poland v European Parliament and Council 事件（2022 年）［Case C-157/21］······71

Roquette 事件（1980 年）［Case 138/79］·······································282

Ruiz Zambrano 事件（2011 年）［Case C-34/09］································172

Runevič-Vardyn and Wardyn 事件（2011 年）［Case C-391/09］·················70

Sayn-Wittgenstein 事件（2010 年）［Case C-208/09］··························67

Solange I 判決（1974 年）［Case 2 BvL 52/71］·································66

Solange II 判決（1986 年）［Case 2 BvL 197/83］······························66

Stim 事件（2013 年）［Case T-451/08］···252

Tele2 Polska 事件（2011 年）［Case C-375/09］·································306

TeliaSonera Sverige 事件（2011 年）［Case C-52/09］··························120

Toshiba 事件（2012 年）［Case C-17/10］·······································305

Uecker and Jacquet 事件（1997 年）［Cases C-64 & 65/96］···················172

Unilever 事件（2000 年）［Case C-443/98］·····································57

United Brands 事件（1978 年）［Case 27/76］···································127

United Kingdom v Commission 事件（狂牛病事件）（1998 年）［Case C-180/96］··239

Van de Haar 事件（1984 年）［Cases 177 & 178/82］··························105

Van Duyn 事件（1974 年）［Case 41/74］·······································45

Van Gend en Loos 事件（1963 年）［Case 26/62］·····························35

Vodafone 事件（2010 年）［Case C-58/08］·····································293

Walloon Waste 事件（ワロン廃棄物規制事件）（1992 年）［Case C0］ ⋯⋯⋯⋯⋯242

Wightman and Others 事件（2018 年）［Case C-621/18］⋯⋯⋯⋯⋯⋯⋯⋯⋯⋯⋯⋯30

YKK 事件（2014 年）［Case C-408/12 P］ ⋯⋯⋯⋯⋯⋯⋯⋯⋯⋯⋯⋯⋯⋯⋯⋯⋯⋯326

357

事項索引

あ 行

アヴォカジェネラル（l'avocat gé-
　néral）……………………………10, 323
アキ・コミュノテール（acquis com-
　munautaire）……………………10, 20
アムステルダム条約（the Treaty of
　Amsterdam）……………17, 20, 237
新たな法秩序 ………………36, 38, 40
ESM（欧州安定メカニズム）………153
　——条約……………………153, 154
ECLI ……………………………………6
ECB（欧州中央銀行）………19, 143, 158
　——の国債買入プログラム………158
　——の独立性…………………………144
　——の量的緩和政策…………………160
ECB 政策理事会 ……………………144
ECB 役員会 …………………………144
EU 外務・安全保障上級代表 ………267
EU 機能条約 101 条 …………………122
　——3 項の適用に関する指針 ……248
EU 機能条約 102 条 …………………126
EU 規模を有する集中 ………………137
EU 基本権憲章 ……………………4, 344
　——と第三国国民…………………185
EU 基本条約 ………………………4, 17
EU 競争法の現代化（Modernisa-
　tion）…………………………………131
EU 憲法 ………………………………4
EU 市民権 ………………68, 167, 168
EU 諸機関 ……………………39, 261
EU 法 …………………………………9
　——の絶対的優越性 ………60, 63, 70
　——の優越性……………52, 55, 61, 63

EU 立法 ………………………………4
域内市場 …………………19, 77, 90
域内市場完成白書 ……………………89
イギリスの EU 脱退（Brexit）…21, 29
イタリア憲法 …………………………53
イタリア憲法裁判所 …………………53
一事不再理（ne bis in idem）…214, 306
　——3 要件 ……………215, 216, 218
一審性の側面と二審制の側面………324
一層緊密化する連合…………………22, 72
委任立法…………………………………309
　——〔委任規則〕……………………309
　——〔委任決定〕……………………309
　——〔委任指令〕……………………309
移 民……………………………………180
受入条件指令……………………………183
エドワード（Sir David Edward）……79
遠隔地販売指令…………………………197
欧州安定メカニズム　→　ESM
欧州議会 …………………39, 271, 282
欧州共通販売法（CESL）規則（案）
　………………………………………201
欧州共通庇護制度（the Common
　European Asylum System: CEAS)
　………………………………………182
欧州共同体（the European
　Community: EC)………………………19
欧州経済共同体（EEC)………………18
欧州経済共同体（EEC）条約 ………34
欧州契約法…………………………………198
欧州憲法条約（the Treaty establish-
　ing a Constitution for Europe）
　………………………………………20, 64
欧州債務危機…………………………150

欧州人権裁判所⋯⋯⋯⋯⋯⋯338, 339
　EU 法に関する——の管轄 ⋯⋯⋯342
欧州人権条約⋯⋯⋯⋯⋯⋯338, 339, 344
欧州政治共同体（the European Po-
　litical Community: EPC）⋯⋯⋯⋯23
欧州石炭鉄鋼共同体（the European
　Coal and Steel Community: ECSC）
　⋯⋯⋯⋯⋯⋯⋯⋯⋯⋯⋯⋯⋯⋯15
欧州セメスター（the European Se-
　mester）⋯⋯⋯⋯⋯⋯⋯⋯⋯⋯156
欧州逮捕状⋯⋯⋯⋯⋯⋯⋯⋯213, 219
欧州中央銀行　→　ECB
欧州中央銀行制度（the European
　System of Central Banks: ESCB）
　⋯⋯⋯⋯⋯⋯⋯⋯⋯⋯⋯⋯⋯142
欧州判例法識別子　→　ECLI
欧州防衛共同体（the European De-
　fence Community: EDC）⋯⋯⋯⋯23
欧州理事会⋯⋯⋯⋯⋯⋯⋯⋯⋯264
オーストリア憲法 ⋯⋯⋯⋯⋯⋯69
公の秩序公共の安全および公衆衛生
　⋯⋯⋯⋯⋯⋯46, 69, 109, 169
汚染者負担原則⋯⋯⋯⋯⋯⋯⋯235
オルド自由主義（Ordoliberalismus）
　⋯⋯⋯⋯⋯⋯⋯⋯130, 131, 135

か　行

開業（establishment）⋯⋯⋯⋯⋯95
　——の自由 ⋯⋯⋯⋯⋯⋯⋯95
　第一次的—— ⋯⋯⋯⋯⋯⋯95
　第二次的—— ⋯⋯⋯⋯⋯⋯95
拡　大⋯⋯⋯⋯⋯⋯⋯⋯⋯16, 19
下限設定調和（minimum harmonisa-
　tion）⋯⋯⋯⋯⋯⋯⋯⋯⋯193, 210
過剰赤字手続⋯⋯⋯⋯⋯⋯148, 157
　——の強化⋯⋯⋯⋯⋯⋯⋯157
家族呼び寄せ指令⋯⋯⋯⋯⋯⋯181
合併規則⋯⋯⋯⋯⋯⋯⋯⋯⋯136

加盟国に共通の憲法的伝統 ⋯⋯63, 337
加盟国の権限⋯⋯⋯⋯⋯⋯⋯256
加盟国の憲法⋯⋯⋯⋯⋯⋯52, 62
環境統合原則⋯⋯⋯⋯⋯⋯236, 246
関税同盟⋯⋯⋯⋯⋯⋯⋯⋯18, 35
間接行政⋯⋯⋯⋯⋯⋯⋯299, 321
間接的差別 ⋯⋯⋯⋯⋯⋯⋯97
関連市場⋯⋯⋯⋯⋯⋯⋯⋯128
機関間バランス⋯⋯⋯274, 276, 283
　——と権力分立⋯⋯⋯⋯⋯277
規則（regulation）⋯⋯⋯5, 44, 61, 341
基本権 ⋯⋯⋯⋯⋯62, 63, 66, 222
　EU 司法裁判所と——保護 ⋯⋯336
逆差別（reverse discrimination）
　⋯⋯⋯⋯⋯⋯98, 101, 102, 111
客観的正当化⋯⋯⋯⋯⋯⋯⋯129
救済禁止（no-bailout）条項
　⋯⋯⋯⋯⋯⋯⋯147, 151, 155
競争型モデル⋯⋯⋯⋯⋯⋯82, 86
競争法
　域内市場と——の関係⋯⋯⋯119
　——と環境⋯⋯⋯⋯⋯⋯248
協調的行為（concerted practices）
　⋯⋯⋯⋯⋯⋯⋯⋯⋯⋯124
共通外交・安全保障政策⋯⋯256, 258
共通参照枠組（a common frame of
　reference）⋯⋯⋯⋯⋯⋯⋯199
協定（agreements）⋯⋯⋯⋯⋯124
　水平的—— ⋯⋯⋯⋯⋯⋯124
　垂直的—— ⋯⋯⋯⋯⋯⋯124
共同決定手続 ⋯⋯⋯⋯⋯⋯284
共同市場 ⋯⋯18, 35, 36, 37, 38, 77, 88
京都議定書⋯⋯⋯⋯⋯⋯⋯⋯246
共有権限⋯⋯⋯⋯⋯⋯⋯⋯258
協力手続⋯⋯⋯⋯⋯⋯⋯⋯283
ギリシャ憲法 ⋯⋯⋯⋯⋯⋯70
銀行同盟⋯⋯⋯⋯⋯⋯⋯161, 162
金融支援枠組み⋯⋯⋯⋯⋯⋯151

経済ガバナンス二法（Economic governance "Two-Pack" legislation）
....156
経済ガバナンス六法（Economic governance "Six-Pack" legislation）…156
経済・雇用政策.............................260
経済財政（ECOFIN）理事会.........146
経済通貨同盟（the Economic and Monetary Union: EMU）.............140
──の非対称性......................141
経済的自由.............................131, 135
──と消費者厚生......................132
　市場統合と──......................132
経済同盟.................................146
Keck テスト（the Keck test）.........108
──2 要件.............................108
結束（cohesion）政策 10
決　定.....................................6
権限委任.................................314
権限権限（Kompetenz-Kompetenz）
....65
権限踰越 65
権利停止手続 31
合議体（a collegiate body）.............266
高水準の保護の原則......................235
公正な裁判を受ける権利.................223
高度化協力（enhanced cooperation）
....10
後法優越.................................52, 53
効率性限定説.............................249
国際私法.................................196
国際人権条約.............................337
国籍に基づく差別......................112
国民的一体性（national identities）
...................................67, 69, 70
国連気候変動枠組条約...................246
個人情報保護指令.........................175
国家主権の制限......................39, 54

国家賠償責任 59
国境管理.................................178
コックフィールド卿（Lord Francis Arthur Cockfield）......................89
個別授権原則.............................292
コペンハーゲン基準...................20, 31
コミッション.............................265
──の任命手続......................269
コミトロジー 10, 311
──規則.................................312

さ 行

サービス（services）......................96
サービス提供の自由......................113
罪刑法定主義.............................225
財政条約.................................156
財政連帯条項.........................152, 154
差別アプローチ 96
差別禁止アプローチ 80
差別適用措置（distinctly applicable measures）.............................98
三者対話.............................287, 288
参加民主主義.............................289
参入障壁.................................129
産品市場.................................128
産品要件.............................107, 108
三本柱構造...........................19, 21
CE（Conformité Européenne）適合マーキング 87
CESL 規則案.............................201
シェンゲン実施協定（the Convention implementing the Schengen Agreement）......................208, 214
シェンゲン条約（the Schengen Agreement on the gradual abolition of checks at their common borders）.................................208
資格指令.................................184

シカゴ学派……………………………130
市場アクセス ……………………………98
　——・アプローチ ………99, 100, 114
市場環境ルール（market circum-
　stances rules）……………………105
市場シェア………………………………129
市場支配力（market power）………121
市場統合 ……………………………18, 132
　——と経済的自由…………………132
　——と消費者厚生…………………133
「実効性」原則…………………………47
実効的競争の著しい阻害基準………137
実施法令………………………………309
　——〔実施規則〕…………………309
　——〔実施決定〕…………………309
　——〔実施指令〕…………………309
支配的地位……………………………127
資本（capital）………………………96
市民権利指令…………………………169
諮問機関………………………………262
諮問手続………………………………279
ジャン・モネ（Jean Monnet）………15
自由・安全・司法領域（Area of
　Freedom Security and Justice:
　AFSJ）…………………………10, 167
自由移動
　人・サービス・資本の——………112
　物の—— ………78, 100, 102, 105
　物の——と環境……………………241
　労働者の——…………………46, 95
シューマン宣言（the Schuman Dec-
　laration）……………………………15
主権的権利の制限 ……36, 38, 40, 41, 54
常任議長………………………………264
消費者権利指令………………………197
消費者厚生………………130, 132, 134
　経済的自由と——…………………132
　市場統合と——……………………132

消費者保護………………………………190
　——に関する各国法の調和………191
指 令 ……………………………………5, 45
スプラナショナル…………1, 22, 24, 260
スプラナショナル・コンプロマイズ
　（supranational compromise）
　………………………………………28, 279
絶対的領域保護…………………119, 121
先決判決（l'arrêt préjudiciel）………330
　——の効果…………………………335
先決付託手続………………39, 48, 327
　——〔義務的付託〕………………333
　——〔裁量による付託〕…………333
先占（preemption）…………………259
選択的調和（optional harmonisa-
　tion）…………………………200, 201
臓器移植指令…………………………310
相互承認 ……………………………………83
　——とルール間の競争 ……………84
　立法的——……………………86, 90
　司法的—— ……………………………86
相互承認アプローチ ……………………82
相互承認原則 ……………83, 190, 222
　刑事司法協力と——………………212
　——と基本権保護…………………222
総辞職（コミッション）……………268
双方可罰性（double criminality）…219
Solange I 判決 ………………………66, 338
Solange II 判決 ……………………66, 339

た　行

第三国国民…………………167, 178, 185
第三国国民長期居住指令……………181
多角的監視手続………………………147
多言語主義（multilingualism）…9, 263
ダッソンヴィル基準（the Dasson-
　ville formula）…………………103, 105
脱退協定 …………………………………30

脱退条項 ……………………………29

ダブリンⅢ規則（the Dublin Ⅲ Regulation）……………………………183

単一欧州議定書（the single European Act: SEA）………………19, 89

単一許可指令……………………………180

単一銀行監督機構……………………163

単一市場……………………………77

単一の経済的単位……………………123

単一破綻処理委員会…………………163

単一破綻処理機構……………………163

地位剥奪同等効果……………………172

中央集権型モデル…………………81, 86

頂点に至る競争（a race to the top）……………………………86

調和アプローチ ……………………81

調和立法 ……………………………86

直接行政

　EU による―― ……………………302

　EU 競争法と―― ……………………303

直接効果（direct effect）………9, 33, 37, 41, 42, 43, 48, 58, 329

　――の定義と要件 ……………………42

　指令の――……………………45, 49

　垂直的――……………………42, 49

　水平的―― ……………………42

直接選挙……………………………271

直接訴訟と先決付託手続……………322

直接的差別 ……………………96, 241

直接適用可能（directly applicable）……………………………43

地理的市場……………………………128

通貨統合……………………………140

通貨同盟……………………………142

通常立法手続……………………………284

抵触排除義務 ……………………57

抵触ルール……………………55, 60

底辺に至る競争（a race to the bottom）……………………………85

適合解釈義務 ……………………55

適用除外（競争法）………126, 248, 251

適用除外（正当化）（自由移動）……………………………109, 111

　明文の――……………………109

デ・ミニミス・ルール（de minimis rule）……………………105, 120

デンマーク・ショック ……………29

ドイツ憲法……………………62, 66

ドイツ連邦憲法裁判所 ……66, 159, 338

同等効果措置 ……………………78

　輸出の場合の――……………………102

　輸入における――……………103, 111

「同等の保護」の水準 ……………343

「同等の保護」の推定 ……………341

「同等の保護」理論………67, 338, 339

独自の法秩序 ……………………38

特定多数決 ……………………88, 270, 281

独立性の義務（コミッション）……266

ド・ゴール（Charles de Gaulle）……26

トランスナショナル……………1, 22, 76

取消訴訟……………………………325

　――の原告適格……………………276

ドロール（Jacques Delors）…………89

な 行

難 民……………………………184

ニース条約（the Treaty of Nice）……………………………17, 20

二重多数決制……………………………271

二重の負担………80, 81, 86, 103, 106, 108, 190

は 行

廃棄物……………………………243

排他的権限……………………………258

排他的調和（full harmonisation）

·····································193, 196

排他的流通協定······················118, 124

発生源是正優先原則···············235, 244

犯罪人引渡条約····························219

　欧州——·······························219

販売取決め（certain selling arrange-

　ments）···························106, 108, 111

判例法··7

非関税障壁 ························18, 78, 88

非競争的利益説······················249, 250

庇護（asylum）···························182

庇護手続指令·······························184

非差別適用措置（indistinctly applic-

　cable measures）·······················98

人（persons）·······················95, 167

比例性原則··································109

フィッシャー（Joschka Fischer）·····23

フェデラル ·································23

不可避的要請（mandatory require-

　ments）···············110, 111, 190, 243

不公正商慣行指令（Unfair Commer-

　cial Practices Directive）···········197

不正規移民送還指令······················181

不戦共同体 ·································15

物価安定·····························143, 144

ブルーカード指令························180

プロジェクト方式 ·······················18

ブロッキング・マイノリティ········270

分権型モデル··························80, 86

防止行動原則································235

法の一般原則 ··········9, 63, 337, 344

訪問販売指令·······················193, 197

補完性（subsidiarity）原則

　·······················29, 32, 198, 292

補完性監視手続···························295

補充的権限································259

補充の保護（subsidiary protection）

·····································184

補助機関·····················262, 314, 319

ま　行

マーストリヒト条約（the Maastricht

　Treaty）···········4, 17, 19, 28, 140, 167

まったく国内的な状況

　·····························100, 102, 111, 172

民主主義原則································283

民主主義の赤字 ·········82, 83, 86, 289

無差別·······································97, 99

明白な瑕疵································342, 343

Meroni 原則 ························316, 320

　——の誤謬·····························316

目的または効果·····························125

目的論的解釈 ··················36, 47, 54

モネ方式 ·····································22

物（goods）·······················95, 243

や　行

優越性（primacy）

　——に関する宣言 ·····················64

　EU 法の—— ························52, 55

　EU 法の絶対的—— ·····60, 63, 64, 70

ユーロ・グループ························146

ユーロシステム（the Eurosystem）

　·······································143

EURODAC 規則 ·························183

予防原則·······························235, 238

ら　行

濫　用·······································129

理事会··269

リスボン条約（the Treaty of Lis-

　bon）···················4, 17, 21, 41

立憲的多元主義 ······················3, 72

立法提案権の独占（コミッション）

　·····································266

ルクセンブルクの妥協 ···26, 88, 90, 281

ローマ I 規則·····························196
ロ ベ ー ル ・ シ ュ ー マ ン （Robert
　Schuman)·······························15

gotten) ·····································175
ワン・ストップ・ショップ············136

わ　行

忘れられる権利（the right to be for-

はじめての EU 法〔第 2 版〕

Inspiring EU Law 2nd edition

2015 年 11 月 30 日　初　版第 1 刷発行
2023 年 9 月 30 日　第 2 版第 1 刷発行

著　者　　庄司克宏
発行者　　江草貞治
発行所　　株式会社有斐閣
　　　　　〒101-0051 東京都千代田区神田神保町 2-17
　　　　　https://www.yuhikaku.co.jp/
印　刷　　株式会社精興社
製　本　　大口製本印刷株式会社
装丁印刷　株式会社亭有堂印刷所